MES 选型与实施指南

武汉制信科技有限公司（e-works） 组编
主编 黄 培
参编 许之颖 张荷芳 孙亚婷 梁 曦 郑 倩 张 洋
　　 王丽伟 黄 娟 李金龙 胥 军 韩 涛

机械工业出版社

本书介绍了 MES 的发展历程和定义,解析了 MES 技术发展趋势以及 MES 的企业定位与应用现状;企业对 MES 的共性需求;典型行业 MES 的需求要点;MES 应用实施分析;MES 应用成熟度分析;MES 市场综述及主流供应商分析,并选取了 10 个有代表性的 MES 应用案例,为不同行业企业实施 MES 系统提供实例参考。

本书对企业的管理人员,尤其是中层管理人员具有很高的参考价值。

图书在版编目(CIP)数据

MES 选型与实施指南/武汉制信科技有限公司组编;黄培主编. —北京:机械工业出版社,2020.10(2025.6 重印)
ISBN 978-7-111-66715-5

Ⅰ.①M… Ⅱ.①武… ②黄… Ⅲ.①制造工业-工业企业管理-计算机管理系统-指南 Ⅳ.①F407.406.14-62

中国版本图书馆 CIP 数据核字(2020)第 188485 号

机械工业出版社(北京市百万庄大街 22 号 邮政编码 100037)
策划编辑:王永新 徐 强 责任编辑:王永新 徐 强 王春雨
责任校对:张 力 封面设计:王 旭
责任印制:张 博
北京机工印刷厂有限公司印刷
2025 年 6 月第 1 版第 8 次印刷
169mm×239mm ·19.25 印张 ·372 千字
标准书号:ISBN 978-7-111-66715-5
定价:69.00 元

电话服务 网络服务
客服电话:010-88361066 机 工 官 网:www.cmpbook.com
　　　　　010-88379833 机 工 官 博:weibo.com/cmp1952
　　　　　010-68326294 金 书 网:www.golden-book.com
封底无防伪标均为盗版 机工教育服务网:www.cmpedu.com

推荐序

近年来,制造业面临转型的压力进一步加剧,特别在全球新冠疫情的持续冲击下,国内制造业亟待加速数字化转型,推进智能制造,以提升企业的核心竞争力。智能制造发展的初级阶段是数字化制造,而数字化制造则离不开一些信息化系统的应用,如 CAD、CAPP、CAE 以及上层信息管理系统(ERP、PLM 等)的应用。但由于上层信息系统不可能管理到企业车间层很具体的生产环节,因此上层信息管理系统与底层之间需要一座桥梁。否则,制造底层的数据无法高效采集并难以与上层的管理信息系统交互,企业信息管理系统的应用成效自然不如人意。因此,企业要想提高运营效率,实现智能制造,就必须重视企业上层信息化系统与底层设备自动控制系统之间的衔接,MES 即是这座衔接的桥梁。重视 MES 及相关技术的应用,自然是推进智能制造建设的基础且关键工作之一。

但 MES 作为生产管理的信息化系统具有很强的行业特质,同时由于企业的背景和起源不同,其解决方案也有各自的特点。制造企业面对众多 MES 商家,如何选择适合自身的 MES 产品并有效实施,仍然是一项极具挑战性的工作。得知 e-works 即将出版本书,我十分高兴。因为这不仅推动 MES 技术的广泛应用,也将促进智能制造的发展。该书从需求端、供给端等多个不同视角,向读者全面阐述了 MES 领域的知识、MES 软件及服务产业的发展情况,通过选型与实施路线的详细解读来指导制造企业经济、有序、高效地完成 MES 的选型与实施。

e-works 是我国极具影响力的智能制造知识传播、培训、咨询和研究机构,自 2002 年成立以来,致力于推进数字化、智能化技术在制造企业中的深化应用,帮助制造企业提升核心竞争力,在推动中国制造业转型升级过程中发挥了独特作用,得到了学术界、政府、众多制造企业以及智能制造产品及服务提供商的共同信赖。

相信本书的出版将有助于广大制造业从业人员更深入地了解 MES 系统,并能够对企业的 MES 系统应用起到切实的指导作用,为我国制造业推进智能制造建设添砖加瓦。同时，也希望 e-works 能够持续发挥智能制造智库的作用，不断推进数字化、智能化技术在制造业中的应用，并促进企业的数字化和智能化转型。

中国工程院院士　李培根

专家推荐

在智能制造的深入推进和实施中，生产过程的数字化是一个重要瓶颈。MES系统能够实现底层生产设备与上层业务管理系统之间的互联互通，大幅提高数字化水平。本书详细介绍了MES系统，并对不同行业的需求进行了深入分析，同时辅以大量案例，对广大制造企业极具参考价值。

欧阳劲松 机械工业仪器仪表综合技术经济研究所所长、教授级高工

MES是支撑智能制造系统的核心工业软件，是实现智能生产的关键技术，当前MES在我国迎来了发展热潮。本书突出实践，内容丰富，案例众多，有助于帮助制造企业加深对MES的理解，理清技术路线，指导具体实施，是一本不可多得的工具书。

刘强 北京航空航天大学机械工程及自动化学院教授、博士生导师

制造执行系统自1990年AMR明确定义以来，在国外很多企业进行了深入的研究开发，逐渐得到广泛应用。在很长一段时间，MES在我国并未受到重视，MES少有人问津，直至2015年工业和信息化部在申报智能制造项目的通知中明确规定，企业必须要采用MES，才开始了MES的深入研究和应用实施。

MES是企业生产管理集成中的关键软件系统，它在企业生产计划层和设备控制层之间承上启下，是企业纵向集成的枢纽。根据企业的不同需求，选择合适的MES，对MES的成功实施起着最重要的作用。本书在基本概念论述的基础上，分析了不同行业的需求，提出了MES选型和实施的方法和要点，并提供了众多的切实可行的典型案例。对计划实施MES的企业领导、主管工程技术人员、MES供应商技术开发人员等具有极其重要的指导意义和实用价值。

沈斌 中国机电一体化技术应用协会制造集成分会（MESA China）理事长、同济大学教授、博士生导师

MES 是数字化车间的使能器,也是建设智能工厂的关键工业软件,MES 市场总体处于百花齐放的状态。本书以咨询公司的视角,对 MES 的概念、现状、主流厂商、解决方案及应用等进行了详实且客观的介绍,是制造企业全面了解 MES 的重要参考资料。

朱海平 华中科技大学机械学院工业工程系教授、博士生导师

制造业数字化战略转型的核心系统 MES/MOM 能否成功运用,关系到我国制造企业未来的高质量发展。相信本书一定能在这个混沌的热点领域起到导航明灯的作用。在 e-works 长期助力下,我国制造企业数字化转型进展顺利,竞争力得到大幅提升。本书同时也构建了 30 多年的 MES 理论实践方案的演化及现状的框架。

蔡颖 APSS 高级计划与排程研究协会会长、金蝶软件(中国)首席制造专家

前言

推进智能制造是制造企业转型的重要途径，必须充分结合企业所处行业的特点、产品特点和经营管理模式。企业资源计划（Enterprise Resource Planning，ERP）的应用初步解决了企业产销协同的问题，然而，对生产制造过程的管控，却是很多制造企业的盲点，生产现场管理的"黑箱"问题严重。具体表现如下：

1）企业管理人员无法实时了解生产线的实际状况，ERP系统下达的生产计划执行有效性难以保证。

2）在制品加工信息和工位状态信息等不能及时反馈。

3）车间在制品的收、发以及工序间的搬运明细无法统计，导致在制品库存积压，库存资金占用增加。

4）无法对产品质量指标进行在线检测、统计、分析并呈现，尚未建立产品质量追溯体系。

5）难以实时地采集生产过程的相关信息，如进度信息、关键质量信息等，无法快速响应生产变更。

6）无法对设备进行实时监控，防止设备突发故障。

7）无法收集与核算各生产工序的成本，不能实时得到动态成本信息。

8）车间工人的生产效率无法统计，人力成本无法准确掌握。

生产过程不透明，使企业管理人员难以及时掌控和追溯生产过程中出现的问题与瓶颈，也制约了企业设备综合效率（Overall Equipment Effectiveness，OEE）的提升。在这种背景下，作为企业生产制造的一体化管控系统，制造执行系统（Manufacturing Execution System，MES）成为制造企业构建数字化、智能化工厂的必然选择。

MES作为车间级的综合管理系统，向下采集底层自动化控制系统及各类设备信息，对上承接ERP下达的生产计划，实现设备与工装管理、质量管理、人员派工、在制品管理、生产追溯、车间排产等功能的集成应用，并与仓储物流系统集成，打通制造环节的信息流。MES应用与制造企业自身工艺路线、生产模式、设备布局、车间物流规划、生产和物流自动化程度、数据采集终端、车间联网，以及精益生产推进等诸多因素息息相关，具有很强的行业属性及企业特点。MES应用不仅仅是实施一个信息化系统，更重要的是提升企业的生产管控水平，优化企业的生产管理模式。

概括来说，MES 能在以下方面提升企业的管理水平：

1）**生产透明化**。通过生产过程数据实时采集，及时了解车间的生产情况以及质量状况，将生产计划的执行情况及时反馈给 ERP，打开生产过程中的"黑箱"。

2）**敏捷制造**。掌控所有的生产资源，包括设备、人员、物料信息等，能快速应对生产现场紧急状况，对生产作业计划进行调整并合理调度，保证生产顺利进行。

3）**生产可追溯**。建立完整的生产数据档案，形成全面的正反向追溯体系，界定责任，减少召回损失。

4）**改善生产质量**。实时采集生产过程中的质量数据，关注事中控制，事后分析，从而持续改善产品质量。

5）**及时预警**。自定义各项生产指标，实时监控指标执行情况，以邮件、短信、看板等多种方式实时、主动暴露生产中的异常状况，使相关人员能够提前发现，及时处理，减少损失。

6）**绩效分析**。对生产绩效、人员绩效、设备绩效进行分析，为车间、工厂乃至整个集团绩效的改善提供依据。

随着 MES 在更多企业的应用，企业收到了实际效果，愈发推动了 MES 的应用热潮。e-works Research 发布的《中国制造执行系统（MES）应用研究报告（2018 版）》的研究显示，中国制造企业对 MES 的需求仍然迫切，但对于需求的准确把握还有待提升；国内 MES 市场解决方案繁多，项目实施成功率不足五成，对于制造企业来说，如何选择合适自身的 MES 产品并有效实施，仍然是一项极具挑战性的工作。

总体上，企业在 MES 应用实施过程中常常面临以下问题：

1）**基础薄弱**。我国大部分企业管理基础相对薄弱，自动化、信息化水平参差不齐，大量基础数据未得到有效采集与利用，MES 应用基础较差。

2）**需求不清**。由于对 MES 的理解有限，导致对于 MES 的需求难以准确把握，或需求模糊。

3）**选型困难**。面对众多不同的 MES 解决方案、MES 功能模块，企业很难科学地选择符合自身行业特点、发展需求、应用基础的 MES 产品。

4）**边界不清**。MES 与其他信息系统在功能上存在重叠，不容易界定不同系统之间的边界。

5）**期望过高**。MES 实施作用有限，并不能够一次性解决企业在生产管理中遇到的所有问题。

6）**评估缺失**。企业缺乏合理的、科学的 MES 应用评估体系，MES 的价值难以凸显，也影响后续持续深化应用。

上述问题已经成为制造企业实施和应用 MES 的障碍,甚至直接导致了企业 MES 项目的失败。为此,本书在深入了解制造企业 MES 需求、选型与实施现状,洞察主流供应商技术发展趋势的基础上,一方面呈现 MES 领域的最新发展和变化;另一方面,为制造企业加深对 MES 的认识提供有效的方法指导,辅助制造企业开展 MES 选型、实施与应用。

本书各章节主要内容如下:

第 1 章 MES 概述。介绍 MES 的发展历程、定义,解析 MES 技术发展趋势以及 MES 的企业定位与应用现状。

第 2 章企业对 MES 的共性需求。本章阐述 MES 应该具备的基本性能需求,涉及的基础数据、核心功能,以及 MES 与其他系统之间的集成关系。

第 3 章典型行业 MES 的需求要点。不同行业企业对 MES 的功能需求存在差异,本章挑选电子、食品饮料、钢铁、石化、汽车、机械装备、纺织服装、医药和烟草九个有代表性的行业,分别进行行业的 MES 个性化需求分析。

第 4 章 MES 应用实施分析。本章介绍了 MES 实施的总体推进过程,重点阐述了企业面对 MES 应如何进行需求分析、选型与实施要点分析等,并对 MES 项目实施难点进行了剖析。

第 5 章 MES 应用成熟度分析。本章介绍了 MES 深化应用五级成熟度模型,每个级别 MES 应用应达到的效果,并进行了举例说明。

第 6 章 MES 市场综述及主流供应商分析。本章详细描述了中国 MES 市场的发展情况及所呈现的特点,分析了部分 MES 供应商的技术特点。提出了对于 MES 市场生态的思考,以及对未来 MES 市场发展趋势的预测。

第 7 章 MES 典型案例。本章选取多个有代表性的 MES 应用案例,为不同行业企业实施 MES 提供实例参考。

附录 A　MES 相关名词解释。

附录 B　MES 主流供应商(部分)、产品与解决方案介绍。

本书对于企业的管理人员,尤其是中层管理人员具有很高的参考价值。

作者

目　录

推荐序
专家推荐
前言

第1章　MES概述 ··· 1
1.1　MES的发展历程 ··· 2
1.2　MES的定义 ··· 3
1.3　MES的应用现状 ··· 6
1.4　MES技术发展趋势 ······································· 6
1.5　MES与MOM ·· 8

第2章　企业对MES的共性需求 ································ 10
2.1　MES的特点 ·· 11
2.2　MES的基本性能需求 ···································· 11
2.3　MES的基础数据需求 ···································· 12
2.4　MES的核心功能需求 ···································· 12
2.5　MES数据采集需求 ······································ 16
2.6　MES信息集成需求 ······································ 20

第3章　典型行业MES的需求要点 ······························ 24
3.1　各行业MES需求差异综述 ································ 25
3.2　电子行业需求要点分析 ·································· 28
3.3　食品饮料行业需求要点分析 ······························ 37
3.4　钢铁行业需求要点分析 ·································· 43
3.5　石化行业需求要点分析 ·································· 48
3.6　汽车行业需求要点分析 ·································· 54
3.7　机械装备行业需求要点分析 ······························ 63
3.8　纺织服装行业需求要点分析 ······························ 69
3.9　医药行业需求要点分析 ·································· 76
3.10　烟草行业需求要点分析 ································· 81

第 4 章　MES 应用实施分析 ··········· 87
- 4.1　概述 ··········· 88
- 4.2　MES 项目总体推进过程 ··········· 89
- 4.3　MES 需求分析方法 ··········· 91
- 4.4　MES 选型要点分析 ··········· 98
- 4.5　MES 实施要点分析 ··········· 107

第 5 章　MES 应用成熟度分析 ··········· 115
- 5.1　MES 应用成熟度模型 ··········· 116
- 5.2　基于应用成熟度模型的评估方法 ··········· 118
- 5.3　基于应用成熟度模型的评估示例 ··········· 119

第 6 章　MES 市场综述及主流供应商分析 ··········· 122
- 6.1　MES 市场分析 ··········· 123
- 6.2　MES 市场主流供应商及产品分析 ··········· 145
- 6.3　MES 市场发展趋势 ··········· 161

第 7 章　MES 典型案例 ··········· 163
- 7.1　完整全面的凯睿德 MES，成就奥特斯全新启航 ··········· 164
- 7.2　中航工业永红：MES 赋能 升级制造未来 ··········· 168
- 7.3　MES 助力迈瑞医疗提升制造价值洼地 ··········· 173
- 7.4　MES 驱动新技电子生产管理变革 ··········· 178
- 7.5　MES 助推智奇从"制造"走向"智造" ··········· 185
- 7.6　MES 提升百信轴承行业竞争力 ··········· 189
- 7.7　沈飞集团：MES 助力　追求卓越生产 ··········· 192
- 7.8　精益求精，MES 助力龙旗践行工匠精神 ··········· 197
- 7.9　MES 助推科信技术生产运营管理变革 ··········· 201
- 7.10　MES 打通橡塑制造企业精细化管理之路 ··········· 206

附录 A　MES 相关名词解释 ··········· 213
附录 B　MES 主流供应商（部分）、产品与解决方案介绍 ··········· 216
- B.1　Critical Manufacturing MES 解决方案介绍 ··········· 217
- B.2　Monitor MES 解决方案介绍 ··········· 220
- B.3　SAP MES 解决方案介绍 ··········· 225
- B.4　盘古信息 MES 解决方案介绍 ··········· 230
- B.5　鼎捷软件 MES 解决方案介绍 ··········· 235
- B.6　元工国际 MES 解决方案介绍 ··········· 239
- B.7　锐制软件 MES 解决方案介绍 ··········· 243

B.8 秦权软件 MES 解决方案介绍 ……………………………………… 247
B.9 摩尔元数 MES 解决方案介绍 ……………………………………… 251
B.10 北京虎蜥 MES 解决方案介绍 …………………………………… 254
B.11 明基逐鹿 MES 解决方案介绍 …………………………………… 258
B.12 福州汉思 MES 解决方案介绍 …………………………………… 260
B.13 成翰科技 MES 解决方案介绍 …………………………………… 263
B.14 简睿捷 MES 解决方案介绍 ……………………………………… 267
B.15 力控科技 MES 解决方案介绍 …………………………………… 270
B.16 金航数码 MES 解决方案介绍 …………………………………… 273
B.17 数码大方 MES 解决方案介绍 …………………………………… 277
B.18 艾克信控 MES 解决方案介绍 …………………………………… 280
B.19 新络软件 MES 解决方案介绍 …………………………………… 283
B.20 讯鹏科技 MES 解决方案介绍 …………………………………… 286
B.21 金思维 MES 解决方案介绍 ……………………………………… 290
B.22 佰思杰 MES 解决方案介绍 ……………………………………… 291

参考文献 …………………………………………………………………… 293

第 1 章
MES 概述

MES 选型与实施指南

1.1 MES 的发展历程

20 世纪 70 年代后半期，出现了一些解决单一问题的车间管理系统，例如设备状态监控系统、质量管理系统，以及涵盖生产进度跟踪、生产统计等功能的生产管理系统。这一阶段企业通常引入的是单一功能的软件产品或系统，而不是整体的车间管理解决方案，因此存在系统之间信息孤岛，以及上层系统与控制系统之间存在断层等问题。

20 世纪 80 年代中期，生产现场各单一功能的系统开始整合，随着底层控制系统和上层生产计划系统的发展，逐步产生了 MES 原型，主要是生产现场管理系统（Point of Production，POP）和车间级控制系统（Shop Floor Control，SFC）。

1990 年 11 月，美国先进制造技术研究中心（Advanced Manufacturing Research，AMR）明确提出了制造执行系统（Manufacturing Execution System，MES）的概念。AMR 提出制造业信息化的三层模型，将位于计划层和控制层中间的执行层称为 MES，并且指出 MES 不仅是面向生产现场的系统，而是作为上、下两个层次之间双方信息的传递系统，确立了 MES 的地位。此后，国际自动化学会（International Society of Automation，ISA）、制造企业解决方案协会（Manufacturing Enterprise Solutions Association，MESA）等国际组织也都对 MES 提出了各自的理解。

1993 年，ISA 提出 MES 集成模型，包括了工厂管理（资源管理、调度管理、维护管理）、工厂工艺设计（文档管理、标准管理、过程优化）、过程管理（回路监督控制、数据采集）和质量管理（SQC - 统计质量管理、LIMS - Laboratory Information Management System，实验室信息管理系统）4 个主要功能，并由实时数据库支持。在 20 世纪 90 年代初期，MES 的重点是生产现场的信息整合。

1997 年，MESA 也提出了 MES 功能组件和集成模型，该模型包括 11 个功能模块。这一时期，大量的研究机构、政府组织参与了 MES 的标准化工作，进行相关标准、模型的研究和开发，其中涉及分布对象技术、集成技术、平台技术、互操作技术和即插即用等技术。2004 年，MESA 更新了 MES 模型，提出了协同 MES 体系结构（c-MES），该模型侧重于核心业务活动如何与业务运营交互集成。当前 MESA 采用的最新 MES 模型为 2008 年开发，该模型涵盖了从企业级战略计划到业务运营，以及工厂运营和实际生产，它显示了战略、企业级运营和工厂运营之间的相互关系。

进入 2000 年后，MES 作为信息化应用的重要组成部分受到了市场的广泛关注。MES 领域的并购十分活跃，越来越多的北美和欧洲 MES 软件供应商进入中国，中国本土不少自动化供应商，以及产品生命周期管理（Product Lifecycle Management，PLM）和 ERP 软件供应商也开始进入 MES 市场。随着企业加强精细化管理，以及面临着越来越严格的质量追溯和管控需求，越来越多的大中型制造企业开始重视 MES 的应用，对 MES 进行选型与实施，并在 MES 应用和集成方面取得显著成效。

2013 年以后，随着德国工业 4.0、美国工业互联网、中国制造强国等战略的出台，智能制造成为全球制造业的发展目标，MES 作为实现智能制造的重要推手，得到了广泛关注，引发了应用热潮。

1.2　MES 的定义

国外不同的组织和研究机构研究后形成了很多 MES 的理论和体系，包括 MES 的定义、定位模型、功能模型、数据流模型，甚至实施方法模型等，但是并没有统一。比较著名的有以下几个。

1. AMR 对 MES 的定义

美国先进制造研究机构 AMR 将 MES 定义为"位于上层计划管理系统与底层工业控制之间的、面向车间层的管理信息系统"，为操作人员、管理人员提供计划的执行、跟踪及所有资源（人、设备、物料、客户需求等方面）的当前状态。

AMR 提出了决策层、执行层和控制层的企业信息集成三层业务模型：第一层决策层（ERP），主要为企业提供全面管理决策；第二层执行层（MES），主要负责车间级的协调、跟踪、发现并监控相关趋势；第三层控制层（SFC），直接负责工厂生产控制的环节。

2. MESA 对 MES 的定义

制造企业解决方案协会 MESA 对 MES 的定义为：MES 能通过信息传递，对从订单下达到产品完成的整个生产过程进行优化管理。当工厂里有突发事件时，MES 能对此及时做出反应、报告，并利用当前的准确数据对它们进行指导和处理。这种对状态变化的迅速响应使得 MES 能够减少内部没有附加值的活动，有效地指导工厂的生产运行过程，从而使其既能提高工厂及时交货能力、改善物料的流通性，又能提高生产回报率。MES 还通过双向的直接通信，在企业内部和整个产品供应链中提供有关产品行为的关键任务信息。

MESA 对 MES 的定义强调了以下三点：

1) MES 是对整个车间制造过程的优化，而不是单一解决某个生产瓶颈。

2) MES 必须提供实时收集生产过程数据的功能，并做出相应的分析和处理。

3) MES 需要与计划层和控制层进行信息交互，通过连续信息流来实现企业的信息集成。

3. ISA 对 MES 的定义

国际自动化学会 ISA 发布了《ISA-95 企业控制系统集成标准》（简称：ISA-95标准），其目的是建立企业信息系统的集成规范性，ISA-95 标准文件内容包含以下八个部分：第 1 部分：模型和术语（Models and Terminology）；第 2 部分：对象模型（Object Models）；第 3 部分：制造操作管理的活动模型（Activity Models of Manufacturing Operations Management）；第 4 部分：制造运营管理集成用对象和属性（Objects and attributes for manufacturing operations management integration）；第 5 部分：商务制造处理（Business-to-Manufacturing Transactions）；第 6 部分：信息服务模型（Messaging Service Model）；第 7 部分：别名服务模型（Alias Service Model）；第 8 部分：信息交换配置文件（Information Exchange Profiles）。

ISA-95 标准定义了企业级计划管理系统与工厂车间级控制系统进行集成时使用的术语和标准，其内容主要包括信息化和标准化两个方面。ISA-95 标准所涉及的信息内容有产品定义信息、生产能力信息、生产进度信息、生产绩效信息。ISA-95 标准除了上述信息化内容之外，重要组成部分就是生产对象的模型标准化。ISA-95 标准的生产对象模型根据功能分成了四类、九个模型，即资源（人员、设备、材料和过程段对象四个模型）、能力（生产能力和过程段能力两个模型）、产品定义（产品定义信息模型）、生产计划（生产计划和生产性能两个模型）。

ISA 还在 ISA-95 标准中提出制造运营管理（Manufacturing Operations Management，MOM）的概念。近几年 MOM 概念逐渐兴起，一些供应商也推出了 MOM 产品。MOM 覆盖的范围是企业制造运行区域内的全部活动，是一个对象范畴的概念。MES 则是一个软件产品或软件系统的概念，MES 是为了解决某一类 MOM 问题而设计开发出来的软件产品，相比 MOM 更加聚焦。

4. NIST 对 MES 的定义

美国国家标准与技术研究院（NIST）有关 MES 的定义是：为使从接受订货到制成最终产品全过程的管理活动得以优化，采集硬件、软件的各种数据和状态信息。

5. 我国发布《工业自动化系统与集成制造执行系统功能体系结构》

2010 年 12 月 1 日，我国发布 GB/T 25485—2010《工业自动化系统与集成 制造执行系统功能体系结构》，该标准明确了制造执行系统在整个制造类企业集成系统中的定义、主要功能、系统的层次划分、MES 通用的功能体系结构，并提供了实际企业 MES 的参考示例。

6. e-works 对 MES 的理解

e-works 认为，MES 是一套对生产现场综合管理的集成系统。MES 用集成的思想替代原来的设备管理、质量管理、生产排程、分布式数控（Distributed Numerical Control，DNC）、数据采集软件等车间需要使用的孤立软件系统。MES 涉及车间现场管理的人、机、料、法、环、测、能（5M2E），从生产排产、生产计划执行、生产工艺指导、生产过程追溯、车间现场数据采集、生产物料供应、设备管控、生产质量管控、在制品管理、人员排班、生产绩效分析等多个维度对生产现场进行集成管理。制造企业应用 MES 的核心价值在于实现生产现场的透明化，实现生产过程的全程追溯，提升产品的按期交付率，遵从行业法规与标准，提高设备和人员绩效，提高生产质量等。

MES 是工业 4.0 实现纵向集成的枢纽，也是智能工程建设的核心系统，如图 1-1 所示。

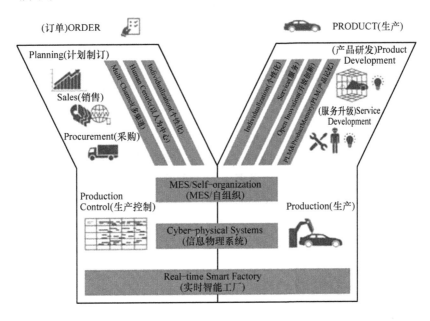

图 1-1 MES 是智能工厂的枢纽（来源：德国专家 Scheer 教授）

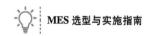

1.3 MES 的应用现状

据 e-works 对中国制造企业 MES 应用现状的跟踪研究，发现目前中国制造企业的 MES 应用处于"功能普及、能力提升"阶段，并在总体上呈现以下特点：

1）智能制造建设需求迫切，企业 MES 应用需求仍然旺盛。一方面，受智能制造热潮影响，MES 作为实现企业信息化和企业自动化的重要支撑技术，是企业智能化升级的标配；另一方面，自身转型升级的压力迫使企业对精益化生产、精细化管理要求的提升，使得 MES 初次应用及升级应用市场需求均保持良好增长势头。

2）制造企业对 MES 的投资金额有所增加，并且有向高投资额区间发展的趋势。已经应用了 MES 的企业对 MES 投资的重视程度高，投资金额一般较大。暂时还未应用 MES 的企业，虽然在投资上略显谨慎，但 MES 项目预算整体也有所提高。

3）MES 的产品化程度仍较低，制造企业更多以自主开发或合作开发的方式实施 MES。由于企业制造工艺、设备产线的个性化程度高、差异化大，MES 市场的集中度低；市场上大多 MES 软件功能只是 MES 标准定义的子集，适应面广的成熟 MES 产品并不多。

4）MES 项目的实施成功率不高，达到预期效果的项目仍不到五成。一方面，企业往往对 MES 实施的困难认识不足，对 MES 供应商及其产品的了解不够；另一方面，MES 产品行业性较强，标准化难度大，MES 产品的功能较难符合制造企业的个性化需求。

尽管目前 MES 项目实施目标的达成率不高，但企业应用 MES 的价值正在逐步显现。已经应用了 MES 的企业中，大多已经实现了对物料的有效追踪与追溯管理、生产过程的可视化管理，很多企业还实现了生产过程的闭环控制，实现了产品质量的提高、人员工作效率的提升。应用较好的企业甚至已经达到降低库存、缩短生产和交货周期的目的，并初步实现降本增效、快速响应市场的目标。

1.4 MES 技术发展趋势

作为承上启下的车间级综合信息系统，MES 的应用与制造企业所处的行业、产品特点、工艺路线、生产模式、设备布局、车间物流规划、生产和物流自动化程度、数据采集终端、车间联网，以及精益生产推进等诸多因素息息相关。

同时，MES 的应用又与物联网、工业大数据、数字孪生（Digital Twin）、信息物理系统（Cyber-Physical Systems，CPS）等诸多新兴技术交叉，且正在不断进化。其中，CPS 的内涵实际上是自动控制技术（数据采集、伺服驱动）、嵌入式软件技术、机器人技术、无线通信技术、物联网技术融合的系统，其愿景是实现智能制造和智能工厂。Digital Twin 是对实体产品、生产流程或产品使用的一种智能化和虚拟化的表示（或模型），通过这项新兴技术，可以将 MES 采集到的数据在虚拟的三维车间模型中实时地展现出来，不仅可以提供车间的 VR 环境，还可以显示设备的实际状态，实现虚实融合。总体而言，MES 技术的发展更关注功能拓展与系统集成、模块和支持业务的可重构能力加强，以及核心功能与系统的智能化提升。除此之外，MES 正向精细化、智能化等方向发展，其主要目标是通过 MES 帮助企业构建智能工厂、实现全球范围内的生产协同。

1）集成范围不断扩大。MES 集成范围不仅包括生产制造车间，还将覆盖整个企业的业务流程。通过建立物流、质量、设备状态的统一的工厂数据模型，使数据更能适应企业的业务流程变更和重组的需求，真正实现 MES 软件系统的开放、可配置、易维护。在集成方式上，通过 MES 的设计和开发，使不同供应商的 MES 软件和其他的信息化构件实现标准的互联和互操作，同时实现"即插即用"功能。

2）实现网络化协同制造。互联网技术的发展对制造业的影响越来越大。未来，MES 将会帮助企业实现网络化的协同制造，通过对分布在不同地点甚至全球范围内的工厂进行实时信息互联，并以 MES 为引擎进行实时过程管理，以协同企业所有的生产活动，建立过程化、敏捷化和级别化的管理模式。此外，MES 在协同制造方面将超越目前个人和组织范畴，扩展至与供应商和客户的连接。

3）数据交互实时性加强。随着工业互联网技术发展，企业将通过制造数据采集（Manufacturing Data Collection，MDC）/DNC 等，实现 MES 直接与底层控制设备互联互通，完成信息交互。例如，MES 直接从机床或设备自动获取状态反馈信息，并向机床或机器人下发执行程序或指令，实现实时获取数据，促进生产效率提升。

4）决策功能日益突出。随着大数据、人工智能、工业互联网等技术的发展，MES 在收集生产层面数据后，通过数据建模、大数据分析、实时状态信息传输，对企业生产经营活动进行现场实时分析和精准控制，实现智能决策。

5）与新兴技术的融合和进化，拓展 MES 应用的广度和深度。例如，物联网技术引发数据海量增加、设备智能化及自主化管理，人机交互的方式更加自然、实时、聚焦要点；通过 Digital Twin、三维可视化技术将所有生产数据整合到工厂虚拟现实系统，让生产数据实时驱动三维场景中的设备；通过工业互联网、云计算技术使得基于云平台的应用迅速发展，出现了利用软件即服务

（Software as a Service，SaaS）的云 MES，云 MES 作为一种成本更低、性能更高的系统部署方式逐渐兴起。

未来，随着新兴技术的发展和应用，采用创新的工业软件、自动化技术、驱动技术及服务，MES 将深入企业运营过程，并得到创新性的应用，最终为制造业企业建设智能工厂及实现智能制造打下坚实的基础。

1.5　MES 与 MOM

从概念和范围来讲，MES 正在向 MOM 这个制造运营管理集成平台延伸发展。

MES 涉及的范围比较模糊，缺乏明确的界限，这就使 MES 和其他管理与控制系统之间的边界往往很难清晰地界定，各个软件产品间、功能模块间常常存在重叠。MOM 的提出，提供了一个更广义的边界范围和更明确的统一框架。

2000 年，国际自动化学会 ISA 首次提出 MOM 概念，并定义 MOM 覆盖范围是企业信息化 5 层架构的 Level 3，即制造运营管理内的全部活动，如图 1-2 所示。它包含生产运行、维护运行、质量运行、库存运行四大部分，极大地拓展了 MES 的传统定义。2016 年 2 月，美国国家标准与技术研究院 NIST 在发布的《智能制造系统现行标准体系》报告中定义了智能制造系统模型，其中用 MOM 取代了 MES，让业界对于制造运营管控的认知升级，如图 1-3 所示。

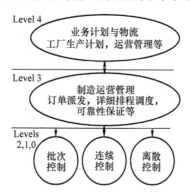

图 1-2　ISA-95 提出的企业信息化 5 层架构（来源：ISA）

MES 与 MOM 之间不是非此即彼的替代关系。

从定义上看，MES 是用于解决问题的具体产品，MOM 是多种软件构成的制造管理集成平台，包含 MES 及与制造管理相关的各种功能，MOM 是制造管理理念升级的产物。

从范围上看，MESA 对 MES 的定义比较模糊，没有明确的界限，而 MOM 是

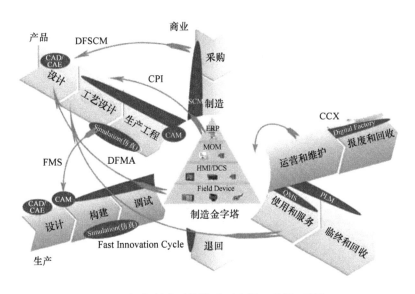

图 1-3 智能制造系统模型（来源：美国 NIST）

对整个制造运营过程的一切活动进行管理，边界范围更清晰，MOM 是对 MES 进一步的拓展。

从功能上看，MOM 是一种集成软件平台，使用统一的框架，覆盖生产执行、质量控制、库存控制、维护运行四大领域的制造活动及协同管理，而且能实现云部署，相对更符合集成标准化、平台化、开放性的发展趋势。

虽然 MOM 概念的提出已将近 20 年，却是近年来在西门子、罗克韦尔、达索等知名供应商的倡导和实践中才渐渐被行业所关注。西门子在 2012 年便将其 SIMATIC IT 从 MES 向 MOM 扩展，打造集成软件平台；达索在 2013 年收购 Apriso 时，提出将提供基于 Apriso 的生产运营管理（MOM）解决方案。宝信软件、佰思杰等国内供应商也推出了 MOM 平台产品，现有很多供应商仍处于 MOM 理念的认知过程当中。

无论是 MES 还是 MOM 都在随着时代的发展而演进，以更好地适应当今数字化企业的运作方式。MOM 的提出为该领域确立了一个通用的、明确的研究对象和研究内容，而 MES 也将基于 MOM 确立的主体框架，进一步向集成化、标准化的方向发展。

第 2 章
企业对 MES 的共性需求

2.1　MES 的特点

MES 具有以下特性：

1）信息中枢：MES 通过双向通信，提供横跨企业完整供应链的有关车间生产活动的信息。

2）实时性高：MES 是制造执行系统，可以实时收集生产过程中的数据和信息，并做出相应的分析处理和快速响应。

3）个性化差异大：由于不同行业甚至同一行业的不同企业生产管理模式不尽相同，因此实施的 MES 个性化差异明显。

4）二次开发较多：由于不同行业、不同企业对 MES 需求的个性化差异，导致 MES 在实施时，二次开发的工作量较大。

5）软硬一体化集成运行：随着工业互联网技术和 CPS 技术的发展，与 MDC/DNC 发展相似，MES 呈现出软硬一体化集成运行的特点。

2.2　MES 的基本性能需求

一套 MES 应该具有集成性、灵活性、可视性、实时性、可扩展性和可靠性等基础要求，具体要求如下：

1）集成性：系统应具有良好的集成性能，可实现系统内部各功能模块的集成，并可供外部系统的集成，包括向下与底层控制系统集成，向上与业务管理层 ERP、产品数据管理（Product Data Management，PDM）、供应链管理（Supply Chain Management，SCM）等集成。

2）灵活性：可以在系统内根据企业的生产特点，灵活设置生产工作流程，自动激活对应的程序模块，并根据不同权限驱动消息机制和预警机制（如备料、缺料、审批超时的预警等）。

3）可视性：系统应具备以数据采集为基础的生产、消耗、质量、设备等信息统计分析并提供丰富的信息表达方式，如视图、图形、报警显示、消息提醒等。

4）实时性：系统应具备良好的实时响应的功能。系统要利用实时数据实现生产过程、产品质量的在线监控，提高快速反应能力，促进生产管理由被动指挥型向以预防为主、在线监控的主动实时指挥型管理体系发展。

5）可扩展性：系统应具有良好的开放性和可扩展性，在解决企业当前生产管理问题的同时，考虑企业未来发展所需要进行的功能扩展，以符合企业长期发展的需要。同时提供可柔性组合定制的用户界面、业务模块，以及简易的二次开发功能，以满足企业自身个性化应用。

6）可靠性：应具有较高的安全意识和安全保障，以应对黑客入侵、木马潜伏等安全威胁，避免由此造成的系统瘫痪、生产数据丢失和生产线停产等。

2.3　MES 的基础数据需求

MES 的基础数据包括以下内容。

1）企业的组织结构：可包含一个或者多个工厂，工厂细化为不同的部门组织，组织是拥有不同工作职能的业务实体。

2）人员及角色：人员是生产制造过程中重要的基础性单元。根据角色规划不同的系统权限，根据参数设定区分人员的角色和能力，根据信息制订完善的人员分配和调度计划。

3）设备资源：根据实际生产情况及业务流程，规划每一个工作中心的设备资源分配，包括产量、生产节奏、维修计划、状态监控规则、故障诊断机制、设备数据采集与分析方法等。

4）工作流及操作规范：根据业务实际对产品生产的流程进行定义，即用来定义制造产品的步骤顺序作为一个标准化的指导，并根据工作流中的每一个工作中心或者工作站的工序标准和要求制定统一化的操作流程，形成唯一的规范。

5）产品及产品谱系：定义工厂内部的产品及产品属性，如零件、组装件、配件或规格、品类等，并归集同系列产品为产品组，形成不同的产品谱系信息。

6）制造 BOM、工艺路线：根据产品搭建产品 BOM 架构，并根据产品设计配合工作流定义和物理模型的设备定义，合理设计产品的工艺路线。规划定义的范围包括数据记录、变更、版本追溯、工艺监控、纠错、报警机制等。

7）在制品状态：定义范围包含在制品数量、产线位置、生产时间、状态等。

2.4　MES 的核心功能需求

早在 1997 年，MESA 发布白皮书便提出了 MES 功能组件和集成模型，定义了 MES 的 11 个核心功能模块及与其他信息系统的集成关系，如图 2-1 所示。

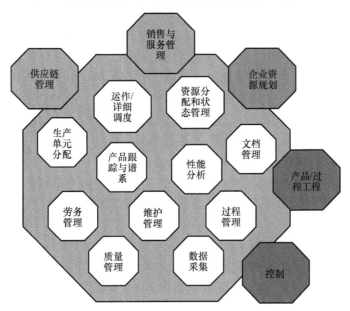

图 2-1 MESA 的 MES 核心功能模块（1997）

MESA 通过其各成员的实践归纳了十一个主要的 MES 功能模块。

1. 资源分配和状态管理（Resource Allocation and Status）

管理机床、工具、人员、物料、其他设备及其他生产实体（如进行加工必须准备的工艺文件、数控加工程序等文档资料），用以保证生产的正常进行。它还要提供资源使用情况的历史记录，确保设备能够正确安装和运转，以提供实时的状态信息。对这些资源的管理，还包括为满足作业排程计划目标对其所做的预定和调度。

2. 运作/详细调度（Operations/Detail Scheduling）

在具体生产单元的操作中，根据相关的优先级（Priorities）、属性（Attributes）、特征（Characteristics）及配方（Recipes）提供作业排程功能。例如，当根据形状和其他特征对颜色顺序进行合理排序时，可最大限度缩短生产过程的准备时间。但这个调度功能的能力有限，它主要是通过识别替代性、重叠性或并行性操作来准确计算出时间、设备上下料，以做出相应调整来适应变化。

3. 生产单元分配（Dispatching Production Units）

以作业、订单、批量、成批和工单等形式管理生产单元间工作的流动。分配信息用于作业顺序的定制及车间有事件发生时的实时变更。生产单元分配功能具有变更车间已制订的生产计划的能力，对返修品和废品进行处理，用缓冲

区管理的方法控制任意位置的在制品数量。

4. 文档管理（Document Control）

管理生产单元有关的记录和表格，包括工作指令、配方、工程图样、标准工艺规程、零件的数控加工程序、批量加工记录、工程更改通知及班次间的通信记录，并提供了按计划编辑信息的功能。它将各种指令下达给操作层，包括向操作者提供操作数据或向设备控制层提供生产配方。此外它还包括环境、健康和安全制度信息，以及 ISO 信息的管理与完整性维护，如纠正措施控制程序。当然，还有存储历史信息功能。

5. 数据采集（Data Collection/Acquisition）

能通过数据采集接口来获取生产单元的记录和表格上填写的各种作业生产数据和参数。这些数据可以从车间以手工方式录入或自动从设备上获取按分钟级实时更新的数据。

6. 劳务管理（Labor Management）

提供按分钟级更新的内部人员状态，作为作业成本核算的基础。包括出勤报告、人员的认证跟踪，以及追踪人员的辅助业务能力，如物料准备或工具间工作情况。劳务管理与资源分配功能相互作用，共同确定最佳分配方案。

7. 质量管理（Quality Management）

对生产制造过程中获得的测量值进行实时分析，以保证产品质量得到良好控制，质量问题得到确切关注。该功能还可针对质量问题推荐相关纠正措施，包括对症状、行为和结果进行关联以确定问题原因。质量管理还包括对统计过程控制（SPC）和统计质量控制（SQC）的跟踪，实验室信息管理系统（LIMS）的线下检修操作和分析管理。

8. 过程管理（Process Management）

监控生产过程、自动纠错或向用户提供决策支持以纠正和改进制造过程活动。这些活动具有内操作性，主要集中在被监控的机器和设备上，同时具有互操作性，跟踪从一项到另外一项作业流程。过程管理还包括报警功能，使车间人员能够及时察觉到出现了超出允许误差的过程更改。通过数据采集接口，过程管理可以实现智能设备与制造执行系统之间的数据交换。

9. 维护管理（Maintenance Management）

跟踪和指导作业活动，维护设备和工具以确保它们能正常运转并安排进行定期检修，以及对突发问题能够即刻响应或报警。它还能保留以往的维护管理历史记录和问题，帮助进行问题诊断。

10. 产品跟踪与谱系（Product Tracking and Genealogy）

提供工件在任一时刻的位置和状态信息。其状态信息可包括进行该工作的人员信息，以及按供应商划分的组成物料、产品批号、序列号、当前生产情况、警告、返工或与产品相关的其他异常信息。其在线跟踪功能也可创建一个历史记录,使得零件和每个末端产品的使用具有可追溯性。

11. 性能分析(Performance Analysis)

提供按分钟级更新的实际生产运行结果的报告信息,对过去记录和预想结果进行比较。运行性能结果包括资源利用率、资源可获取性、产品单位周期、与排程表的一致性、与标准的一致性等指标的测量值。性能分析包含 SPC/SQC。该功能从度量操作参数的不同功能提取信息,当前性能的评估结果以报告或在线公布的形式呈现。

2004 年,MESA 在传统 MES 模型基础上,提出面向协同制造环境的新模型,即协同 MES 体系结构(c-MES)。c-MES 继承了早期 MES 所有核心功能,更强调与企业供应链和价值链中其他人和其他系统集成的能力,如图 2-2 所示。

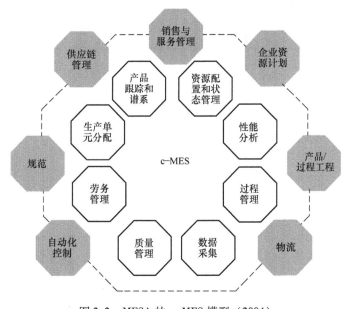

图 2-2 MESA 的 c-MES 模型(2004)

2008 年,MESA 发布新一版 MES 模型(Version 2.1)。模型涵盖了从企业级战略计划到业务运营,以及工厂运营和实际生产,显示了战略、企业级运营和工厂运营之间的相互关系,如图 2-3 所示。

MESA 起初提出 MES 的 11 个核心功能,后来发布 c-MES 模型,强调 MES 与其他系统、职能的协同,后又将 MES 延伸到业务运营、战略领域。虽然 MES 的作用范畴在逐步拓展,但 MES 的主要功能仍然围绕着早期的核心功能,并无大的变化。

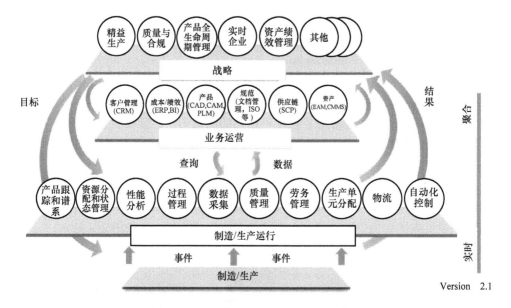

图 2-3　MES 模型 Version 2.1（2008 年）

2.5　MES 数据采集需求

1. 概述

实现生产数据的实时采集、存储、统一管理及科学地统计分析是制造企业生产信息化建设的迫切需要。目前，制造企业广泛应用了分布式控制系统（Distributed Control System，DCS）和可编程逻辑控制器（Programmable Logic Controller，PLC）控制系统，但是这些系统由多家供应商提供，相互独立且信息各自封闭，造成即使实现了生产自动化却不能共享数据的问题，如各工区、部门和分厂的生产信息无法及时交流，阻碍了企业生产信息化的建设进程。

MES 的重要价值之一是数据和信息的转换。MES 不仅是面向生产现场的系统，还是现场层和经营层之间双方信息传递的系统。它通过实时数据库传输基本信息系统的理论数据和工厂的实际数据，以及提供生产计划与过程控制系统之间的数据通信功能，也是企业应用的重要信息系统。离开了生产数据采集，生产管理部门不能及时、准确地得到工件生产数量，不能准确分析设备利用率等瓶颈问题，也无法准确、科学地制订生产计划及实现生产管理协同。因此，有效的生产数据采集，才能使 MES 可以实时跟踪计划执行情况，了解设备利用状况以及时应对产品质量问题，进而实现生产现场的透明化及生产过程的全程追溯，提升产品的按期交付率，提高生产质量。

随着物联网等技术的发展，数据采集在数据的采集广度（采集数据种类更丰富）、采集深度（数据采集准确度更高、实时性更强、成本更低）及价值利用（数据实时分析与利用）方面得到快速发展，也将推动 MES 的普及和深化应用。

2. MES 中数据采集特点

制造企业 MES 中的数据采集是一件工程实践性强、覆盖面广、技术要求高、执行难度大的工作。MES 数据采集的主要特点有：

1）数据采集种类多，覆盖面广，关联性高。由于生产管控过程中涉及人、机、料、法、环、测、能各方面，每个操作可能涉及不同的物料、设备、工具及文档等资源，这些资源离散地分布在企业中，需要采集的生产数据种类繁多，彼此之间关联性高。

2）通信协议与接口种类繁杂。企业设备多采购自不同年代，品牌厂家各异，设备支持的通信协议与接口种类差别大，通信接口之间兼容性差，部分设备甚至不开放接口，造成数据采集难度大、工作量大。

3）生产数据采集体量巨大，处理难度加大。随着企业竞争加剧，制造业提供的产品种类更加多样，随之产生的生产数据体量大幅增长。涉及的数据采集、规范与清洗、存储、分析等技术难度将变得更大。

4）质量数据采集备受关注。为增强竞争力，制造企业对产品质量的要求不断提高，需要实时采集生产过程质量信息以及时反映车间生产质量状况问题。

5）数据安全性要求高。制造业数据采集会涉及核心数据和敏感信息，部分数据是企业竞争优势所在，一旦数据遭到泄露，或者受到攻击，有可能造成不可估量的损失，由此数据安全问题显得很重要。

此外，流程制造与离散制造行业由于生产特点差异、自动化水平不同，数据采集的难度和关注点不尽相同。

一般来说，流程制造行业数据采集难度相对较低，重点关注数据接口方面。典型流程制造行业，如冶金、石化行业，自动化水平较高，大量采用 DCS、PLC、智能仪表、数字传感器等，能准确记录生产现场信息。MES 可以从设备仪表读取数据，实时性和准确度较高。流程制造行业数据采集的重点在于 MES 构建时与原有自动化设备做好数据接口。

离散制造行业的数据采集难度相对较高，重点关注采集数据的准确度及实时性。典型离散制造行业，如航天制造企业，产品品种多，加工工序各异，设备品种多、型号多，设备产能预先设定难度较大，数据采集以人工上报为主，结合条形码采集等半自动信息采集技术进行工时、设备、物料、质量等信息的采集。这种采集方式时间间隔较大，并且容易受到人为因素影响。离散制造行业数据采集重点在于保障数据采集的准确度和实时性。

3. MES 中数据采集内容

MES 的数据采集功能是通过数据采集接口来获取并更新与生产管理功能相关的各种数据和参数,包括产品跟踪、维护产品历史记录及其他参数,带有时标的生产过程数据,带有时标的报警、消息、生产事件信息,手工实验数据(如各种理化检测指标)、计量数据(如称重数据)、批次信息(如批次号码、批次执行状态等)。概括起来包括连续数据的采集和离散数据的采集。

从人、机、料、法、环、测、能分类来讲,在生产现场需要采集的数据见表 2-1。

表 2-1 生产现场采集数据

类型	具体内容
人	操作人员、作业数据(所在工序/工位、操作时间、操作数据)
机	设备运行状态信息、实时工艺参数信息、故障信息、维修/维护信息
料	物料名称、物料属性(品种、型号、批次)、库存记录(库位、库存量)、消耗记录(工位、消耗量)
法	生产计划、工序过程、产品加工时间、加工数量、加工参数、产品完工率、生产异常信息
环	地点、时间、光线、温度、湿度、污染度
测	设备信息(设备类型、编号、地点)、检验信息(检验对象、批号、检验方法、检验时间、检验标准、检验结果)、计量信息(计量对象、批号、计量方法、计量时间、计量标准、计量结果)
能	水、电、气、风等主要能耗数据

4. MES 中常见数据采集方式

生产现场数据采集方式必然是多种数据采集技术的综合应用。目前,生产现场数据采集方式主要有两种:自动化采集和人工采集。自动化采集往往依托于通信条件比较好的生产设备及各种传感器的应用;人工采集大多是作为自动化采集的补充方式或替代方式,多用于自动化采集实现难度较大、经济成本较高的现场。

常见的数据采集方式如下(见图 2-4):

1) RFID 采集方式:通过 RFID(射频自动识别技术)来采集人员、物料、设备、工装等的编码、位置、状态信息,类似于条码扫描方式,需要在人员、物料、设备、工装上绑定 RFID 芯片,并事先将信息写入 RFID 中。

2) 设备控制系统采集方式:目前绝大多数设备都开发有专用的设备类接口,该接口利用外部计算机进行远程监控和设备管理,可以采集到设备各类生产过程信息及报警信息。目前部分 MES 供应商提供底层的设备控制系统,如 DCS、人机界面(Human Machine Interface,HMI)、数据采集与监视控制系统(Supervisory Control And Data Acquisition,SCADA)等,辅助实现设备的控制。

3）PLC 采集方式：PLC 采集包括两种，一种是将 PLC 作为一个网关，利用 PLC 通过 RS232/485 与机床通信，从 PLC 直接读取设备加工日志文件，采集各种生产过程数据，包括程序名称、加工时间、转速等，再通过 PLC 的以太网接口转换信息给数据库；另一种是利用 PLC 直接采集机床 I/O 信号，传递给数据库。

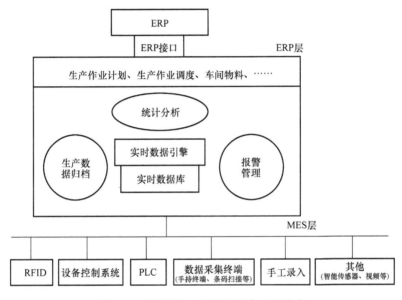

图 2-4　离散制造企业数据采集应用方案

4）手持终端采集方式：利用专用的手持终端，输入机床运行及生产的状态等信息，并通过以太网传递给数据库，该种方式可以用在没有数控系统的老旧设备上。

5）条码扫描采集方式：将常用信息（操作员、产品批号、物料批号、运输设备编号、加工设备编号、异常类别等）进行分类并编码处理，转化成条码，现场使用条码扫描器就可以直接读取。其中，二维条码的纠错能力较强，只要条码破损面积不超过 50%，因沾污、破损等原因所丢失的信息一般都可以读出。

6）手工录入方式：人工信息录入，包括人工触发、人工记录等方式。操作员在控制面板上，输入特定的触发程序，得到设备端的信息，从而实现设备的监控；或操作员在系统中手工录入，实现相关信息的填写上报。

7）其他采集方式：可通过智能传感器、录像监控等方式进行采集。通过采集外置的智能传感器数据，实时获取生产现场的部分数据。

2.6 MES 信息集成需求

1. 概述

MES 与 ERP、高级计划与排程（Advanced Planning and Scheduling，APS）、产品生命周期管理系统（Product Lifecycle Management，PLM）、质量管理系统（Quality Management System，QMS）、仓储管理系统（Warehouse Management System，WMS）及数据采集与监视系统（Supervisory Control And Data Acquisition，SCADA）等集成，让基础数据和动态数据保持一致，避免数据的重复录入和不一致，实现数据充分共享，如图 2-5 所示。

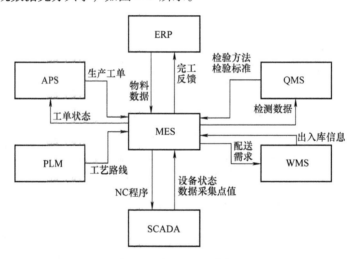

图 2-5　MES 与各系统之间的关系

2. 信息集成需求

（1）MES 与 ERP 系统的集成

从生产计划的角度看，ERP 在生产计划的前端，MES 在生产计划的后端。ERP 的生产计划是以订单为对象制订的无限产能计划。MES 则是以执行为导向，考虑约束条件生成以生产物料和生产设备为对象的生产排程，即基于时间的有限产能计划。MES 需要得到 ERP 生成的"粗"计划作为其计划的源头和基础。车间任务开工前，MES 需要根据现场任务的进度安排到 ERP 系统中领料；车间任务完成后，MES 需要将完工信息反馈给 ERP 进行入库登记，ERP 自动关联到相应订单并进行完工处理，从而实现计划的闭环控制管理。

车间工作订单信息、物料编码基本信息、产品 BOM 信息、配套加工领料单信息、物资库存及质量信息、配套单据及配套结果等基础信息存储在 ERP 中。

车间领料信息、在制品信息、车间完工反馈信息等在生产车间的信息存储在 MES 中。

ERP 系统与 MES 集成主要包括如下功能：

1）ERP 系统向 MES 提供车间生产任务数据，作为 MES 排程计划的依据。

2）MES 向 ERP 系统提供领料需求及领料请求，以实现系统自动领料。

3）ERP 系统向 MES 提供零件领料的详细信息，使车间及时了解生产准备情况。

4）MES 向 ERP 系统提交完工信息、半成品/成品入库信息，以实现自动入库。

5）ERP 系统接收 MES 提供的零部件完工信息后自动反馈到生产计划，使生产管理人员及时掌握车间任务进度。

(2) MES 与 APS 系统的集成

APS（高级计划与排程系统）通常被用来制订车间作业计划，是一套基于优化生产原理的生产排产软件。对于高级计划与排程功能，最重要的是基础数据的准确及业务管理需求的明确。

APS 需要的基础数据见表 2-2。

表 2-2　APS 需要的基础数据

主要大类	详细数据
物料	生产提前期、采购提前期、最大/最小库存量、现存量、可用量、在途量、安全库存量、经济批量
物料清单	BOM 版本、材料消耗定额、替代件
工艺、工艺路线	工艺路线、替代工序、工序优先级、工序制约关系、工序加工、准备时间、转移时间
工作中心	设备能力、设备效率、替代设备、瓶颈设备

输入到 APS 的信息包括：

1）生产任务：MES 向 APS 提供车间的生产任务信息。

2）加工工艺：由 MES 或者其他系统向 APS 提供工艺规程上要求的内容，至少包括加工工序，各工序所需要的工装工具及其他物料，各工艺加工工时和所需工种，所需加工设备组（工作中心），图样、加工说明等辅助性的内容。

3）库存数据：由 MES 或者其他系统向 APS 提供包括制订计划时的物资库存、可用工装工具刀具库存，近期计划可用入库等信息。

4）设备信息：由 MES 或者设备管理系统向 APS 提供可用设备能力、时间模型，设备所属设备组（工作中心）等内容。

5）工人信息：由 MES 或者人力资源管理系统向 APS 提供各工人加工技能、时间模型及所属班组等信息。

APS 向 MES 输出的信息包括：

1）排程仿真及结果对比分析：由于 APS 引擎内置大量的排程策略，采用不同的排程策略将得到不同的排程结果。因此，要将得到的不同排程结果进行对比分析，得到需要的结果。

2）排程结果：准备下达给车间的排程方案，可细化到某时某工人在某设备上加工某工序，同时需要配备何种工装工具及刀具，准备哪些物资辅料。比较好的排程结果还包括该工序的详细制造指令（FO）。

(3) MES 与 CAPP、PDM 系统的集成

CAPP 系统保存了结构化工艺文件数据。CAPP 和 MES 的集成，需要保障 MES 能够按照产品 BOM 结构和总生产任务要求展开工艺级别的生产计划进行排产和调度，集成的主要工艺数据包括工艺过程信息（包括各工序）、BOM 结构、配料清单等。

PDM 是管理产品数据和产品研发过程的工具。PDM 系统向 MES 提供的信息包括产品的加工图样、产品的工艺信息、每道工序的作业指导文件等。

MES 收集生产现场各类数据，为后期产品的生产工艺、产品装配指导等进行优化，反馈至设计部门，进行改型、设计变更。

此外，MES 与 CAPP、PDM 三系统之间的集成还包括 CAPP 与 PDM 之间的集成，实现工艺文件在 PDM 中的流程审批和归档管理，即 CAPP 与 PDM 的审批流程统一。

(4) MES 与质量管理系统（或 ERP 质量管理模块）的集成

MES 虽包括部分质量管理功能，但与质量管理系统侧重点有所不同。

质量管理系统是为生产提供质量标准，并进行质量标准及相关内容的管理，其精度是产品及车间关键点的检查。MES 主要针对车间生产的每个工位、工序的质量跟踪，其精度是对每个工位、工序，实时性要求更高。

质量管理系统向 MES 提供质量标准信息，以实时呈现工位、工序的质量检验结果合格状况。MES 向质量管理系统提供关键点的质量检测结果。

(5) MES 与设备管理系统的集成

MES 包括部分设备管理功能，设备管理系统的功能更全面。

设备管理系统存储设备的基础信息和各类计划信息。设备基础信息主要包括设备台账信息、设备操作、日检、保养、维修规程信息、设备技术精度信息等；计划信息主要包括各类保养计划、维修计划、润滑计划等。

MES 向设备管理系统提供的信息主要有作业实施信息、生产调度信息、设备状态信息和设备运行信息。通过对这些信息的统计分析，获取设备管理的决策信息，如设备故障频率、设备能力数据等。

(6) MES 与人力资源管理系统的集成

人力资源管理系统提供给 MES 人员基本信息、岗位信息、技能信息、技能

等级。

MES 反馈给人力资源系统的信息主要是产线人员的精细化考勤数据和排班数据，以便清晰了解产线人员的工作状况和技能状况，并向统计分析企业的人员绩效提供基础信息。

（7）MES 与自动控制系统（SCADA、DNC、PLC 等）的集成

MES 向自动控制系统提供执行指令，自动控制系统向 MES 反馈执行结果及 MES 需要实时采集的工艺参数、设备性能参数等。

PLC、DNC、MDC 等自动控制系统或数据采集与监控系统 SCADA 将设备编号、设备状态、设备运行参数、任务单号、产成品数、生产过程信息等信息反馈给 MES。

3. 信息集成方式

目前，MES 之间实现数据集成的方法主要有中间文件转换、数据复制、数据聚合、API 接口、XML、数据集成平台等几种方式。

（1）中间文件转换

将数据从源数据库中导出，形成一个中间文件，然后将中间文件包含的数据导入到目标数据库中，这是信息化建设初级阶段最常用的方法。

（2）数据复制

数据复制应用在同构的数据库中，保持数据在不同数据模型中的一致性。数据复制中，需要建立不同数据模型中数据转化和传输的机制及关系，以屏蔽不同数据模型间的差异。

（3）数据聚合

数据聚合是一种将多个数据库和数据库模型聚合成为一种统一的数据库视图的方法，用户能够以访问数据库的通用方法访问任何相连的数据库。但是，构建一个适用于多种异构数据源的通用接口难度比较大。

（4）API 接口

API 接口目前在系统集成中使用非常普遍，而且许多软件本身具有 API 接口。两个应用系统之中的数据通过设在其间的应用适配器的接口进行传输，从而实现集成。

（5）XML

XML 作为一种对数据格式进行描述的通用元语言标准，实现跨平台数据集成。

（6）消息中间件的集成模式

消息中间件（Message Oriented Middleware，MOM）指利用高效可靠的消息传递机制进行与平台无关的数据交流，并基于数据通信实现分布式系统的集成。消息中间件可以实现跨平台操作，为不同操作系统上的应用软件集成提供服务。

第 3 章
典型行业 MES 的需求要点

3.1 各行业 MES 需求差异综述

MES 是带有很强的行业特征的系统，不同行业企业的 MES 应用会有很大的差异。

流程生产行业主要是通过对原材料进行混合、分离、粉碎、加热等物理或化学方法，使原材料增值。典型的流程生产行业有医药、化工、电力、钢铁、能源、水泥、食品等，主要采用按库存、批量、连续的生产方式。因此，将各种不同的自动化控制系统联网，自动采集生产过程的数据实现企业的生产信息集成，建立全企业范围的实时和历史数据库，是流程行业企业实现 MES 应用最关键、最核心、也是最基础的任务。离散制造行业主要是通过对原材料物理形状的改变、组装，成为产品，使其增值。典型的离散制造行业主要包括机械、电子、电器、航空、汽车等行业。这些企业既有按订单生产，也有按库存生产；既有批量生产，也有单件小批量生产。其 MES 应用更关注生产计划的制订和生产的快速响应，离散与流程制造业的 MES 应用对比分析见表 3-1。

表 3-1　流程制造业与离散制造业的 MES 应用对比分析

MES 应用不同点	流程制造业	离散制造业
产品结构	通常用配方或配比来描述产品结构关系。最终产品分为主产品、副产品、协产品、回流物和废物；产品结构往往不固定，上级物料和下级物料之间的数量关系，可能随温度、压力、湿度、季节、人员技术水平、工艺条件不同而不同；配方型产品结构具有批量、有效期等方面的要求	"树"型的产品结构，最终产品由固定个数的零件或部件组成，且这些部件之间的关系非常明确和固定。最终产品固定单一
生产计划管理	主要是大批量生产。只有满负荷生产，企业才能将成本降下来，在市场上具有竞争力。因此，在生产计划中，年度计划更具有重要性，它决定了企业的物料需求	从事单件、小批量生产的离散制造业企业，由于产品的工艺过程经常变更，生产计划制订比较复杂，往往需要专业的工具处理。插单或临时调整订单对计划影响比较大

（续）

MES 应用不同点	流程制造业	离散制造业
作业计划与调度	多为连续的工艺流程，因此在作业计划调度方面，不需要也很难精确到工序级别，而是以整个流水生产线为单元进行调度。作业计划在实现上相对离散制造企业更简单	生产作业计划与调度需要根据优先级、工作中心能力、设备能力、均衡生产等方面对工序级、设备级的作业计划进行调度。这种调度是基于有限能力的调度并通过考虑生产中的交错、重叠和并行操作来准确地计算工序的开工时间、完工时间、准备时间、排队时间及移动时间
作业指令下达	不仅要下达作业指令及面板数据接口（Panel Data Interface，PDI）数据，而且要将作业指令转化为各个机组及设备的操作指令和各种基础自动化设备的控制参数，并下达给相应生产控制系统（Production Control System，PCS）	将作业计划或调度结果下达给操作人员的方式一般采用派工单、施工单等书面方式进行通知，或采用电子看板方式让操作人员及时掌握相关工序的生产任务
工艺流程	产品品种固定，批量大，生产设备按照产品进行布置	多数企业生产设备是按照工艺进行布置。因每一个产品的工艺不同，生产过程中对所加工的物料进行调度，中间品需要进行搬运
库房物料管理	由于是连续生产方式，一般不设中间半成品库房，配方原料的库位一般设置在工序旁边。配方领料不是根据工序分别领料，而是根据生产计划一次领料放在工序库位中。通常采用罐、箱、柜、桶等进行存储，存储数量可以用传感器进行计量	原材料设有仓库，部分产线设有线边仓，对半成品也设有相应的库房，各工位根据生产作业计划及配套清单分别进行领料，或由仓库管理系统开展物料配送
自动化水平	自动化水平较高，大多采用大规模生产方式，生产工艺技术成熟，广泛采用PCS（过程控制系统），控制生产工艺条件的自动化设备比较成熟	自动化水平参差不齐，加工过程主要是离散加工，因此产品的质量和生产率很大程度依赖于工人的技术水平。自动化设备多为单元级，如数控机床
设备管理	设备是一条固定的生产线，投资比较大，工艺流程固定，其生产能力有一定的限制，生产线上的设备维护特别重要	一般有多条生产线，即使单台设备停下来检修，不会对整个系统产生严重影响。重点管理关键、瓶颈设备
批号管理和跟踪	生产工艺过程中会产生各种协产品、副产品、废品、回流物等，对物资的管理需要有严格的批号，需要通过批号反查出详细生产过程信息	随着对产品质量的要求不断提高，很多离散制造企业在逐渐完善批号跟踪管理
生产数据采集	可以通过与PCS集成实现大部分生产数据的采集	生产设备繁多，通信接口、协议不同生产数据采集工作更复杂
质量管理	过程检验一般采用对生产批号产品进行各工序上的抽样检验	对单件小批生产，一般检验每个零件、每道工序的加工质量；对批量生产，分首检、抽检、SPC分析

本章将从流程行业和离散行业中分别挑选几个重点行业进行 MES 的行业个性化需求分析，见表 3-2。

表 3-2　MES 行业个性化需求差异表

行业	MES 应用个性化需求
电子	（1）强调上料防错 （2）强制制程 （3）产成品及在制品生产追溯 （4）过程质检实时性要求高
食品饮料	（1）生产过程能满足相关法律法规 （2）称量管理 （3）严格实现生产过程的正反向追溯 （4）生产环境监控 （5）关键设备监控
钢铁	（1）一体化计划管理 （2）生产连续性要求下的作业调度 （3）生产设备实时监控及维护 （4）能源计量
石化	（1）对油品的加工移动过程进行监控管理 （2）安全生产 （3）生产环境监控 （4）配方管理
汽车	（1）混流生产排程 （2）实时生产进度掌控 （3）实时配送 （4）生产现场的可视化
机械	（1）排产优化 （2）柔性化的任务调度 （3）物料追溯 （4）上下游系统的数据集成
服装	（1）多维度的编码管理 （2）灵活的生产计划管理 （3）面辅料管理 （4）缝纫等专业设备管理

(续)

行业	MES 应用个性化需求
医药	（1）配方管理 （2）GMP 管理 （3）跟踪与追溯 （4）日期及环境管理
烟草	（1）生产工艺与配方管理 （2）批次跟踪 （3）全程可追溯的质量控制 （4）设备 OEE

3.2　电子行业需求要点分析

3.2.1　电子行业生产管理特点

电子行业是指计算机、通信和其他电子设备、电子元件、电子器件及其专用原材料的制造行业，根据 GB/T 4754—2017《国民经济行业分类》，涵盖了电子元器件产品、IC、配件、电子中间产品、电子终端设备等近百种细分类别。从宏观的角度上来看，电子行业的产业链，从材料到成品，主要包含了上游的原材料（电子元件与专用材料）、中游的电子元器件，以及下游的各种消费电子、通信设备等终端产品，如图 3-1 所示。

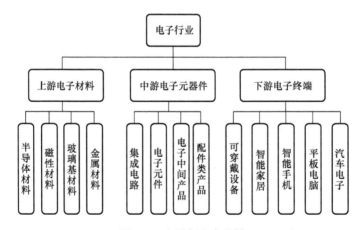

图 3-1　电子行业产业链

电子行业产业链上不同位置的产品差别比较大，具体分析如下：

1）上游电子材料，一般包括半导体材料、磁性材料、玻璃基材料和金属材料等。这些产品是生产电子元器件的基础材料，主要供应电子元器件等中游产业应用。

2）中游电子元器件，一般是指集成电路（IC）类产品和电子元件，以及电子中间产品、配件类产品等。如提供电路板基材的覆铜板行业；制作电路板的PCB行业；芯片的制造与封装行业及面板显示（FPD）行业等。其中IC类产品应用非常广泛，如微处理器、存储器、数字器件（CMOS、BiMOS、ECL、TTL等）、线性器件（放大器、稳压器、滤波器等）、接口器件、逻辑器件等。电子元件包括电阻、电感、电容、二极管、晶体管等。这些产品普遍需遵守行业标准，通用性很好，下游供应商的选择余地比较大。电子中间产品是指具有独立功能，但一般需配合主体产品销售的部分。比如汽车音响、空调，楼宇对讲机、监控器，航空耳机等，主要供应主体产品供应商和维修店。这些产品的设计生产需配合主体产品外观、尺寸、功能要求。配件类产品则包括各类电脑主板、显卡、网卡、传感器、继电器、开关等。这些产品市场需求主要来自终端产品或中间产品厂家，通用性比较强的产品如电脑主板等也会直接面向市场销售。

3）下游电子终端，包括的产品类别很多，其中3C产品（智能手机、平板电脑、通信与家电消费品等）比较有代表性，发展趋势是轻、薄、短、小，客户的个性化需求越来越多，企业要不断推出新产品及提高产品交货速度。除3C产品外，还包括医疗产品、汽车电子、安防电子、军工电子等，这些产品都有自己的特定市场，参与同类产品竞争的企业相对较少。

电子行业属高科技行业，特别是微电子技术、半导体材料、电子计算机等行业，是新兴与前沿科学技术的生长点，是当今技术革命的主角。因高科技产品要求越来越高，电子产品质量控制是否到位直接关系到产品的使用性能、使用寿命、安全性与经济性，因此质量控制在电子制造业备受重视。近年来兴起的自动光学AOI检测，是机器视觉检测的一种，正在取代员工目检应用在PCB印制电路、电子封装、丝网印刷、表面贴装技术（Surface Mounted Technology，SMT）、串行外围设备接口（Serial Peripheral Interface，SPI）、锡膏检测、回流焊和波峰焊等的检测方面，可以快速检测排线的顺序是否有误、电子元器件是否错装漏装，接插件及电池尺寸是否合规等。相比人工目检，AOI视觉检测明显具有高效率的优势，在电子元器件制造、汽车电子、通信电子、消费电子等电子制造领域，目前受到较多关注。

电子制造业作为典型的离散制造行业，其生产过程与产品特点紧密关联。处于不同产业链位置的电子行业，其生产管理特点差异也较大。表3-3列举了产业链上几类产品的生产制造特点。

表3-3　产业链上产品生产制造特点

	电子材料	电子元器件	电子终端设备
产品特点	通用性好 升级换代周期较久	标准化与模块化 通用性一般 升级换代较慢	品类多，定制化程度高 通用性差 升级换代快
生产计划	订单+预测	订单+预测	订单
组织方式	大批量	中小批量	多品种，小批量

本节以一个电子行业终端设备产品的典型工艺路线为例，说明电子行业的生产管理特点。该工艺主要包含 PCBA（SMT 和选择性波峰焊）、三防与老化测试三大部分。

（1）PCBA 工艺流程

PCB 空板经锡膏印刷、SMT 贴片后进行回流炉前的目检，检测合格后进行回流焊，再进行 AOI 检验，合格后进行手工插件，然后进行选择性波峰焊，焊接完毕进行一系列的检验，包括 AOI（视觉）检验、X 射线检验、功能测试及最后目检，形成半成品 1，如图 3-2 所示。

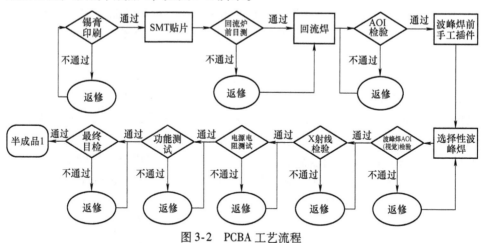

图 3-2　PCBA 工艺流程

（2）三防工艺流程

半成品 1 首先进行控制板清洗，然后局部掩膜，机器反面喷涂后进行三防漆固化，之后进行 UV 检验，合格品进行机器正面喷涂，对正面进行三防漆固化，去除掩膜胶带后，再 UV 检验，合格后成为半成品 2，如图 3-3 所示。

（3）老化测试工艺流程

半成品 2 首先与部分结构件组装，之后进行基本结构检验，如绝缘、振动等测试。通过后再烧录程序，并对加载了程序的产品进行电气功能检验，如开

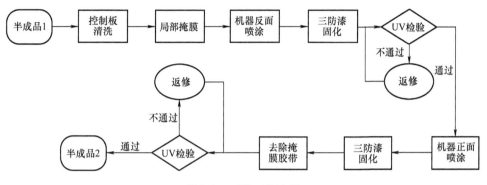

图 3-3 三防工艺流程

关机、信号响应等。之后再将完整产品组装好，进行老化测试。待老化测试通过后，合格即打包成品并移交仓库，如图 3-4 所示。

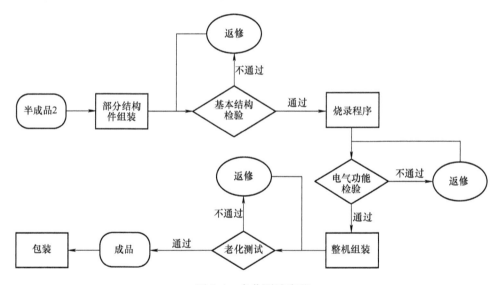

图 3-4 老化测试流程

从图 3-2～图 3-4 的电子行业典型生产工艺可见，生产环节 PCBA 流程需要经过 SMT 贴片、回流焊、波峰焊、检验等多道工序，之后进入三防工艺，主要为清洗、掩膜、喷涂及固化等工序，最后组装完成进入老化测试。电子行业生产属于离散型制造，各工艺之间涉及大量原材料及半成品的转运，加之电子产品种类繁多、配置复杂，以及生产节拍与精密度要求较高，特别 PCBA 需要严格上料防错，因此电子行业对于生产计划、现场管理、质量控制的要求极高。

尽管电子行业细分存在很多差异，但总体上其生产管理通常具有以下特性：
1）生产方式以多品种、多批量为主。电子类生产企业普遍按订单与预测相结合的方式组织生产。

2）生产计划管理困难。电子行业生产计划涉及量产、新品试制等多种计划，通常量产批次数量不同，交货期较短，临时插单现象频繁。因此，生产计划管理难度较大。此外，电子行业产品物料繁多，生产计划与物料计划等方面的协调配合要求非常高，增加了计划管理的难度。

3）生产过程控制复杂。由于客户需求变更较多，产品设计和工艺过程经常变更，BOM 版本众多，对应加工工序各异，过程管控难度大；生产过程不连续，各工序间存在明显的停顿和等待时间，对工序协同要求高；关键加工工艺过程不可逆，如贴片过程对电子元器件等准确度要求极高。此外，自制与外协生产并重，产品装配复杂，都对产品的生产过程管控要求更加严格。

4）物料管理要求高。电子产品生产周期普遍较短，不仅要保证及时供料，还要控制零部件的供应，保证齐套性。但电子元器件的基础物料种类繁多，领料方式复杂，既有按需精确领料又有按最小包装量领料，部分超领物料设置线边仓库，不易管理；另一方面，关键及贵重的元器件物料需要进行损耗分析以及替代料管理，这些都增加了物料管理的复杂程度。

5）在制品管理难度大。由于离散型生产的各工序间存在衔接，在制品经常要从一个工序完工后，检验合格再搬运到下一个工序处，中间过程需要明确标识在制品的检验状态，并对存放地点和存放条件进行管控，确保在制品流转效率，降低流转导致的生产异常。

6）质量管理严格。电子产品具有体积较小，电子元器件数量多等结构特点，同时面对高可靠性、高精度、使用寿命长等要求，这对生产过程各工序间的检验，以及整机的老化、测试、检验等提出了非常高的要求。

7）设备维护管理要求高。由于电子行业的加工设备多为高精尖设备，设备的异常对生产质量的影响很大，因此对设备的日常维护、维修、保养的要求极高。另外，在节能降耗、绿色环保的大趋势下，对设备的运转率和能耗管理的要求也越来越高。

此外，电子行业由于其产品的特殊性，拥有更多更严格的行业合规性要求。欧盟作为世界最大的电子产品生产地，同时也是电子产品废弃物集中地，对电子电气垃圾问题十分关注，现已推行的环保指令有 WEEE、RoHS、EUP、REACH、电池指令、IPP 等。据中国电子行业协会的统计，我国出口欧盟的电子产品占我国电子产品出口总量的比例不断攀升，而欧盟 WEEE 和 RoHS 指令涵盖了我国共 10 类、近 20 万种产品，其中大多数属于我国具有强势出口地位的电子电气产品。因此中国企业要获得国际市场通行证就必须遵循以上这些绿色环保指令，并将其贯彻落实到生产过程中。

3.2.2 电子行业 MES 需求分析

结合电子行业的生产管理特点，电子行业 MES 需求主要集中在生产管理、物料管理、追溯管理、质量管理、设备管理与各种生产分析报表等方面。

1. 生产管理

MES 生产管理需求除了将 ERP 中的生产计划分解成生产工单和工序计划，进行完工反馈和加工工时统计，实现多条件的计划排程以外，还包含以下个性化需求。

（1）BOM 多版本管理

进行 BOM 的多版本管理，并可根据工单选定 BOM。不同版本的 BOM 与不同版本的工艺、程式一一对应。可以进行工厂的工艺流程建模，将所有工序纳入到 MES 管理，可以进行工序的灵活调整。

（2）工单管理

PCB 过站时，进行物料倒冲管理，自动核算已使用的物料并倒扣。把 ERP 的生产计划分解成生产工单和工序作业计划下达时，考虑物料的齐套性。

（3）抛料率分析

计算抛料率，抛料率分为两种：损耗抛料和异常抛料。生产损耗可以根据工单领料和退料来计算，理论损耗支持导入 SMT 中机器的抛料信息来进行详细对比分析。抛料率超过预设的临界值及时发出报警，并对造成抛料的原因进行分析，例如材料不良、Feeder 不良、人员操作等。

（4）生产准备

车间作业人员能准确了解何时上料、何时换线或者何时生产。当备料与预发料不一致时报警。

（5）上料防错

收集贴片机上料信息（站位号/Feeder/物料等），并进行合法性校验，建立工单和物料的追溯链。收集 MI 段、AI 段、整机段的上料信息，并进行合法性校验，建立工单和物料的追溯链。建立锡膏与产品代码的对应关系，支持锡膏使用时防错检查。

（6）强制制程

设定制程路径规则，设置不同条件下对应的强制路径（不可跳站、漏站）。可以导入作业指导、作业步骤、SMT 程式，并确认 SMT 程式的正确性。

2. 物料管理

除了对原材料、在制品和成品信息进行全面跟踪，还要实现对原材料的禁用监测，全面符合电子行业的绿色环保指令。其中个性化需求如下。

（1）原材料管理

RoHS、MSD 作为物料的属性记录相应的标识和时间限制。为每一料卷提供

MES 选型与实施指南

唯一的条码。对元件、物料进行禁用监测，在 MSD 物料开封时记录相应的开封时间，在 SMT 上料时，对物料进行扫描，检查物料的有效期、暴露时间、RoHS 标识，发现错误，禁止使用。支持 RoHS 管理，区分无铅件与有铅件，MSD 超期报警。

（2）在制品管理

全面跟踪物料的收料、注册、入库、仓库发料、到线边仓、消耗、退回等信息进行全面跟踪，及时更新数量。监控每一个料卷的消耗情况，达到备料要求以及换料要求时，进行提醒。在线边仓管理中对料卷、料管及 Tray 盘的物料进行盘点及更新。

（3）辅料管理

支持辅料的防错检查，如锡膏在客户指定品种时，上料前需核对。对锡膏的回温、领用、回存、用完、报废、开封、搅拌、转换工单等管理。进行锡膏的时间管理，包括锡膏的当前状态、回温计时、未开封计时、开封计时等，并进行预警提示。

（4）备品/备件管理

备件的使用管理，如丝网的使用数量超过一定次数时，系统提醒进行更换。

3. 追溯管理

通过建立数据间的关联关系，建立对原材料、产成品、生产操作过程和生产质量的追溯，以满足电子企业生产过程管控、人员绩效考核、质量管控等的需求。其中个性化需求如下。

（1）原材料追溯

支持原材料信息与 PCBA 的序列号相互查询和追溯。支持单料卷拆分成多料卷，或多料卷合并为单料卷的追溯管理。

（2）产成品及在制品追溯

从产成品序列号或批次号追查到当日的生产环境，包括温度、湿度、洁净度等信息。PCB 过站 100% 记录产品序列号。在制品追溯贯穿于每一批次产品、每一块电路板和每一个系统的检查、测试。

（3）过程工艺参数的追溯

追溯每一个产品生产相关的 BOM 版本、工艺版本等。对设备状态进行追溯，包括开机、等待、运行、故障、关机等信息。

4. 设备管理

除设备基础信息外，还需采集设备运行状态、上报设备故障、记录维修数据，并对运行维修数据进行分析，以实现周期维护/预防维护，提升设备 OEE。如在 PCB 组装行业，贴片机吸嘴滤芯的使用寿命和使用程度将会影响生产中的良品率、吸嘴保养、更换工时和抛料成本等因素，若将贴片机的控制系统与

MES集成，则当贴片机的吸嘴出问题需要维护时，该信息可同时反馈给MES，MES通过多种渠道发出提醒信息，及时进行停机维修，同时记录维修数据，形成专家库，对贴片机吸嘴进行健康管理。

5. 过程质量管理

通过实时分析制造现场数据来保证产品质量控制和确定生产中需要注意的问题，向用户推荐纠正错误应采取的行为建议，包括将征兆、行为、结果等联系在一起以帮助判明引起错误的原因，如对SMT产线构建MES防错系统，可在贴片前及时发现物料异常信息，避免生产损失。

3.2.3 电子行业MES应用案例

上海剑桥科技股份有限公司（简称CIG）2005年7月创建于美国，专注于有线和无线宽带接入终端领域，是一家高端通信设备供应商。主要经营家庭、企业及工业应用类ICT终端设备，高速光组件和光模块，5G网络设备三大领域产品的研发、生产和销售，在上海、武汉、西安均建有生产场地。

ICT终端设备行业技术发展较快、市场需求多变、交付周期短、质量要求高，对行业内生产企业的研发与生产组织要求较高。为提升产品生产过程管理效率，CIG于2016年4月在上海厂上线MES，分二期实施完成。2017年初，完成项目上线工作。

1. MES系统功能

1）设备联网：采集现场设备、仪表的状态数据，实时监控底层设备的运行状态，经过分析、运算和处理，将生产状况及时反馈给计划层。

2）生产计划：承接上游ERP搭建计划管理层与底层控制之间的桥梁，对来自于ERP系统的生产管理信息进行细化、分解，统一了计划管理的平台，形成"一个计划"的管理模式。

3）高级排程：结合最大化产能、减少WRP、资源合理利用、制造周期限制和均衡生产等目标进行优化排程，将排程结果形成派工指令传递给底层控制层。

4）辅助工艺：辅助工艺中心完成研发设计物料清单（Engineering Bill of Material，EBOM）到工厂端的应用，根据工厂制造特点实现制造物料清单（Manufacturing Bill of Material，MBOM）搭建，并根据线体配置、销售型号等横向关联订单和产品数据，实现过程工艺指示。

5）采购物流：对企业的供应链进行优化计算，整合现有要货模式，合理规划安排供应商送货时间，同时降低库存。

6）制造物流：根据各线体生产进度按照一定提前期进行投料或者配送到点，实现物料追溯并完成扣料回传ERP，搭建企业精益供应链。

7）质量管理：实现从采购到销售整个质量管控周期中所有检验的信息化，并根据实时质量情况柔性应对实现动态质检策略，建立统一的质量体系文件管理平台，实现稽核和改进的信息化，在线办理质量评审，通过 KPI 指标设定和 TOP 分析实现质量大推进。

8）设备管理：基于 TPM 先进理念，完善设备管理，统一编码规则，建立档案和运行履历，从"被动维修"逐步过渡到周期维护/预防维护的"用时无故障"，并提升与设备的工作衔接。

9）工装管理：实现工装条码化出入库、库内盘点和报废，并根据工装 BOM 的搭建结合线上工装在线情况，在切换线时实现工装的配送和在线工装的点检、维保和防呆。

10）产品档案：归集了到生产工单 WO/SN 的有价值的追溯信息，包含：技术追溯、物料追溯、制程追溯、环境参数、质量追溯等信息，是责任区分、供应商索赔、技术改进等的基础，也是真正的工业大数据。

11）可视化：对生产管理过程的可视化进行深度数据挖掘，结合二维组态、3D 仿真和平台化的信息总线，实现大数据的实时定制化展示。

2. MES 在 CIG 的应用成效

1）计划拉动模式，订单实现全面监控。以计划拉动生产的模式驱动物料、设备、工装计划的协同。明确车间的计划分析体系，保证整个生产过程透明化，对订单实现全面监控。

2）建立工艺中心，缩短工艺技术准备周期。引入 MBOM，工单绑定唯一的 MBOM 版本，实现生产和质量控制使用同一套 BOM 标准。减少 SOP 制作时间，减少工艺路线调整时间，提升工作效率，降低差错率。

3）供应链精益化。调整拉料方式为周期拉料和直送相结合方式，减少原材料库存，降低库存成本。根据预占分析齐套和交货期，物料需求计算更精准，提高物料周转率。

4）缩短试产周期。通过物料配送、工装治具配送、计划和程序指令下达等方式缩短产前准备周期。集成 CPS，即时采集试产测试问题，及时发现及时解决。使用系统工作流的方式线上评审/会签，减少试产问题评审/会签时间。

5）实现质量闭环管理。建立进货检验策略和规范，记录 IQC 检验结果，统一制程控制（InPut Process Quality Control，IPQC）质检标准。实现 IPQC 检验记录结构化信息化，方便实时输出统计报表，实现质量闭环管理，做到可追溯、可查阅。

6）实现软硬件信息集成，建立产品档案大数据。集成各管理信息系统，实现系统间数据交互，消除信息孤岛。将产品相关的数据汇集到统一的平台以便于调阅，为精益生产相关分析提供数据基础。

总体来说，MES 项目的实施使得生产过程透明化，数据流转效率提升，CIG 后续计划不断持续优化 MES 项目，并将项目应用扩展到武汉、西安等工厂。

3.2.4 小结

电子行业企业生产管理的重心在于保证生产过程的稳定性，改善提升制造关键能力，因此生产过程控制、上料防错、物料追溯、在制品追溯与管控以及质量管理等方面是电子制造企业最为注重的。同时，由于电子产品的装配，存在手工作业相对较多，自动化程度相对较低的特点，对于生产计划、生产辅料、生产设备、生产人员的全面管理也是电子企业进行精细化管理不可或缺的。

3.3 食品饮料行业需求要点分析

3.3.1 食品饮料行业生产管理特点

食品饮料行业是与民生息息相关的行业，是我国国民经济的重要支柱。食品饮料行业大致可以分为初级产品加工、二次加工、食品制造、食品分装、调味品和饲料加工等几大类。由于处于产业链不同的位置，其管理存在一定的差异。

1）初级产品加工：通过简单的物理加工工艺，将农业物料和野生动植等物资作为原料进行工业加工，如大米加工、红枣加工等食品类企业。该细分行业以物理加工为主，不改变原物料的形态，只是进行简单的粗加工，生产环节简单，制造成本较低，生产受作物季节性影响较大。

2）二次加工：通常是指在原物料基础上进行一定程度的深加工，如生猪屠宰、食用油加工、鲜奶产品加工、果品深加工等。该细分行业在初加工的基础上工艺更加复杂，工序相对较多，生产环节的管控较复杂，过程质量管理十分关键。

3）食品制造：通过一定的配方制造成供消费者饮用或者食用的食品，通常会改变物料的原始样态，如饼干、碳酸饮料等。这类细分行业配方管理十分重要，往往存在独特性，加工工艺更为复杂，品类更加广泛，各环节的质量管控、合规性管理需求更加突出。

4）食品分装行业：单纯的食品分装行业对于生产过程的要求不高，更关注原料和产品之间计量单位的转换、分装数量的精准以及分装环境管理、分装批次追踪等方面。

5）调味品行业：食品调味行业属于典型的按库存生产模式，产品品种多，因此科学的排产和库存管理是关键所在。

6）饲料加工行业：指适用于农场、农户饲养牲畜、家禽的饲料生产加工活动，包括单一饲料加工、配合饲料加工、浓缩饲料加工、添加剂与混合饲料加工、精饲料及补充料加工、宠物食品生产等。该行业企业生产能力较为稳定，多按照配方生产，由于原材料占用较大资金，所以对库存管理要求相对较高。

7）酒行业：对于酒行业来说，MES 功能重在两个方面。一是保证产品的质量与安全，需实现整个生产过程的监控与信息的实时统计；二是监控能耗，需实时记录、更新及汇总能耗的相关信息，为生产异常修正与管理决策提供数据支持。

食品饮料行业的产业链上，不同位置的产品差异较大，生产过程的差异也较大。图 3-5 以典型的乳品行业为例，说明乳品企业的巴氏杀菌奶加工工艺路线。

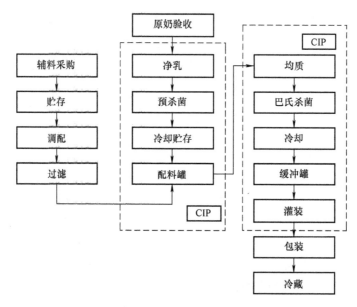

图 3-5　巴氏杀菌奶工艺流程

从图 3-5 可见，巴氏杀菌奶的生产工艺流程主要包括了原料乳验收→净乳→预杀菌→冷却贮存→标准化→均质→巴氏杀菌→冷却→灌装→包装→冷藏等多道工序。首先对原奶进行蛋白质、脂肪、微生物等各项指标的检验，利用净乳机器去除原奶中的杂质，并对其进行预杀菌，便于原奶的贮藏。根据贮奶仓中鲜奶的各项理化指标进行配料，并将完工的配料与鲜奶进行预混，混合均匀后再进行巴氏杀菌，最后进入灌装、包装、冷藏等环节。

从以上工艺流程可以看出，对于乳品企业而言，整个工艺过程中存在多个关键控制环节，每个环节都关乎产品品质和安全。这些关键步骤折射出，在生产过程中必须掌控全过程生产信息，全面管控生产过程中的安全质量环节，严格监控原物料的品质，支持高效精准的设备性能监控预警等。

尽管行业细分存在差异，但总体上食品饮料行业生产管理通常存在以下特点：

1）市场需求难以把握。市场瞬息万变，销售预测困难。消费者容易受到一些客观因素影响而改变消费习惯，品牌的忠诚度往往不高。因此，需要充分把握市场变化做出准确的预测和决策，合理安排生产计划。

2）产品周转周期短。由于食品饮料均属于快消品，流转速度快，消费者购买频率高。从产品导入阶段、产品成长阶段、产品成熟阶段到产品衰退阶段的过程周期通常较短。随着市场竞争加剧，生产周期不断被压缩，企业需要对库存进行严格控制，并对市场需求做出快速有效的反应，提升存货周转率和市场占有率。

3）生产工艺连续性强。食品饮料企业多为流水线作业、批次生产，要求各工序安排准确，如果某个工序出现问题，可能造成大面积停线状况，因此对于自动排产以及应急处理要求高。

4）生产形式多样化。食品饮料行业多采用面向库存、面向订单或混合生产，生产形式多样化，容易受到市场需求、原材料供应等的影响，插单、跳单等现象频发，因此生产波动时的现场管理以及计划执行的跟踪尤为重要。

5）生产现场管理复杂。食品饮料行业对生产过程中的设备故障、质量报警等状况所造成的停线、质量问题等都必须做出快速反应，及时反馈并高效处理。因此要求现场管理必须可视化、透明化。

6）配方管理需求高。食品饮料的配方种类繁多、数据复杂，需要一套灵活的处理和控制方式进行管控。

7）日期（保质期）管理涉及的环节多、难度大。由于其流转速度很快，在制产品保鲜要求也较高，一般从生产到消费的保质期较短，对原物料存储环境监控、生产过程质保、库存管理、分销速度要求很高。

8）严格的质量管控。作为关乎"民生"的产品，产品质量保证是企业的责任，并受到各监管部门的监督与管理，因此生产过程的质量管理、产品的安全性保证十分重要。

此外，食品安全以及生产的合规性是食品饮料行业企业必须遵循的行业标准。如中华人民共和国食品安全法、HACCP 管理体系、GMP 管理规范等。此外，还有诸多细分行业性标准如《食品添加剂生产管理办法》《冷饮食品卫生管理办法》《保健食品标识规定》等以及其他国际性行业标准/规范。食品饮料行业的法规相对全面且严格，种种监管对生产企业提出了更高的要求，这些管控主要体现在产品质量和安全体系方面。因此，食品饮料生产企业必须建立起一套完善的企业质量安全体系和产品追踪机制，才能实现可持续发展。

3.3.2 食品饮料行业 MES 需求分析

大部分食品饮料行业自动化程度高，生产批量大，对于生产管理的精度要求高，并对生产过程的监控、产能分析、现场管理都有严格的要求。因关乎

"民生"，所以食品饮料行业的产品安全性尤为重要，产品质量关乎企业生存问题。此外，随着竞争的压力以及市场的不断变化，企业必须通过更为精益化的管理实现成本控制和市场快速反应，以保持企业可持续发展。通常情况下，食品饮料行业的 MES 需求如下。

（1）完整的生产信息平台

食品饮料行业多为流水线生产，必须选择合理而有效的数据采集方式，与底层的自动化设备实现无缝对接。通过技术手段获取与生产设备及生产过程相关参数信息，并通过系统提供生产过程中的相关历史信息，为批次管理与追踪、设备管理与维护、质量管理等提供可分析的数据依据。数据采集为生产监控提供的现场实时数据，能够实时把握整个生产过程的状态；为生产调度提供现场实时数据和计划数据，及时发现生产异常并做出相应的调度决策；为生产追踪和性能分析等模块提供生产过程的历史数据，能够再现整个生产过程，支持质量事故事后追踪和生产过程分析。因此，食品饮料行业企业需要精准的数据采集，掌控生产各环节的信息，构建完整的生产信息平台是生产管理的关键。

（2）灵活高效的生产排产

随着市场竞争的日益激烈，食品饮料市场呈现多变化趋势，其生产受到市场需求的影响较大，快速的市场反应速度是制胜的关键，因此合理且高效的生产计划制订，及时的计划变更与生产调度都是企业必须具备的管理能力。同时，能根据生产计划结合设备物料等状况制订最优的生产方案，满足成本低、效率高的要求，实现生产调度与分析、生产过程异常预警、物料管理与控制、成本核算与控制等功能。总的来说，适合行业的生产排程管理机制应该具备计划性、科学性、及时性、预见性，在满足主要生产任务的同时，科学地调动可利用的产线资源，平衡计划变更带来的影响并及时处理突发状况，善于预见生产过程中的潜在问题，适时调整生产计划，以达到资源利用最大化的目的。

（3）食品安全及质量的绝对控制

相关的行业法规和标准日趋严格，建立一套满足企业产品安全及合规性的管理模式是迫在眉睫的问题。而满足合规性的关键在于透明的生产和控制，同时还必须有严格的质量监控，准确识别产品的成分和质量特性，并全面跟踪其生产环境、生产过程，实现全程可追溯。另外将行业性规范（如 HACCP）的监管纳入系统管理范畴也需要考量。

（4）生产全过程的跟踪与追溯

解决安全问题的关键在于预防。因此，食品饮料企业必须从原料源头抓起，全面掌控与食品安全相关的关键参数，实现从原料接收到包装入库生产全过程跟踪与追溯，确保每个环节的安全性。另外，随着政府监管机制的不断完善，生产商必须更加关注产品安全性，一旦有危害消费者利益的情形出现，企业内部必须快速响应，迅速提供产品谱系数据，因此完整的产品追溯体系十分重要，需要在生产过程中采集当前生产批次（中间、最终）的生产运行数据，包括在线参数值和离线测量值，并对生产质量做出评价，实现根据批次信息进行反冲追查。

（5）原料及成品的日期及环境管理

对于食品饮料行业，保质期管理是各项管理要素中较为关键的一项，原材料、成品均需要重视保质期以及存储环境问题。因此对于原物料库存管理、环境监测、产品追溯都是生产过程中所必须考虑的问题。

（6）自动化配方管理

食品饮料产品种类繁多，配方及相关参数的管理难度较大。实现配方的有效管理、制造过程的异常预警、操作流程指导及纠正措施都是确保产品质量的有效监控方式，如对物料投料进行防错管控等。

（7）关键设备的停线、报警的收集与管理

通过对设备静态信息（如设备规格、数量、生产日期、购买日期、折旧信息、供应商等）和动态信息（设备运行状态、故障处理记录等）有效整合，根据生产过程的重要程度对设备进行级别分类，从而对设备进行动态预警、动态故障分析、动态维修及备件管理，实现生产设备动态化、主动性、全面的信息掌控，在提高设备管理水平的同时降低企业设备管理成本，提高设备利用率。生产过程中设备故障往往会影响生产进度，因此，设备管理应建立有效的管理、预警、维护机制，降低突发状况产生的不良影响，保障生产的安全。此外，对关键设备需提供各类分析报表，如设备的清洗时间分析报表、设备绩效的分析报表等。

（8）产品及其批次的谱系构建

食品饮料企业必须做到生产过程的监控、管理和分析，实现从进料到包装的完善追踪，通过产品谱系的建立与跟踪，快速、便捷地获取产品信息，将食品安全问题变成可防、可控、可管理的事件。完整的谱系能清晰地确认原材料、设备、生产批次、子计划之间的联系，迅速了解对产品及其供应链环节的影响，利于改善企业运营绩效。

（9）关键绩效指标 KPI 分析与管理

通过现场生产数据的采集对组织内部流程的输入端、输出端的关键参数进行设置、取样、计算、分析，衡量人工或设备的流程绩效并对数据进行统计分析，建立产线的关键绩效指标数据库，便于生产的调整和生产效率的提升。

（10）灵活个性化的管理平台

各个系统之间进行数据交互并合理应用，才能更好地满足企业各管理层级的决策需求。典型的就是 MES 与 ERP 系统及底层控制系统之间的集成，向上与

ERP/供应链提交周期盘点次数、生产能力、材料消耗、劳动力和生产线运行性能、实际订单执行等涉及生产运行的数据，向下与底层控制系统发布生产指令控制及有关的生产线运行的各种参数等；同时分别接受上层的中长期计划和底层的数据采集、设备实际运行状态等。整个过程中信息无障碍准确交互是十分重要的需求。

3.3.3 食品饮料行业 MES 应用案例

青岛啤酒股份有限公司前身为国有青岛啤酒厂，始建于 1903 年，是中国历史最为悠久的啤酒生产厂。为了紧跟时代、拥有强有力的市场竞争能力，青岛啤酒集团在自动化控制系统、工控系统、信息化管理系统、资源管理系统的工作上做了高效的努力，已在同行业中居于领先地位。

目前青岛啤酒各生产厂实现的自动化控制系统基本包括：制麦车间控制、糖化、发酵车间控制、包装车间控制、动力车间控制等主工序系统及一些辅助工序系统。为了充分利用、提取、挖掘、分析这些一线数据，需要对目前的自控系统和信息化系统进行运行跟踪、充分调研，并进行后台数据分析，最后结合青啤公司的长期发展战略，提出制造执行系统（MES）项目的实施。青岛啤酒 MES 是在集团节能减排、提高质量安全的要求下实施的，制造工厂原有生产设备都是先进的行业设备，并有着先进的控制系统，但各个系统之间没有进行整体的通信连接，系统出现的错误信息只能由现场操作人员记录到纸质报表上，等到生产完毕后填写到 ERP 进行汇总，记录的时间都是通过现场人工计时进行的，在工作强度增大的情况下，往往很多关键性的错误没有被记录下来，会对管理层分析生产减少耗能的处理上造成一定的困难。在生产中每个环节出现问题都会影响到整个工序的生产进度和效率，同时会增加能耗，要想详细准确地了解现场完整的信息，通过人工是无法实现的，必须要借助系统来进行完整的记录和保存，再进行及时分析，及时对生产进行评估，准确聚焦问题关键点，使工厂管理层快速将问题处理在萌芽期，阻止问题扩大，影响到质量、效率和能耗，从而达到保证质量安全，提高生产效率，降低能源消耗的目的。

总的来说，青岛啤酒 MES 通过建立数据监控服务器实时采集生产数据，数据中心从数据备份中提取收集的记录——进行处理分析，对所需数据进行汇总自动反馈 ERP，保证 ERP 数据的真实性和时效性，并对能源消耗的时效信息按照要求时间和记录信息进行汇报式发送或更新指定数据库。筛选出所需要的关键点进行分析，并生成以批次、班次、当天等多种搭配的报表。对最小单位进行分析得出平均计算参数，让管理者做出最优化的时间和能源搭配。提供生产消耗的具体信息包括，吨酒均耗、吨麦汁耗、吨清酒耗、包装日耗、工时利用率等多种计算和统计信息，并通过与 ERP 的交互信息来对数据进行验证。

3.3.4 小结

食品饮料行业的 MES 需求主要源自其行业的生产管理特点以及各个企业的生产实际情况，同时也受到其企业管理模式的制约。企业在上线 MES 产品前一定要进行全面的研究，包括研究企业生产管理特性、企业业务组成等，用以明确 MES 需求。食品饮料行业 MES 的需求点主要集中在数据采集、生产管理、产品追溯、配方管理、质量及合规化管理、设备管理几个方面。

3.4 钢铁行业需求要点分析

3.4.1 钢铁行业生产管理特点

钢铁行业是以从事黑色金属矿物采选和黑色金属冶炼加工等工业生产活动为主的工业行业，包括金属铁、铬、锰等的矿物采选业、炼铁业、炼钢业、钢加工业、铁合金冶炼业、钢丝及其制品业等细分行业，是国家重要的原材料工业之一。此外，钢铁生产还涉及非金属矿物采选和制品等其他一些工业门类，如焦化、耐火材料、炭素制品等。钢铁行业产业链上下牵连甚广。钢铁行业的上游是铁矿石、焦炭、有色金属等资源品行业，下游触及基建（包括市政、公路、桥梁建设）、地产、机械、汽车、船舶、家电、航空航天等多个领域。

钢铁行业产业链上下游产品不同，各加工工艺存在差异。本节以钢铁行业中游生产企业为例，介绍钢铁生产的典型加工工艺及其生产特点。钢铁生产工艺主要包括炼铁、炼钢、连铸、轧钢等。

1）炼铁：将烧结矿石和块矿中的铁还原的过程。金属活动性较强的金属和矿石混合后装入高炉中，进行高温冶炼，去掉杂质得到液态生铁（铁液），然后通过专用的铁液罐车送往炼钢厂作为炼钢的原料。

2）炼钢：将铁液除杂形成钢液的过程。含碳较高的铁液或生铁加入炼钢炉后，经过供氧吹炼、加矿石、脱碳等工序，将铁液中的碳、硫、磷等杂质除去，并加入适量的合金，调整钢的成分，在转炉或电炉中形成钢液。

3）连铸：将钢液铸件形成板坯的过程。将装有精炼好的钢液的钢包运至回转台，回转台转动到浇注位置后，将钢液注入中间包，中间包再由水口将钢液分配到结晶器，钢液被铸造成型并迅速凝固结晶。结晶的铸件由拉矫机拉出，经冷却、电磁搅拌后，被切割成一定长度的板坯。

4）轧钢：将钢坯轧制形成各类成品的过程。连铸出来的钢锭和连铸坯，经过加热炉加热，初轧机轧制后，进入精轧机，被轧制成用户要求的尺寸。

钢铁生产工艺流程如图 3-6 和图 3-7 所示。

从以上工艺流程可以看出，钢铁行业生产工序多，工艺流程复杂，涉及众多专业技术，原料、辅料、半成品、产品、工业废物吞吐量大，大型机电设备、

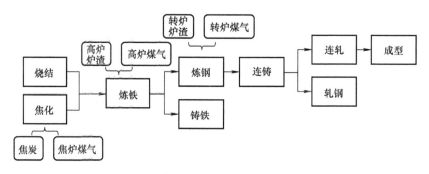

图 3-6 钢铁生产典型工艺流程

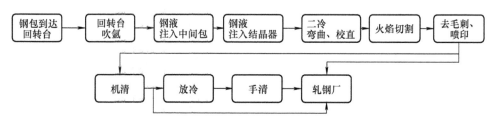

图 3-7 连铸生产典型工艺流程

炉窑（高炉、转炉、电炉等）及高温高压设备多，具有设备集中、规模庞大、能耗高、物流量大等特性。其生产管理呈现以下特点：

1）生产具有连续性。生产全过程兼有连续和离散的性质。生产过程分多阶段，工艺路线基本单一固定，前后工序要求协调连贯。

2）生产工艺复杂。产线长、工序多，生产过程包含复杂的化学、物理过程，部分生产工序为高温、高压环境，面临的不确定性因素较多。

3）自动化程度较高。设备及产线的自动化水平比较高，且广泛使用DCS、PLC等控制系统。

4）组合计划指导生产。客户小批量需求与企业大批量生产的矛盾促使钢铁企业必须对需求进行组合，生成组合计划，如炉次计划、连浇次计划、轧制计划和轧批计划。

5）关键设备影响大。生产集中于大型专用设备，设备体积大、功率大、投资高。串、并、混联的设备布局方式构成连续生产，设备故障对生产的影响重大。

6）配方管理要求高。钢铁企业采用过程结构和配方形成物料需求计划，配方不但代表成分比率，还是单位产品成本组成表，代表企业的生产水平。生产配方会随着原材料质量的变化而变化，也会伴随着生产工艺参数而调整。

7）能耗大、输配复杂。钢铁企业能源消耗量大，能源输配复杂，厂内二次能源多,如煤气、蒸汽、氧气、压缩空气等,钢铁企业既是用能单位,同时又以另一种能源介质向外输送能源(如焦化厂使用煤,又产出焦炉煤气),能源计量点多,成本分摊复杂。

8)生产环境恶劣。钢铁行业生产环境苛刻,伴有诸多高温高压环境,生产过程中涉及各种突变和不确定性因素,对生产过程监控要求很高,对应急处理和异常处理要求极高。

9)质量监控要求严格。钢铁产品的质量不是事后检验出来,而是贯穿生产的全过程,从产品的质量设计、质量监控、质量判定到质量分析。生产过程中的半成品质量需要实时检测,并反馈质量数据和判定结果,以辅助生产调整。

此外,钢铁企业作为高污染、高能耗行业,被国家严格监管,应该从产品质量、环境保护、能源消耗和资源综合利用、安全、卫生和社会责任、清洁生产要求等方面严格遵守国家颁布的各类法律法规,如系列大气污染物排放标准、水污染物排放标准、固体废弃物排放标准、能耗限额标准等以及工信部颁布的《钢铁行业规范条件(2015年修订)》、清洁生产评价指标等相关法规和条例的规定,按ISO9000、QS9000系列标准开展质量认证工作。

3.4.2 钢铁行业MES需求分析

随着市场竞争环境的变化,对钢材的品种、规格(如板材的厚度、宽度、镀层和力学性能指标等)要求越来越多样化,客户需求呈现多品种、小批量特点,对过去按计划的大批量生产模式提出了挑战。同时,这种变化也给企业销售部门、生产调度部门、生产部门带来了更多的业务需求:销售部门需要了解生产部门情况,掌握生产线实时数据,保证交货期和生产成本;生产调度人员需要制订科学合理的生产调度计划;生产部门需要及时掌握订单情况,快速准确安排班组生产。因此,钢铁行业MES需要通过计划监控、生产调度,实时传递生产过程数据,在企业计划管理和车间生产控制之间架起信息沟通和管理的桥梁,帮助企业建立快速反应、有弹性、精细化、统一的信息化制造环境,与ERP、PCS一起构成钢铁企业完整的产销一体化的集成系统。钢铁行业MES的个性化需求如下。

(1)一体化计划管理

钢铁生产各工序间呈现顺序加工关系,且前后工序紧密衔接、相互影响。为了在大批量生产的现状下满足客户多品种小批量订货需求,组织生产时需要在不同钢种、规格和交货期需求下订单聚类组批;轧制计划、连铸计划与炼钢计划平衡;前后工序计划同步,物流运行准时。一体化计划可对生产过程进行整体优化,实现各工序之间联合管制,以保证物流一贯制、时间节奏一贯制。

(2)生产管控一体化

钢铁行业MES与PCS关联紧密,生产管制下达的作业指示可被传送各个工厂的 PCS，PCS 根据下达的作业指示自动生产。因此，MES 与底层自动化控制系统和设备的通信非常重要。此外，MES 需要负责跟踪各工序的作业实绩、质量状况、物料跟踪、库存状况，实现生产管控一体化。

（3）生产监控与生产实绩

生产监控的数据来源于生产现场的基础自动化设备，为调度层面和现场操作工提供操作指导。生产监控对象为设备、订单/计划、物料。在生产监视的过程中，当工艺参数、产品参数或设备运行参数超出合格范围时，系统需要自动报警。系统可提供产品的加工履历（设备信息、工艺控制信息、批次信息等），并以操作记录的形式进行自动存储，为成本管理和绩效考核提供基础数据。生产调度人员可随时掌握批次在各区域的关键信息，如炉次、出炉温度、入轧温度、轧制批次、轧机转速、张力、物料成分等。

（4）设备及工器具管理

钢铁行业对反应装置、仪表、设备状况监控要求高，关键设备出现故障很可能导致全线停产。因此，需要实时监测设备的运行情况和负荷，形成设备的阶段性、周期性和预防性的维护计划，并对突发故障及时响应，提供故障诊断支持，记录设备的历史档案和备品备件，方便对设备进行最优化管理与维护。同时在线跟踪炼钢、精炼、连铸、热轧、冷轧、精整等所有设备的运转状况和生产进程，确保作业计划可以实时动态调整。此外，需要对钢包、氧枪、结晶器、轧辊等工器具的使用、寿命和维修的履历进行管理。

（5）质量管理与追溯

钢铁生产过程中采样物料多、采样点多，检验标准复杂，管理难度大。原材料的质量变化、中间产品的质量结果均会影响生产过程操作，成品的质量结果直接影响该批次的合格与否。因此，需要全面支持原料、半成品、成品等多种物料的质量管理，包括标准维护、质量判定、SPC 分析、质量统计、产品回溯等。按照质量标准设置检验方案，实现取样、分样、检验、记录、判定、报告的全过程管理。根据生产轨迹，实现产品全程质量可追溯。

（6）生产调度管理

钢铁行业多为连续性生产，车间之间需要进行实时调度。为了保障生产连续性，需要根据库存信息、物料移动信息、调度规则，针对生产过程中的扰动因素和动态事件及时调整作业计划，更新并下发生产指令。

（7）能源监控与管理

钢铁企业的能源消耗占钢铁成本的比例约 20%~30%，需要对能源统一调度、优化煤气平衡、减少煤气放散、降低吨钢能耗。通过对能源实行集中监测和控制，实现从能源数据采集、过程监控、能源介质消耗分析、能耗管理等全过程进行管理。

(8) 动态成本控制

MES 与生产系统衔接，当物料消耗完毕时自动采集加工数据，并按事先设定的规则实时将与财务有关的数据"抛账"到成本管理系统中，进行动态成本核算。设定重要的成本考核指标，进行工序成本的控制，达到降低成本的作用。

(9) 生产安全管理及预警

钢铁行业生产环境苛刻，伴有高温高压环境，生产过程中涉及各种突变和不确定性因素，一旦出现安全问题，影响极大。因此，需要对关键参数进行实时监控和预警，保证生产过程中各参数的正常，确保生产安全。

3.4.3 钢铁行业 MES 应用案例

日照钢铁控股集团有限公司（简称日照钢铁）是一家集烧结、炼铁、炼钢、轧材、酸洗、涂镀、制管、发电、制氧、水泥于一体的大型钢铁企业。近年来，面对复杂的全球经济形势，日照钢铁深入推进企业转型升级，在低迷的经济形势下保持了强劲的发展态势。日照钢铁响应钢铁行业转型升级方案的要求，引入先进的管理理念实施管理变革，以信息化作为工具和手段探索支撑企业转型升级的新路径。在信息化的实施过程中，日照钢铁以国际先进钢铁企业管理为标杆，重新建立集团组织架构、制度、流程、岗位设计，然后进行需求确认、系统设计和开发，确保信息化建设的先进性。

MES 系统作为生产管理系统，也实施了改造升级。铁前 MES 对铁前生产进行管理，以铁区生产集中管控系统下达的月生产工单为驱动，采集生产实绩，并上传铁区生产集中管控系统，实现生产工单跟踪、生产状态监控以及 ERP 生产核算。钢后 MES 接收钢后生产集中管控系统的产线作业计划，完成生产执行管理和生产实绩采集，实现生产计划、物料、质量的跟踪，并将生产实绩上传钢后生产集中管控系统，实现订单跟踪、生产状态监控以及 ERP 生产核算。

日照钢铁通过 MES、ERP、CRM 等信息化系统实施，建立了以客户为中心、以订单为主轴的产、销、质、运一体化系统，实现对集团产、供、销、人、财、物各个环节的优化集成，使得集团能够灵活面对客户需求开展产品个性化定制，有效提高集团各单位间协同、运行效率。

3.4.4 小结

钢铁行业 MES 需求主要源自其行业的生产管理特点，重点关注一体化计划、车间生产调度、生产过程实时监控、能源管控、生产设备管控等，以保证生产的连续性，保障安全生产，提高生产效率，降低生产能耗。

3.5 石化行业需求要点分析

3.5.1 石化行业生产管理特点

石化行业大致可以分为石油开采业、石油炼制业、石油化工、化工制品和化肥行业等。

1）石油开采是将原油和天然气从地下采出的过程,并将原油和天然气分离。为农业、能源、交通、机械、电子、纺织、轻工、建筑、建材和人们日常生活提供配套和服务,在国民经济中占有举足轻重的地位。

2）石油炼制是石油工业的一个重要组成部分,是把原油通过炼制加工为各种石油产品（汽油、柴油、煤油、石脑油、重油等）的工业。

3）石油化工是指以石油和天然气为原料,生产石油产品和石油化工产品的加工工业。

4）化工制品指的是将石化中间品加工成制品的过程,包括沥青、润滑剂、合成橡胶、塑料、防冻剂、杀虫剂、医药、天然气和丙烷等。生产工艺要求严格,产品专业性强,对于安全生产、品质保证要求高。

5）化肥行业是将石油产品合成为化肥过程的工业,化肥生产具有高温、高压、易燃、易爆、易中毒、强腐蚀、高转速、高连续性的特点。

由于石化行业产业链上不同位置的产品差别比较大,本节以原油炼制和化肥加工的典型工艺流程为例,来分析石化行业的生产管理特点。

石油炼制通常是将原油进行常压、减压蒸馏,分离为汽油、煤油、柴油、重柴油,轻质、中质和重质润滑油等,并将这些馏分作为原料进行再加工,生产不同品种、规格的燃油、基础油、沥青等产品,如图3-8所示。

尿素生产工艺主要包含造气工序（煤转化为半水煤气）、变换工序（CO转换为CO_2）、脱硫工序、脱碳工序、精制工序（除去残余有害气体）和合成工序,如图3-9所示。

从以上工艺流程可以看出,石化行业的工艺过程复杂,高温高压或低温真空环境多,生产连续性高,产品种类多。不同工艺环节下,环境监控、设备监控以及物料投放等都是生产过程的关键,需要严格地管控。针对这些关键点,在生产过程中必须掌控全过程生产信息,建立完善的生产过程管理体系。

石化行业生产管理通常存在以下特点：

1）多工序连续生产：石化行业大多属于连续生产流程型行业,各生产环节相互依存,有许多的联产品、副产品和中间产品,平衡、安全、稳定、连续的生产是节能、高产、低成本的保障。

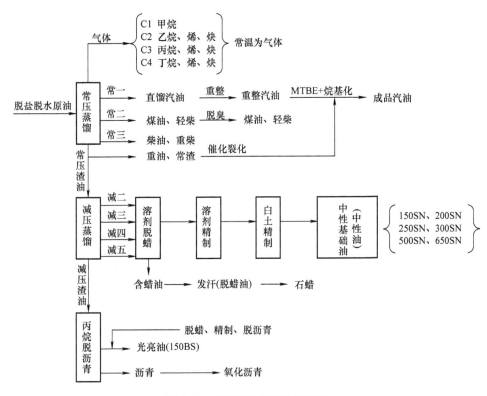

图 3-8 典型原油炼制工艺流程

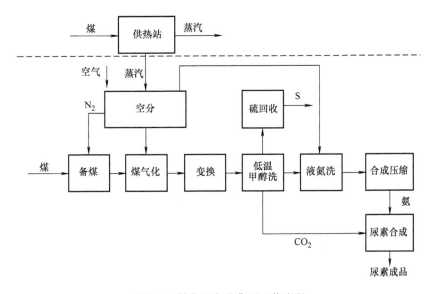

图 3-9 某化肥产品典型工艺流程

2）生产为多投入、多产出过程：石化行业产出结构不同于离散行业的树状层次型结构，呈现"×"交叉型结构，并以联产品、副产品的方式来描述半成品或产成品，生产为多投入、多产出过程。

3）设备产能制约生产：石化行业生产受设备产能、设备运行状况及设备检修计划等因素影响较大，设备产能决定产品产量、客户订单的可承诺量以及交货期。

4）工艺参数变化多：石化行业生产过程往往包含复杂的物理、化学过程，存在多种突变和不确定因素，特别是工艺参数的变化，会影响产成品的收率。而启动、停机和应急处理等操作容易影响生产率，严重时带来一定的安全隐患。

5）质量控制严格：石化行业质量指标体系复杂，等级、配比等差异很大，控制环节繁多，报检点与监测点分散，对原料、中间产品、联副产品、产成品的质量管控严格，批次追踪要求逐渐增强。

6）原物料及产成品管理严格：石化行业的原物料一般具有有毒和危险的特性，产品专业性较强，对于原物料及成品需要严格管理，把控好出入库、盘点，保证物料流转的精准度。

7）投入/产出量须平衡处理：液态物料是石化行业主要的生产物料形态，所有物料的移动数据必须经过计量，建立在罐区、装置物料平衡的基础上，方能适应反应装置的投入/产出情况。

8）成本核算复杂：石化行业生产产出包含各种不同的半成品和成品，复杂的产出品类，使得成本核算更为复杂，需要借助相关统计方法实现成本的分摊和抵扣。

9）设备管理工作量大：石化行业企业设备密集，种类繁多，庞大复杂且投资巨大，相应的备品备件多且杂，设备检修、设备维护的工作量巨大。

10）自动化程度较高：DCS、PLC和IPC（工业个人计算机）系统已成为石化企业的主要控制手段，数据的采集、系统间的集成应用、边界划分成为关乎生产管理效率的重要环节。

11）能耗高、污染重：在节能减排、绿色发展政策日趋严格的环境下，能源消耗的监控、生产效率的提升、能耗成本的降低成为高污染、高能耗、高资源消耗的石化行业企业重要的关注点。

12）重视生产安全管控：石化行业生产环境具有高温、高压、易燃、易爆和易中毒等特点，因此，需要加强安全事故管控，需要借助信息化手段对生产过程重要参数、设备状态数据等开展实时监控，对生产过程异常工况进行分析、预警和预测。

此外，石化行业是重污染行业，通常具有高温、高压、易燃、易爆、易中毒等特性。因此行业的法规针对性比较强，国家及行业制定了一系列法规重点关注环境、安全、质量标准等，如《环境保护法》《清洁生产促进法》《易制毒化学品管理条例》等，国际性标准也较多。为满足合规要求，对于生产过程的高度管控、产品参数的严格管理以及物料管理都是石化行业企业管理的关键。石化必须建立起一套完善的企业安全体系和生产信息管理系统，才能实现企业可持续发展。

3.5.2 石化行业 MES 需求分析

针对石化行业本身特点，石化行业的信息化切入点应该在装置自动化控制、优化的工艺流程、高效的生产调度、优质的设备管理、精确及时的能量和物料衡量上，以达到生产工艺安全、稳定、长周期的目的。石化行业 MES 应具有的个性化需求如下。

（1）生产计划排产

方便获取当前资源状态和数据，支持基于全局性约定的、精细且优化的排产计划，并能灵活地根据产线的实际生产状况迅速合理地调配资源。一旦某一个生产环节出现问题，排产及调度机制须马上启动，确保生产的稳定性。支持将排产计划转化落实到操作指令，并实现计划执行结果的检查和实时跟踪。

（2）生产过程全程管控

石化行业生产连续性强，需要及时了解当前生产状况，对生产变化和生产异常做出快速反应，包括生产过程中的计划、排产、调度、统计等。需要搭建一个完整的生产管理平台，覆盖生产全流程，对生产运行的整个过程进行协调和管理。

（3）数据采集与集成

石化行业数据采集量大，采集频率高，精准度要求高，因此对数据采集与集成的需求迫切。需要对所有关键工艺参数，所有装置的进料、出料，公用工程水、电、气、风消耗，罐区（仓储）库存、罐区和装置收付动态等进行实时采集，并将来自不同系统（ERP、DCS、PLC、IPC 等）的数据集成，通过可视化手段呈现。

（4）物料平衡

通过规范操作管理，实现物料移动的及时跟踪、库存的实时管理和全厂料的平衡。对各类物料的入库计量、存储、调拨、领料生产、物料生产平衡等进行监控和记录。通过物料平衡和动力平衡的方法，对测量得到的生产数据进行整合，支持对全厂物料平衡的统计、计算、分析。将物料平衡管理周期从月缩短到旬、日，物料粒度精确到组分，由此为企业集成成本管理、绩效考核、生产管理提供基础数据，为生产调度、政策调整提供依据。

（5）质量管控

由于石化行业质量管控严格，需要对每批原料和产品都进行严格的检测，并对各指标的检测结果进行各种统计分析。同时,在生产过程中,还需要进行中控检测以保证产品质量。支持检测项目、检测标准、等级自定义维护、自动判定、自动报警甚至预警,提供比较详尽的各种质量数据统计分析报表;实现原料批次、辅料批次、生产设备、生产人员、质量检验、工时、工艺参数(温度、压力、浓度)等关键信息的追溯功能,一旦出现问题迅速响应,做到可查、可控、可防制。

(6)设备管理

设备长期稳定运行是石化行业企业设备管理的重中之重。需要对关键设备进行集成管理,能够制订合理的设备维修、检修计划。利用设备状态监测和故障诊断确定维修内容,通过设备运行状态、备品情况、检修要求等方面进行动态管理,合理安排检修计划,甚至提供设备的故障预警、预测性维护,延长设备周期,减少设备故障,降低维修成本。对仪器仪表及计量器具提供定期校验和标定校验的提示功能,保证其使用的准确性。

(7)产品及配方管理

产品配方作为一些精细石化企业的核心竞争力,也是物料需求计划运算、考核、成本核算等管理的基础信息。通过对采集的实际生产数据进行数据校正和整合,提供给配方管理人员以决策支持。

(8)生产安全监测

生产安全是石化行业必须严肃面对的问题。其原物料多为特殊性材料,具有有毒、有害、有腐蚀性等特性,在高温、高压环境下,需要对可能影响生产安全的重要参数(压力、浓度、温度等)进行实时监测、异常报警,并监督生产过程的工艺准确性,确保生产安全。

(9)精细化成本核算

石化行业的诸多物料在装置中往复循环,原料与产成品之间的组分关系复杂,原料成本分摊难度大。利用物料、公用工程、化工辅料和生产操作数据,实现对生产的实时成本核算。支持将计算结果与标准成本进行比较,通过差异对生产过程改进提供指导。支持常用的品种法、分步法等成本核算方法,对于按单定制的企业,支持按产品批次进行成本核算。

(10)公用工程信息管理

为了降低能耗,提高资源能源使用效率,对生产过程中水、电、气、风等公用能源的生产和消耗数据进行采集、平衡及管理。

3.5.3 石化行业 MES 应用案例

中国石油天然气股份有限公司宁夏石化分公司坐落在宁夏回族自治区首府银川市西夏工业区,始建于 1985 年。宁夏石化公司于 2008 年 9 月将 MES 信息平台全面推广应用到 2 套尿素化肥生产装置和 1 套复合肥装置。功能模块覆盖了生产统计、收率计算、物料平衡、物料移动图、运行管理、生产计划、实时数据库、实验室信息管理系统、工厂基础信息等。具体应用实施情况如下：

（1）应用架构

1）MES 共包含 11 个应用子系统，覆盖企业的整个过程。通过提供生产实时信息，为管理层、执行层和操作层自动提供决策支持。

2）通过集成生产实时信息，MES 可以对企业整个生产过程进行有效管理，确保安全平稳生产，并形成快速反应的生产运行管理环境。

3）MES 运用先进的优化算法，准确及时地收集和汇总现场生产数据，从而减少物流移动和切换次数，达到降低企业生产成本的目的。

（2）主要功能

1）LIMS 数据查询和导出。在 LIMS – Web 查询系统中，可以单击各车间装置内的采样点，查看各分析项分析结果及统计值，并可将数据导出到 Excel 文件保存到本地。

2）公用工程子系统数据的查询、录入和审核：用户在公用工程子系统界面，通过单击树形目录进入目的单位，通过介质类别的筛选实现公用工程数据的录入和审核。

3）物料平衡子系统的计算和录入。在物料平衡子系统界面上，选择目标日期、班组、装置可以实现质量计算和生产方案维护。

4）操作管理子系统：①运行监视，包括监控目标查看、偏差原因录入和趋势图的查看；②操作日志；③操作指令，包括操作指令查看、指令创建与激活。

5）生产统计报表的查询与配置管理。生产统计报表系统主要分为两大功能，分别为报表查询和配置管理，其中配置管理为管理员操作。

6）调度查询系统的使用。进入调度查询系统后，根据用户账户分配的权限，即可看到本部门所在的部门链接节点，每个部门下都有五大功能，包括数据录入、数据查询、日志录入与查询、报表查询和系统功能配置，其中系统配置功能由管理员操作管理。

（3）应用效果

1）MES 通过生产数据的实时上传，实现了高效透明的生产监控，保证了装置的平稳运行。

2）运行管理和生产流程的标准化，促进了生产班组按章操作，保证了生产安全可控。

3）MES 提高了生产管理的可视化和实时性；物料平衡与生产统计系统增强了生产信息的准确性，在生产管理上，提高了效率。

4）在 MES 实施过程中，对相关的生产业务流程进行了梳理、统一和改进，提高了生产运行管理效率。

5) MES 提供的实时监控、过程记录功能，能够使操作人员更加快速准确识别生产中的危险情况。

6) MES 的应用使企业安全生产更加有保障，能够规范一线人员的生产操作，帮助操作人员形成安全习惯，为员工、企业、社会带来较大的安全效益。

7) MES 的实施，可以促进企业的节能减排工作。

3.5.4 小结

石化行业产品种类多，生产工序多，过程复杂，属于长周期连续作业。单一产品生产需多次作业，各作业工序环环相扣，管道互通，物料互供，公用工程共享，一个作业或工序故障可能导致全车间乃至全厂停工。因此，石化行业对物料平衡、生产工艺操作稳定、设备运行监控、生产过程安全非常关注。

3.6 汽车行业需求要点分析

3.6.1 汽车行业生产管理特点

汽车工业是一个包含零部件供应商、整车生产厂、整车销售、物流以及售后服务商的供应链体系。汽车产业链相对较长，其主要由五大部分构成，见图3-10。以汽车整车制造业为核心，向上可延伸至汽车零部件制造业以及和零部件制造相关的其他基础工业；向下可延伸至服务贸易领域，包括汽车销售、维修、金融等服务；此外，在汽车产业链的每一个环节都有完善的支撑体系，包括法律法规标准体系、试验研究开发体系、认证检测体系等。

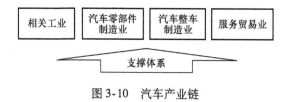

图 3-10　汽车产业链

对于汽车制造行业，主要可分为零部件生产及整车生产，其生产特点各不相同。

1. 汽车零部件

汽车零部件产品分类见表3-4。当前，整车厂从采购单个零部件向采购整个系统转变。系统配套不仅有利于整车厂充分利用零部件企业专业优势，而且简化了配套工作，缩短了新产品的开发周期。零部件供应商必须有更强的技术开发实力，才能够为整车厂提供更多的系统产品和系统技术。系统供货的厂家由于越来越多地参与整车厂新产品的开发与研制，其技术实力和经济实力日益强大。在系统配套的基础上，大型汽车零部件制造企业又提出了模块化供应的概念。所谓模块，是指在汽车中按零部件和系统的排列位置，形成一个具有多功能的高度集成的大部件。模块化供应是指零部件企业以模块为单元为整车厂配套。在模块化供应中，零部件企业承担起更多的新产品、新技术开发工作，整车厂不仅在产品而且在技术上越来越依赖零部件供应商，零部件企业在汽车产业中已经占有越来越重要的地位。

表 3-4 汽车零部件产品分类

行业	细分产品
车身及零部件	车门、车顶、行李舱、天窗、车窗、保险杠、汽车轮胎、汽车表盘、油箱、内饰件、外饰件、轮毂等
底盘、动力总成及零部件	前桥、后桥、万向节、传动轴、变速器、分离器、悬挂系统、弹性元件、减振器
汽车电子	车体电子控制装置及车载电子控制装置。主要含车载视频、转向控制器、音响、控制电动机、防盗器、汽车记录仪、发动机控制电子装置、底盘控制系统、车载娱乐电子装置、车载通信电子装置
发动机及零配件	油泵、活塞、喷油嘴、气缸、曲轴滤油器、电点火器
通用件	车体轴承、皮套、座椅、密封圈、油管、弹簧、标准件、紧固件

通常来说，汽车零部件生产特点有：
1) 根据市场需求或订单组织生产。
2) 产品结构简单，品种较少。
3) 生产工艺稳定，制造周期短。
4) 生产计划以日产量、旬产量或月产量下达。
5) 生产具有明显的节奏性，具有高度的连续性。

2. 整车

作为典型的离散制造业，汽车制造过程相当复杂。从最开始用户下订单，销售部门收集订单并定期反馈到财务、物流和制造等部门，到原材料进厂，经过一系列的加工过程，最后产品出厂并通过销售渠道交付给客户，中间牵扯到很多业务部门，这也是精益生产（Just In Time，JIT）成为汽车企业生产方式的一个主要原因。

典型的乘用车整车生产主要包括冲压、焊接、涂装、总装以及多个辅助配送线。生产计划人员将日生产计划下发到焊接车间，同样装配线按照日排产计划的序列进行装配。车体由焊接机器人进行组装，加工完毕后存放在白车身缓冲区（White Body Storage，WBS），然后车体经过多个涂装工艺，比如电泳、表面涂层、烘干终涂后进入漆后缓冲区（Paint Body Storage，PBS），最后进入总装区域，装配完毕后进入整车存储区（Vehicle Storage，VS）。采购订单按照生产计划的要求发送给供应商，供应商将部件按照采购订单发给装配车间。来自供应商的部件存储在装配车间附近的仓库内，物料配送系统控制从仓库送往装配车间工作站的零部件，以保持与车辆生产队列的一致性。

常见的商用车车型有：皮卡、微卡、轻卡、微客，自卸车、载货车、牵引车、挂车、专用车等。商用车主要由4大部分组成，发动机、底盘、车身（驾驶室与上装，与乘用车不同）和电器设备等。乘用车、客车的车身一般是整体结构，货车车身一般是由驾驶室和货箱两部分组成，在某些货车驾驶室和客车车厢中还设置适应夜间长途行车需要的卧铺，这些都导致了商用车和乘用车在制造工艺上的差别。商用车主要有驾驶室焊装、涂装、内饰，车架滚压、装配、涂装，整车装配等生产线，生产方式主要是流水线生产和批量生产混合在一起，主要生产线的生产方式为流水线，生产形态是连续性生产。相比乘用车而言，商用车零部件数量少、尺寸大，因而形成了一些显著的特点：生产线的工位面积大、工位数少、工位作业量大、机械化程度高，为了适应小批量、多品种模式生产，生产线柔性能力更强。

客车按用途分为城市客车、公路客车、旅游客车和专用客车等，客车主要生产线包括磷化处理生产线、车身焊装生产线、车身涂装生产线、总装配线及整车调试检测线。客车和乘用车本身结构就存在很大区别，客车车身多数具有明显的骨架，而乘用车车身和货车驾驶室则没有明显的骨架。在内饰用料上也大不相同，在乘用车上广泛采用天然纤维或合成纤维的纺织品、人造革或多层复合材料、连皮泡沫塑料等表面覆饰材料；在客车上则大量采用纤维板、纸板、工程塑料板、铝板、花纹橡胶板以及复合装饰板等覆饰材料。客车主要生产线构成的工艺路线多采用回转布置工艺线路，可使工艺传递方便，主要生产线之间产品流动畅通，有利于生产进度控制和管理。为了适应客车品种多、批量小的生产特点，同时为了提高整体生产能力，大多采用设置两条并行的车身焊装线和两条并行车身装配线与一条车身涂装线相衔接的方式。客车生产方式和商用车类似也多是流水线生产和批量生产混合在一起，主要生产线的生产方式为流水线，生产形态是连续性生产。

相对于传统的汽车，电动汽车是由可充电电池提供动力源的汽车，主要由底盘、车身和动力控制系统组成。其中动力控制系统主要由电力驱动子系统、能源子系统和辅助控制子系统等三部分组成，而电力驱动子系统由驱动电动机、电源和电动机调速控制装置组成，它是电动汽车的核心，也是区别于传统汽车的最大不同点，其车身和底盘与传统汽车结构类似或有所简化。电动汽车和传统汽车生产差异主要体现在总装装配上，电动机、悬挂系统和底盘线装配存在差异，需要增加电池包、充电桩工位，更加严格的电子电器线路检测工位。

汽车出现初期，为了满足汽车的舒适性、操控稳定性、动力性，科学家不断地进行研究与创新，不断推动轮胎行业的进步与革新。汽车轮胎按其用途可分为轿车轮胎和载货汽车轮胎两种。汽车轮胎的生产由一系列的工艺过程所组成，主要过程有：原材料加工、配料、生胶塑炼、胶料混炼、帘帆布压延、胎面压出、轮胎部件制造、轮胎成型、生胎定型和硫化。轮胎行业发展过程中，需要大量的资源与能源投入，行业技术进步对产业成长的带动力极强，且产业发展与下游的汽车产业紧密关联。具体而言，轮胎产业发展特点主要体现在下四个方面：

1）资源依赖度高。轮胎产业以橡胶为主要原料，以炭黑、骨架材料及橡胶助剂等为辅助材料进行加工生产，原料成本在轮胎生产总成本中所占比例较高。

2）能源消耗量大。从最初的原料加工环节到产品生产环节，直至最终的产品使用环节，均要消耗大量的高碳化石能源。

3）技术带动力强。轮胎制品的加工生产都是通过对相关机器设备操作后实现的，因此，行业技术进步对于轮胎产业发展及产品品质提升的带动力十分明显。

4）与汽车产业联系紧密，汽车产业作为轮胎产业的主要下游产业部门，与轮胎产业的发展有着密切联系。从质量的提升方面来看，随着人们对汽车的安全性、舒适性、节油性、低噪声、抗湿滑等性能要求不断提高，为轮胎产业的发展指明了具体方向，引导轮胎产业在新材料、新工艺、节能化、智能化、绿色化等方面加快技术研发与推广步伐。

本节选择一个具有汽车行业典型代表意义的乘用车制造企业为例，通过其典型加工工艺路线来说明汽车行业的生产管理特点。

乘用车企业总装工艺流程：分装线有车门分装线、动力总成分装线、排气管/后桥/转向系统及底盘分装线，主流水线是内饰线（进行内饰装配）到底盘线，再到底盘总成合装线进行动力总成、轮胎等总成模块装配，最后再进行车门总成装配、质量检测和下线试车入库，如图3-11所示。

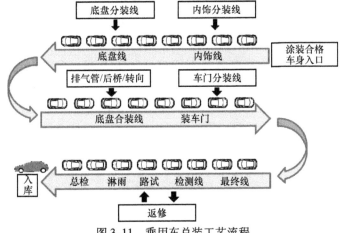

图3-11 乘用车总装工艺流程

从工艺流程可以看出，整车企业主要生产特点有：

1）流水型生产。主要有冲压、白车身焊装、涂装和总装四大工艺，总装为大批量混流生产模式，对于生产调度要求较高。

2）产品结构复杂，配置多样，车型配置清单指导生产。制造 BOM 的有效管理对于合理安排生产计划、按时配送物料具有重要意义。

3）根据 JIT 生产理念，减少库存是汽车制造企业追求的目标。需要实现生产计划和物料配送的协同，以及不同车间（冲压、焊装、涂装和总装）的协同。

汽车整车制造过程中，由于车辆是按照流水线方式进行排列的，遵从某一相对固定生产运行节拍，从车辆焊装开始到涂装，最后进行总装，直到品质检查，在这些过程中，要实现精益化的车辆混流生产体系。

此外，汽车行业的环保合规性要求非常高。目前世界各地汽车尾气污染日益严重，为了抑制有害气体的产生，促使汽车生产厂家改进产品以降低有害气体的排放。欧洲和美国都制定了相关的汽车排放标准。我国汽车排放的国标与欧标有所不同，国标是根据我国具体情况制定的国家标准，欧标是欧盟国家成员通行的标准，欧标略高于国标。目前我国正在执行国Ⅴ排放标准和推进国Ⅵ标准。每一次排放政策的改变都会深深影响汽车市场格局以及用户的决策。

3.6.2 汽车行业 MES 需求分析

本节还是以乘用车制造典型工艺为例，详细阐述汽车行业 MES 的个性化需求。对于乘用车整车厂来说，冲压、焊装、涂装、总装四大整车工艺车间的 MES 应用各有侧重。

1）冲压车间主要通过对卷料、板料、冲压自制件的出入库信息以及各冲压线体的生产信息和品质信息进行记录，以及时、准确地对车间内各种数据进行汇总和分析，从而提高车间可视化水平，为管理者生产决策提供客观可靠依据。

2）焊装车间 MES 功能覆盖从生产计划编制、下发到执行、跟踪与统计分析的全过程。同时，通过 MES 与车辆自动识别（Automatic Vehicle Identification，AVI）系统的集成，以及对生产过程中质量、物料数据的记录，使管理人员能时刻洞察车间内的各项业务活动，为生产的持续改善提供强有力保证。

3）涂装车间 MES 功能覆盖计划管理、品质管理、系统集成、作业指示、统计报表、异常情况处理等，通过与 AVI（车辆自动识别）系统集成，可以实时了解从 WBS（白车身缓冲区）到涂装完工的车辆队列，使涂装管理人员能时刻洞察车间内的各项业务活动，帮助提高生产效率和产品质量。

4）总装车间 MES 功能覆盖计划编制与下达、作业指示、车体跟踪、品质管理、统计报表、异常情况处理等。同时，与 AVI 系统集成，实时掌握 PBS 车辆队列信息；与多种类型的自动化设备的系统集成，使总装人员能时刻了解车间内的各项业务活动。

同时，对于各生产线来说，乘用车 MES 主要包含以下功能。

1. 作业计划管理

1）按照一定的约束条件进行生产排程和优化形成作业计划，考虑生产均衡化、批次、不同的车间设置不同的生产顺序规则等。

2）跟踪作业计划的执行情况，计划完成后将相关信息反馈给 ERP。

2. 生产过程管理

1）从生产作业计划单中获取车辆识别号（Vehicle Identification Number，VIN）码，用于车辆跟踪。

2）生产装配清单，细到工位。

3）通过对 VIN 码的扫描，实现从焊装到整车完成全生产过程的跟踪。

4）生产线状态 LED 显示。

5）工序能力分析。

6）在制品跟踪查询。

7）生产过程中发生的重要事件，以邮件等形式分级自动通告。

3. 物料管理

1）针对不同的物料采取不同的调度模式；对于自加工部件，同步生产供应；大件物料，通过现场终端直接通知供货部门供货；小件物料，看板拉动；低值易耗品，达到线边物料上限时，自动发出补货指令。

2）同步化物料补货，支持电子看板、呼叫、序列和 KIT（单台套）等物流运作方式。支持缺料报警以及投料原因的分析，并能够对其进行追踪。

3）能够实现关键物料追溯和物料防错，并能进行零部件匹配判断。

4）通过条码扫描建立重要零部件与车辆 VIN 的关联。

5）实现对物料的个体和批次在生产在线推移、传递、消耗、转化等信息进行采集、记录、跟踪、整理、分析和共享等信息管理功能。

6）与仓库管理系统（Warehouse Management System，WMS）建立数据通信，在发货环节为 WMS 系统提供信息支持。

7）PBS 信息驱动生产车间预装、物料暂存、供应商发货。

8）支持无线呼叫。

9）支持新品切换的控制以及对物料的操控。

4. 质量管理

1）质量追溯（关键件与 VIN 绑定），通过扫描条码，实现关键件数量可增减。

2）装配指导，装配防错。

3）SPC 在线信息查询与报表生成，采集数据后，经过系统分析后生成相应的图表，不同权限人员可查看不同图表。

4）建立历史数据库，对质量控制和设备状态等信息进行分析，并通过数据字典对历史数据进行自动处理。

5）零件试装信息共享，试装信息（质量/工艺/产品/供应商技术援助——Supplier Technical Assistance，STA）分类后发布给指定的人员。

6）整车生产履历记录，包括订单号、生产线、物料、质量、装配人员和班次等详细信息。

7）装配缺陷次数报警，实现质量领导体系（Quality Leadership System，QLS）系统输入的质量问题按触发等级自动报警的功能，同时将报警信息以邮件或短信方式发给相关人员处理。

5. 其他

1）车辆自动识别系统（AVI），识别车体在车间内的实际位置。

2）物料 Andon，通过在生产工位旁的物料呼叫请求按钮实现物料呼叫，在生产现场和物料存储区设置信息显示板，反馈生产线物料呼叫请求，操作员根据呼叫请求送料。

3）质量 Andon，利用声音和视觉呈现当前生产线工作状态，实时显示工位异常，以便相关的人员及时做出响应。

3.6.3 汽车行业 MES 应用案例

1. 汽车零部件企业案例

万力轮胎股份有限公司是由广州万力集团有限公司和广州市华南橡胶轮胎有限公司共同出资组建的全资大型国有企业，前股东广州市华南橡胶轮胎有限公司成立于 1988 年，从事轮胎制造业已有近 30 年的历史。万力轮胎总部位于从化市明珠工业园，拥有从化、合肥两大生产基地，年产 1600 万条轮胎，年产值超过 30 亿元，是目前我国华南地区最大的子午线轮胎生产企业、也是我国最大的子午线轮胎出口企业之一，是广东省制造业百强。

万力 1000 万条/年生产线智能工厂项目根据 2015 年信息化工作计划经集团审批通过启动，由公司工业技术中心智能制造领域牵头实施，项目涉及广州万力二车间的半钢轮胎从原料入库、密炼、部件、成型、硫化到成品质检入库整个生产制造环节。项目涵盖高级管理人员、研究院、工业技术中心、生产管理部、质量部、生产技术部、生产部、物流科、财务部，覆盖 2000 多用户。

通过广州万力 1000 万条/年生产线智能工厂项目建设，统筹周边 PLM、ERP、OA、HR 四个信息化系统和自动化物流系统、密炼生产控制系统、部件生产控制系统、成型生产控制系统、硫化生产控制系统、能源管控系统六大自动化系统，共同打造一个以 MES 为纽带的信息高度互联集成平台。

由于系统平台的多样性、数据的复杂性，通过基于 SOA 架构的接口技术进行数据交换，实现 MES 与外部系统之间的简便、安全、稳定、高效、规范的数据交换。通过 MES 与 PLM 的集成，实现基于模型数字化制造。通过设计 BOM 与制造 BOM 的转换，建立数字化的作业指导书，集成物料 BOM、工艺参数、工艺路径，连接虚拟设计和生产制造现场环节，增加部件的重用率，提高研发效率，增强研发过程管理和协同，加强工程变更管理，实现万力的智能柔性生产。

通过万力 1000 万条/年生产线智能工厂项目实施，提升了万力轮胎柔性制造能力，提高了生产制造、物流发运过程中的质量防差错管理响应速度，提升产成品合格率；降低了劳动力成本，实现了工厂生产、经销商管理和理赔的轮胎生命周期的全过程追溯管理，打通了轮胎的数据链，使每个环节产生的成本都可以核算到每条轮胎，使业务完全透明化，绩效考核更加具体，这使得绩效管理变得更切合实际；消除差错，以往作业的准确率不能有效保证，差错的产生不可避免，在实施了两化融合管理作业后，作业的数据层层实时传递，保证差错在发生时就能消除，更不会向后传递，有效避免了由于差错而产生的逆向物流和因此产生的成本。以往只有不利于经销商的差错才会被发现，而有利于经销商的差错往往成为隐性成本，在实施了系统后，这种情况被彻底避免了。完成了从事后控制到事先预防，从人防到技防的转变。市场追溯，杜绝因跨地区销售而导致的同种品牌、规格的产品的压价倾销，避免这样的不规范的市场行为的发生，保证经销商的利益，从而增加销售利润，提高品牌效应。

2. 整车行业 MES 应用案例

东风汽车公司始建于 1969 年，是中央直管的特大型汽车企业，主营业务涵盖全系列商用车、乘用车、新能源汽车、军车、关键汽车总成和零部件、汽车装备以及汽车相关业务，位居世界 500 强前列。东风汽车的 MES 功能包括：

1）计划调度管理考虑了车间线上和线下可能出现的异常情况，并针对每种异常进行记录和调整，确保实际生产状态和系统的高度一致。

2）零部件需求计划管理根据顺序计划按 BOM 展开，拉动生成零部件需求，按照时间节点形成零部件需求计划发布到仓库，零部件需求计划与生产计划步调一致，既不会造成生产缺件停滞，也避免零部件生产过剩。

3）BOM/工艺管理从技术部门数据平台获取产品的 BOM 和工艺路线，支持按工位查看工艺路线、工艺指示，建立作业指导书，方便产线工人实时查看，关键工位增加权限验证机制，避免核心工艺资料外泄。

4）线边零件管理建立线边库，用于物料的备料和线边分拣，设置线边零件的库存量和常用零件的安全库存，当线边库零件数量低于安全库存值时就产生零件需求发给仓库。

5）物料投控管理生产计划拉动生成物料配送需求，依据系统给出的要求投料时间进行投料管理，支持精益生产的一种极端状态（Just In Sequence，JIS）配送、JIT 配送、看板直送，结合全过程的物料状态跟踪，达到实物流和信息流的一致。

6）现场作业管理通过与设备联网、对生产过程监控和生产实绩采集，结合完工报工，实时更新记录生产状态和生产进度。当生产现场发生故障或问题时，使用安灯及时告警。

7）生产实绩管理采集记录生产实绩信息，包含订单号、型号、物料描述、计划日期、ID号、计划开工时间、计划完工时间、实绩开工时间、实绩完工时间、作业人员等，可以直观地看到计划的执行进度和完成情况，进而对计划进行管理和干预。

8）设备管理为现场生产的设备建立设备档案，包括设备基础信息、设备维护检修计划和记录；与现场生产设备集成，实时监控设备状态，跟踪生产设备、测量等设备的工作情况。

9）质量管理设定检验策略，采集质量数据，记录缺陷信息，建立质量控制分析体系，包括快速反应质量控制（Quick Response Quality Control，QRQC）、质量分析报表等，实现质量追溯。

10）看板管理在线边、总控LED屏上实时展示生产进度，体现物流配送及时性，提示工位质量报警信号、设备状态（完好/故障）、通知等。

东风汽车的MES实施后，取得以下成效：

1）实现数字化采集和分析的突破与创新。采用新技术使MES与现场设备、智能拣货系统、AGV零部件自动配货系统等实现无缝联网，设备数据可见，系统间数据同步共享，打造智能工厂的数据基础。

2）不同车型混型生产。通过生产协同与设备协同，实现柴油机行业标杆产品日产ZD30和雷诺M9T在同一生产线混型生产，为未来大范围推广多品种、小批量混流生产奠定了基础。

3）提升装配与拣货的工作效率，降低差错率。利用信息化辅助识别技术，指导工人按照声光指示通过智能料架拣货，根据现场最新装配计划按顺序向其实时下发亮灯指令，工人只需根据料架亮灯情况进行傻瓜式作业，提高了拣货速度和准确性，减少业务工作量，提高装配质量。

4）扩展MES实施覆盖度，增加终端多样性。MES实施不仅关注生产监控、数据采集等问题，更关注与现场设备集成、与ERP、AGV等系统集成以及集成的覆盖度。MES终端除了PC端、手持机，更多的是移动终端手机、平板，用户操作、数据采集不受地点、网络限制。

5）塑造汽车全价值链数字化设计制造的开端。通过生产环节的数字化，不仅能使人与机器在生产中的配合更协调、更智能化，还更能缩短生产周期，提高产品质量。通过MES质量管理模块的应用，将汽车设计、生产、售后维修完整价值链的信息整合集成在一起，从而建立汽车完整的产品档案，迈向智能制造的新台阶。

3.6.4 小结

汽车制造企业的管理重心在于保证生产过程的稳定性与持续性。汽车制造企业多采用 JIT 生产方式，因此非常注重物料的运输、追踪、管理以及各车间的及时排产。企业在选择 MES 方案时应着重考虑如何实现精益化的混流生产管理。

3.7 机械装备行业需求要点分析

3.7.1 机械装备行业生产管理特点

机械行业是国民经济和工业的重要支柱和主导产业，子行业众多，产品覆盖范围广泛。根据 GB/T 4754—2017《国民经济行业分类》，机械工业主要包括金属制品业、通用设备制造业、专用设备制造业、汽车制造业、铁路船舶航空航天和其他运输设备制造业、电气机械及器材制造业等制造业子行业中的 200 多个分子行业。本节讨论的机械装备行业主要包括以上各子行业中的重大成套技术装备业，如锅炉、机床、矿山机械、石油钻采机械、农用机械工程机械、物流装备等。

机械装备行业是典型的离散制造业，生产过程具有加工、装配性质，加工过程基本上是把原材料分割成毛坯，经过冷、热加工，部件装配，最后总装成整机出厂。其制造涉及多种制造和成型技术、多种制造装备、多个制造部门，甚至跨地区的多个制造工厂。图 3-12 所示为某机械装备企业的典型工艺路线，加工工艺涉及钣金加工、焊接、机加工、热处理、喷涂、部装、总装等过程。越来越多的机械装备企业的产品发展成为智能装备，涉及机电液软一体化。从制造模式来看，大部分企业都是多品种小批量生产，采用 MTO（面向订单生产）或者 ETO（面向订单设计）。对于复杂装备及高端装备制造企业，往往设备单价很高，产量很小，例如飞机、能源装备（例如火电、水电和风电设备）、盾构机、铁路机车、重型机床等。这些设备已包含了大量传感器，企业可以通过对传感器数据的分析，基于"机器学习"等人工智能算法，实现对设备的状态监控和设备健康管理。对于装备制造企业而言，推进已服役产品的运行状态的数据采集，一方面可以为客户提供运维服务，以及基于物联网的预测性维护服务等，有些企业还实现了商业模式转型，从单纯销售设备，变为租赁设备或提供整体集成的交钥匙工程。另一方面，通过安装 GPS 定位和各种传感器，监控设备的运行状态，可以根据设备所处的地域进行大数据分析，促进企业有针对性地制定未来的区域市场营销策略。

从图 3-12 的工艺路线可以看出，机械装备行业的工艺是很复杂的，零部件数量众多，加工工序多、生产周期长，工序之间也需要紧密的协同与配合。总

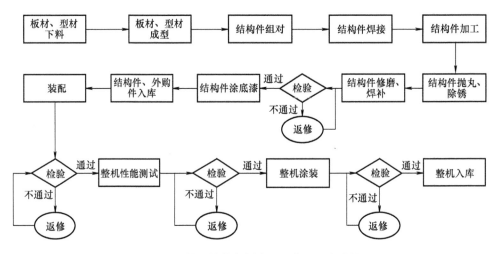

图 3-12　某机械装备制造企业典型工艺路线

体上机械装备制造以离散为主、流程为辅、装配为重点。其生产管理的主要特点如下：

1）生产类型以多品种、小批量或复杂单件为主，车间通用设备较多，生产设备的布置一般不是按产品而是按照工艺进行的，相同工艺有可能有多台设备可执行。因此，在生产过程中需要对机器设备、工装夹具等资源进行有序调度，以达到最高的设备利用率和最优的生产效率。此外，作为生产关键资源，需要对设备进行实时监控、维修维护，才能更好地利用设备，避免设备异常造成损失。

2）生产计划的制订与变更任务繁重。机械装备行业属于典型的离散制造，生产计划种类多且制定需要考虑的因素复杂，包括人员安排、物料库存与配送、设备资源、工装夹具、齐套情况、在制工单执行情况等，制定难度很高。此外，在生产过程中，往往会存在变动。其多变性主要源于两个方面的因素：①企业外部的因素，如客户对订单需求量和对交货期的变更、新订单的插入以及原材料短缺等；②企业的内部因素，包括制造过程中的设计变更、工艺变更、工序及零部件的返修返工、机器故障等，这些因素都造成了计划管理的复杂性和高难度。

3）线边物料及在制品管理困难。产品零部件多且不同部件的制造周期长短不一、加工工艺路线复杂程度不同，生产过程中不仅要保证原物料的配送及时、产品成套和按期交货，还要尽可能减少在制品及原物料积压。同时，由于在制品在生产过程中是不断流动的，且存放点分布广，如何及时、准确地记录其数量、位移等变化信息，如何对其进行高效流转成为管理难点。此外，对于原物料也需要精准的配送及管理。

4）车间现场单据繁多。车间的任务指派一般通过下发派工单完成，并附带生产所需的零件图、装配图、工艺卡片、技术通知单等，在生产过程中又需要填写生产进度信息、质量信息等相关表单，这些信息一般均通过纸质文件进行传递并由人工统计，从而造成生产的进度信息反馈不及时、生产线现场异常事件反馈及处理缓慢、数据统计分析难度大、质量信息反馈不及时造成批量报废的质量事故等问题。

5）车间自动化水平相对较低。目前多数机械装备制造企业的产品质量和生产率很大程度上还是依赖工人的技术水平，车间的自动化应用大多处在单机或单元级应用，如数控机床、柔性制造单元等。

此外，机械装备制造业是为国民经济发展和国家安全提供技术装备的基础性、战略性产业，同时也属于污染行业。机械装备在生产过程中会产生加工粉尘、焊接烟尘、抛丸粉尘、焊接废气等粉尘废气，铁渣、铝渣、焊渣等固体废物，以及工业废水和设备运转噪声等污染。如果不按照规定进行处理，势必会对环境和人体健康造成很大危害。因此，机械装备制造企业在生产管理过程中还要注意生产的合规性，遵循国家关于安全生产、清洁生产、污染防治以及噪声控制等各项法律法规的要求，防治结合，全力推动机械装备行业转型升级和绿色发展。

3.7.2 机械装备行业 MES 需求分析

机械装备行业的离散制造特性，决定了生产管理环节中所涉及的部门、人员多，对生产所需的物料准备、计划、调度、管理工作要求高。构建基于 MES 的生产管理平台，有助于挖掘企业生产制造的潜力，帮助企业提效增能。机械装备行业子行业众多，每个行业都有各自行业的管理独特性，企业 MES 需要根据自身实际情况进行构建。总的来说，需从高效计划、柔性调度、生产过程实时管控、数据信息有效传递、质量追溯等方面做重点考虑。

1. 生产作业计划与调度

1）生产计划接收及分解。实现从 ERP 系统接收或者由相关人员手工导入月生产计划，接收生产计划并将其分解为任务单元、平衡设备能力、指派加工设备、编制作业计划。主要包括对月、周、日计划的编制、调整、查询，能力需求、设备能力负荷、物料需求、工具需求等。

2）作业计划预编制。能够根据任务优先级、交货期、工艺流程、瓶颈资源等约束条件，结合现有计划生产进度、车间资源（人员、物料、设备、场地等）实时负荷情况，平衡能力，实现初步作业计划的自动生成。其中，数据接口负责与其他信息系统集成以获取需要的设备、人员、物料等信息；经验数据为调度提供合理依据；调度模块则封装了调度规则实现作业计划的初步生成。

3）经验数据修正。通过分析采集回来的数据对经验数据进行修正，以保证其实用性和准确性。根据产品的交货期和各阶段半成品的生产提前期制订车间的生产计划。

4）作业计划执行与反馈。作业计划通过工单的形式下发到生产现场，车间工人按工单接受任务，并及时反馈工作进度及完工状态。工单管理需要有新建工单、复制工单、下发工单、终止工单、修改工单等功能。一旦接收生产任务，则生成工单，如果出现变动，工单可根据现场的情况变化进行修改、暂停或终止收回。

5）作业计划变更与资源调度。当生产过程中发生异常情况（如订单进度调整变更、物料缺料、机器故障、计划变更、质量故障等）时，能根据实时数据随时对作业计划做出调整并对车间资源进行调度。功能涵盖工序合并、物料申请、首工序派工、转序单派工、生产控制、作业计划和物料补废等功能。

2. 在制品管理

1）利用条码等识别技术，记录在制品的入库与出库等操作。

2）对线上在制品生产信息及批次信息进行监控与跟踪。

3）实时收集单位时间内每道工艺的原物料消耗、产能、机器负荷、标准工时、成本核算等信息。

4）记录生产中每道工艺投入、完成、返修、不合格在制品数量，定期生成相关在制品统计报表。

3. 生产过程追溯

1）记录产品生产过程经过的路径、发生的问题、使用的物料。

2）追踪到产品生产的相关责任人员、每一生产进行的时间。

3）通过产品追查物料的供应商、批次等信息。

4）根据物料追查影响的产品，并针对产品不同的状态进行及时的现场截留、停止发货或跟踪服务的处理。

4. 车间质量管理

1）对质量数据进行采集，对采集的数据进行质量状况分析。

2）对每一道工序进行质量把关，质检人员将该工序的检测情况，录入相应的检验结果和检验数据。通过质量追溯过程，实现对关键件的质量跟踪。

3）质量控制与反馈，质量返修信息录入与查询。实时统计缺陷分布、分析缺陷发生原因，及时触发纠正措施，降低质量波动和返修率。

4）质量报警。出现质量问题时，按触发等级自动报警，同时将报警信息以邮件或短信方式发给相关层级的人员进行提醒处理。

5）完整记录制程质量及返修过程信息，形成产品质量档案库，帮助实现质量问题的快速反馈和追踪。

5. 物料管理

1）根据 BOM 结构，对生产计划进行物料的齐套性检查，触发对短缺物料的采购，并在物料无法获得时，调整生产计划，减少在制工单的缺料发生。

2）依据生产计划的安排，提前安排物料备料，并按生产进度进行配送，根据生产现场发出的物料要料请求，及时进行物料补充配送。

3）对线边物料进行管理，实现对物料的个体和批次在线推移、传递、消耗、转化等信息进行采集、记录、跟踪、整理、分析和共享等信息管理功能。现场缺料时，触发需求申请，拉动仓库及时补料。

4）物料信息实时查询，实现关键物料追溯，关键件条码追溯。

6. 报表管理

1）对制造执行过程中的人员、物料、设备、质量等信息进行统计，并能与历史数据进行对比分析形成报表。

2）实时统计分析在制品分布、产出、质量趋势、产线效率、计划完成情况等企业关注的信息。

7. 数据采集、分析与集成

1）通过扫描、自动读取、手工录入等多种方式采集生产过程中的大量数据。

2）采集包括加工进度、完工记录、设备状态及运行参数等各种实时数据等。

3）采集关键部件的追溯信息。

4）对生产过程关键数据要实时地进行统计分析。

5）产品的工艺信息需要与 PDM 或者 CAPP 系统集成。

6）生产计划、物料等信息需要与 ERP 系统集成，并能将工时、物料消耗等信息反馈 ERP 等系统。

7）设备、人员等信息需要从 MES 其他模块中获取。

3.7.3 机械装备行业 MES 应用案例

安徽合力股份有限公司（以下简称合力）是安徽叉车集团有限责任公司核心控股子公司，1996 年在上海证券交易所上市，是我国叉车行业较早的上市公司。合力的主导产品是"合力、HELI"牌系列叉车，在线生产的 1700 多种型号、512 类产品全部具有自主知识产权，产品综合性能处于国内领先、国际先进水平。

作为中国工业车辆行业的龙头企业，合力秉持"中国合力，提升未来"的理念，在行业内深耕细作。面对日益激烈的市场竞争，以及原材料价格的不断上涨压力，积极应对，以信息化作为企业发展的推动力和支撑力，致力于探索工业车辆与信息化的深度融合，推动企业由中国制造向中国"智"造升级。在智能制造方面，合力大力推进自动化、流线化、信息化和智能化项目的实施，以 MES 作为平台，将"制造运营管理（MOM）"作为目标，逐步打造"硬件+软件+平台"的高效智能型制造企业。

合力 MES 自 2018 年 8 月启动实施，目前已应用的功能模块包括：

1）生产计划管理模块。自动进行任务分配、计划分解和排序，按排程规则自动进行计划排程，并提供调整功能；计划通过系统实时下达，工人自主扫描领工并打印派工单/单件 ID 号，计划传达更加准确快捷。

2）生产实绩采集模块。产线信息自动采集实现自动报工，工人通过现场工位机和手持机进行快速报工反馈，自动统计生产进度。

3）设备管理模块。建立结构化的设备管理标准，便于检索和查阅，系统推算预防保养、点检的周期和项目，操作员照单点检，降低难度；现场触屏/设备自动上报故障，采用"图片+文字"描述问题，通过微信、小信使等即时通信软件第一时间告知机修人员；建立专家库，降低故障设备对维修工经验技能的依赖；设备备件预警，减少维修缺件；通过"机联网+手工"上报设备故障，为设备 OEE 等报表提供更精确的依据。

4）刀具管理模块。对各种纳入管理的刀具建立档案，记录该刀具的领用、报废、归还等信息，形成可追溯的刀具运行日志；通过系统管理刀具的领用、归还、用于设备，完成刀具领用到归还入库的闭环流程；建立刀具低库存预警，减少因缺刀具造成对生产的影响。未来，在事业部对刀具实现单件管控的前提下，能够实现对生产过程中的刀具进行流程化管理，帮助相关业务人员更有效地改善刀具管理的过程和状态，以保证加工产品质量。

5）质量管理模块。按物料/物料分类、本部/事业部建立结构化检验标准，检验过程参数实绩全面记录，快速形成质量分析报表，为质量追溯、供应商评价提供依据；检验信息实时推送，首、中、末检验提醒；展现基于质检参数实绩和结果的质量 TOP10、堆积图等各类报表。

6）厂内物流模块。配送计划在 MES 中一键生成，涂装下线后扫描车架 ID 系统自动生成流利料架分拣计划，通过软安灯呼叫物料配送；投料交接时，通过扫描备投料单在系统中自动核对订单发料，通过物料库存预约，自动产生缺料信息。

7）现场工艺模块。图样、技术通知、作业指导书和工艺过程卡等在线查看，减少打印和晒图支出；通过接口将技术通知和图样最新版本及时下发到班组，减少了车间技术人员现场改图和传递的工作，保证了各个部门图样版本的统一性；对图样进行权限控制。

合力 MES 的实施，实现了企业业务计划层与现场作业层的紧密无缝集成，实现了从物料、作业排产、计划调度、过程控制、在线检验、产品下线入库等全流程的可视化管理，构建了企业数字信息化闭环体系。同时，还为企业带来以下实际效益：

1）以订单交付为导向、以计划为核心的动态数字化排程体系。实现从车体订单的接收，单台计划，车体上线、SPS挂接扫描校验、关键件采集，以及下线报工的订单全流程管理。计划数据来源全方位计算、抓取，更全面的数据结果展示，计划决策更迅捷、准确下达。

2）生产现场的管控调度。定义了订单新增、修改，以及跟单订单描述配置信息维护的管控过程，通过现场的生产过程管控和采集，实现厂内实况的实时刷新，辅助计划员调度员进行计划调整和快速调度，以多种手段建立数字化工位辅助生产，有效提高工人的生产效率，降低错误发生率，提高产能和质量水平。

3）实现全面质量管理。建立质量管理体系，持续应用PDCA循环，实现质量管理分"实时控制与报警→预防控制提前采取措施→质量追溯与系统优化"三步走，在生产环节的各个方面实施质量管理，完善检验检测记录，为质量数据分析提供基础数据，完善产品档案，为售后服务提供支撑保障。

4）生产管理、制造执行与物流全面信息集成与协同调度。通过厂内物流模块的应用实现配送任务明确，避免职责不清，准时化配送减少线边库存，提高现场5S水平和生产用户满意度，提高生产效率和生产管理水平。

5）打造定制化时代的离散智能制造新模式。建立以MES为管控手段、以自动化产线和仓储物流系统为执行单元的数字化车间，保证了计划精准执行、执行过程可视可控、执行结果及时反馈、以及质量控制和工艺执行闭环，以更大的柔性满足市场和用户，帮助企业实现个性化定制、快速交货、降低成本。

3.7.4　小结

机械装备行业是典型的离散制造业，以订单生产为主，多品种、小批量的生产形式，通常研制、批产并举。企业产品具有种类多、结构复杂、制造过程复杂、生产周期长等特点，并且制造过程的不确定因素多，经常出现紧急插单、设备故障等情况，导致计划变更频繁，生产过程协调、控制难。因此，除上下游数据的集成应用之外，MES的应用应重点关注计划排产优化、任务调度柔性、生产过程透明、产品质量可控以及物料追溯等，以打造透明、高效、柔性的闭环制造过程。

3.8　纺织服装行业需求要点分析

3.8.1　纺织服装行业生产管理特点

我国是名副其实的纺织服装生产及消费大国，"made in china"的标签遍布世界各地。然而在世界知名品牌中却少有中国品牌的身影。LV、CUCCI 等奢侈品牌和 ZARA、优衣库等快时尚品牌不断冲击中国市场，使中国的纺织服装行业备受压力。压力之下，近年来中国的纺织服装产业开始逐渐从传统的制造业变身为时尚产业，并逐步调整自身在全球产业链中的位置，充分利用互联网＋、数字化、智能制造相关技术提质增效，同时注重产品创新、市场营销、以及品牌形象的塑造，不断提升自身的竞争力，使得中国纺织服装呈现蓬勃发展之势。

纺织服装行业产业链大致分为纺织、印染、成衣制造、制鞋、配饰及辅料等几大类。由于处于产业链不同的位置，其管理存在一定的差异。

1）纺织。纺织即纺纱与织布，纺纱指把纺织纤维加工成纱线的整个工艺过程，纱线是制造服装面料的原材料。目前，随着消费者对面料的各类要求的提高，使得面料的种类及规格繁多，通常由面料的原材料种类，不同的织造结构和制成类型进行分类。同时，在纺织过程中，纤维材料（如柔性材料）、制纤技术、纺织品织造工艺、后整理方法等关键技术也在不断精进，这些技术决定了服装面料的质与量，对服装设计、服装加工等后续环节产生极大的影响。

2）印染。印染为纺织品提供了高附加价值，但也是纺织服装产业链中能耗最高、污染及排放最大的一环。由于面料的染色需要使用大量的水以及化学染料，同时在生产过程种需要消耗大量热能，大型的印染厂还存在自建电厂、水厂、污水处理厂的情况，因此，对于印染行业来说，能耗的监控以及污染的管理最为关键。

3）成衣制造。成衣制造包含了梭织服装、针织服装、皮革，仿皮革等成衣的制造。中国一直是成衣制造大国，但近年来东南亚国家凭借低廉的劳动力以及各类贸易优惠政策实现了快速增长，给中国企业带来压力。在目前的竞争局势下，中国企业凭借着先进技术、减员增效、以及数字化管理等优势，持续增强自身竞争力。成衣制造属于典型的劳动力密集型产业，生产自动化程度低，近年成衣制造行业已经开启了自动化转型的步伐，甚至不少企业建立了柔性生产线以实现服装的个性化定制。此外成衣制造还有批量小、款式多、放码、工序复杂等问题，使其生产组织较为困难。另外，由于服装具有个性化强、生命周期短的特点，倒逼着产业链走向敏捷化。

4）制鞋。与成衣制造类似，我国鞋业同样面临着大量世界知名品牌的冲击。制鞋产业在技术、创新、营销、品牌、服务等多方面构筑核心竞争力，但效果并不明显，大多还处于缓慢探索阶段。在生产管理上制鞋与成衣制造也有相似之处，同样具有多品种、多批量、小批量、放码、生命周期短等特点。

5）配饰及辅料。服装配饰、辅料种类繁多，主要包括：里料、絮料、衬料、垫料、线料、纽扣、拉链、商标以及其他装饰性材料等，服装辅料虽然"小"，但随着服装设计个性化的不断加强，配饰及辅料产业在质量、设计与创新方面不断发展，甚至成为整个服装设计的点睛之笔，越来越受到重视。

由于处于不同产业链位置的服装行业生产过程差别较大，因此选择了一个相对典型的成衣制造流程，说明服装加工行业的典型加工工艺路线，图 3-13 为制衣阶段的工艺路线图。

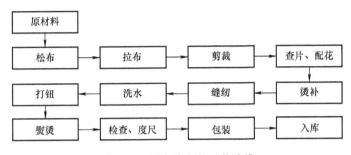

图 3-13　制衣阶段的工艺路线

从以上工艺路线图可以看出，服装加工行业的生产环节工序繁多，仅成衣制衣环节就包括数十道工序，且每道工序所用的加工方法多样，从裁剪部分开始，需要依据面料特性选择不同的裁剪方法，同时依据面料的特性，烫补、缝纫、打钮等环节均需随时调整工艺，编排复杂。另外由于服装行业生产受市场的影响较大，成衣制作企业的生产组织方式多变，生产管理难度相对较大。

尽管行业细分存在差异，但是作为推动国民经济发展的重要行业，服装行业特别是服装加工企业在生产管理方面存在以下特点：

1）市场稳定性差，销售预测难，易积压库存。服装市场销售具有不稳定性，在完成销售之前，所有的人包括设计师都无法准确计算出产品的市场销量情况，一旦不符合市场口味，大量的产品就成为企业的累赘。销售的偶然性和季节性使得库存控制变得非常困难，再小的批量也有压货的风险。

2）产品生命周期短。服装潮流瞬息万变，产品生命周期受到季节性影响较大，周期性特征十分明显。据统计，一般服装从进入市场到退出市场，平均寿命只有 2~3 周。另一方面，服装生产设计的面料、辅料众多，新技术、新材料的运用日新月异，也使得服装行业的产品生命周期很短。

3）小批量、多款式、多属性。受到市场需求等因素的影响，服装制造企业的生产类型逐步由大批量、少款式、长周期向小批量、多款式、短周期的方向发展。由于服装产品款式、颜色、尺码、面料、年份、季节、品牌、价格等属性众多，生产管理难度较大。此外，随着市场需求的转变，大量的个性化定制服装需求的出现，给生产管理、资源整合带来更高的难度。

4）生产工序多，工艺编排复杂。服装生产通常涉及几十道甚至上百道工序，生产管理环节较长。在完成服装生产所需的面辅料和生产技术准备（面辅料筛选、款式设计、结构设计、制版、推版、工艺设计等）后，需要进行排料、裁剪、缝制、熨烫等多个生产阶段，每个生产阶段工艺复杂且各不相同。

5）劳动密集型生产加工。在服装制造行业的生产过程中，受到工艺等因素的影响，大量的工序由人工方式完成。因此，服装产业仍然属于典型的劳动密集型产业，生产过程的自动化、智能化的实现难度相对较高。

6）生产组织方式多样化。服装行业大多根据不同的产品来组织生产，常用的模式包括离散式服装生产、流程式服装生产和混合式服装生产。离散式大多按制衣专业划分成生产组的生产布局，从面料裁剪成单片，又从单片缝制各类不同部位的衣片；流程式即从裁剪到制成衣件的流水线生产，又将多片衣件缝制成整件服装、整烫、折叠、包装等服装流水线生产。混合式服装生产，是从面料投入离散式缝制成衣片生产，又将多片衣片按需组成流水线缝制成套件服装、整烫、折叠、包装等过程的混合式服装生产。

7）"插单"现象频繁。服装生产的特点是款式多、订单交货期紧，因此服装生产中经常出现"插单"的现象。"插单"给生产排产、排程变更等造成很大的管理难度，因此需要有更大的灵活性和快速的反应能力。

8）根据销售预测生产，多SKU（库存量单位），库存管控严格。服装销售受到多方面因素的影响，很容易出现库存积压等问题，且积压产品不易处理。目前，主要解决办法是由生产企业和经销商共同分担库存风险（要求一定的退货比例）。对于制造企业而言，销量的预测、生产的节拍、生产计划的制订等直接关系库存积压与否，因此对包含原物料在内的所有库存需要进行严格的控制。

服装属于居民消费品，和人们日常生活息息相关，对于质量、安全方面的要求比较严格，特别是面辅料。因为纺织产品在印染和后整理等过程中要加入各种染料、助剂等整理剂，这些整理剂或多或少地含有或会产生对人体有害的物质，当有害物质残留在纺织品上并达到一定量时，就会对人的皮肤、乃至人体健康造成危害。因此，有必要对纺织产品提出安全方面的最基本的技术要求，使纺织产品在生产、流通和消费过程中能够保障人体健康和人身安全。服装行业的合规性是服装生产及销售企业必须遵循的行业标准，其中主要有GB 18401—2010《国家纺织产品基本安全技术规范》，它是依据《中华人民共和国标准化法》《中华人民共和国产品质量法》等法律法规制定的强制性国家标准。规范规定了纺织产品的基本安全技术要求、试验方法、检验规则及实施与监督。服装行业需要将上述要求贯彻到生产过程中，确保产品安全性合规。

3.8.2 纺织服装行业 MES 需求分析

服装行业生产管理的重点在于质量、成本和交货期，因此 MES 的需求主要包含生产计划管理、物料管理、追溯管理、质量管理、设备管理等功能模块。

1. 生产管理

1）多维度的编码管理服装生产过程中，物料属性多样，且产品种类繁多，类型复杂，一个产品存在多颜色、多尺码等多种表现元素。因此在构建产品标准 BOM 的同时，需要能够根据事先制定好的规则自动变动对应的多个物料，自动批量生成 BOM，并且能便捷实现多版本的 BOM 维护。在编码体系的建立上需要满足多维度的商品编码需求，实现动态的尺码显示。

2）自动化的订单处理在服装制造行业，客户需求灵活，生产过程中不确定因素多，因此对于订单的处理能力要求很高。在生产管理的过程中需要能够自动汇总订单，能及时将大的销售订单自动拆解为符合生产要求的生产单，并通过齐料分析判断是否能满足订单需求。另一方面，可对单个订单的预计用料进行订单模拟占用处理。

3）灵活的生产计划管理服装制造过程中因齐套性的要求，工序与工序间的关联度很高，在市场需求以及客户要求多变的情况下，灵活、准确的生产计划十分重要。通过按紧急性、客户重要性等规则，对各种订单进行分类、分期管理以及生产执行管理，实现生产计划预排，解决"插单"和"均衡生产"的难题；通过信息化管理保证在制品和成品按定额比例正常生产，保证生产各工序不积压过多的在制品，并且避免生产线上任何一个环节处于停滞或等待的状态。

4）生产过程管理通过工票扫描、工序完工录入等方式跟踪裁床、车缝等各关键工序进度，实现对全生产过程的全程追踪，准确及时地获得订单的完成进度。同时在保障交货期的前提下，充分利用生产资源，合理安排生产，发挥工厂的最大生产效能，保证订单的按时交付。

2. 数据采集

1）在服装生产过程中，需要加强设备与信息系统之间的互联，对产量、质量、设备仪器状态等信息进行在线采集和处理，采集对象包括平缝机、裁剪机等。具体数据如月产量汇总统计、分类信息查询、报表汇总、生产过程分析、设备故障统计等。

2）在车间物流管理中，通过条形码读入原料、辅料、半成品和产品信息，可以实现流程卡管理、在制品追踪管理、现场物料管理、仓库管理、出货管理、包装监督、售后服务等，并实现同 ERP 系统数据的及时交互，保证了基础数据采集面。

3. 追溯管理

1）生产过程质量问题会直接影响企业业务，因此需要对缝制、整烫等过程进行监控，确保产品生产过程的质量控制。可以通过搭建生产过程管理的平台，实现对面辅料、产成品、制衣过程以及产品质量的全过程追溯。

2）服装的防伪需要对每一件服装进行唯一"身份"标识。在服装生产过程

MES 选型与实施指南

中,可以将一些重要属性,如:名称、等级、货号、型号、面料、里料、洗涤方式等写入电子标签,并附加在服装上,有效地避免假冒行为,从而解决服装防伪的问题。

4. 物料管理

1)面辅料管理。服装面辅料的品种、材质、颜色等属性众多,需要支持对不同单位、不同属性物料的管理与追溯。

2)边角料管理。边角料的处理在服装行业比较关键,特别是边角料的库存计算、领用料管理,因此在应用过程中需要支持边角料的灵活管理。

5. 设备管理

服装企业制造过程需要大量的缝纫等专业设备,设备动态信息与生产计划的执行、订单的交货期紧密关联,因此,在生产管理过程中需要实时了解设备的运行状态,包括运行、故障、待工等信息。同时也需要支持设备维保管理等功能,建立有效的管理、预警、维护机制,降低设备故障导致生产异常的风险。

6. 员工管理

作为典型的劳动密集型行业,服装企业对车间作业人员的管理十分关键。信息系统一方面通过自动化数据采集,获取工时等相关信息,实现对人工成本的精准核算;另一方面也需要掌控员工工作状态,实现产线人员的灵活调配,提升生产调度的能力。

3.8.3 纺织服装行业 MES 应用案例

江苏联发纺织股份有限公司是一家集棉纱、色织、印染、制衣、热电、贸易于一体的大型高新技术企业、江苏省创新型企业、南通市海安县首家上市公司。公司主要产品为纱线、色织布、印染布、衬衣四大系列。

联发纺织 MES 的主要包括以下功能:

1)数据收集功能。将每张织机内的监控数据(过去一周的数据)收集到服务器内并保存。

2)数据保存和表示功能。将收集到服务器主机内的数据保存为 CSV 文件;并可以将这些数据自动转换为适用于 Excel 文件的格式,方便进行生产量、生产率、停机原因分析、交替班报告、生产状态一览表、预测等数据的分析。

3)织机监控和控制功能。实时监控每张织机当前的生产状态及各个生产参数的设置情况,并能控制每张织机的生产,控制调整每张织机的生产参数的设置。

4)织机生产数据分析。分析各个班、各个品种生产过程中的纬停、经停等情况发生的次数、每次的时间,生产过程中织机的车速、效率等情况。对生产中的质量情况、计划执行情况做好分析和事后的追溯。

5)织机生产数据实时监控织机监测系统。实时地收集织机当前的生产运转状态是正常运转、经停、纬停、其他停或者是关机；采集当前的生产运转参数，包括当前的车速、效率；本班的产量、平均车速、平均效率；本班生产过程中各种问题如经停、纬停等发生的总次数、总时间等。

6）织机生产数据保存织机监测系统。把实时收集到的生产数据，保存到服务器数据库内，方便以后的数据分析或其他用途。

7）织机生产情况分析织机监测系统。分析采集到的生产数据，对车间的计划运行情况、工艺执行和工艺质量情况进行实时或事后追溯分析，了解生产过程中实际发生的情况。

通过 MES 的应用，联发纺织实现了：

1）织造车间生产情况的实时了解及干预。MES 将所有的织机通过监控系统有机地组合在一起，实时地获取每个织机的生产运行情况，并在 MES 内集中显示，方便了织造的管理人员、设备人员、计划人员及时地了解车间每张机台当前的运转状况，以及是否有需要进行必要的管理干预，处理生产中发生的异常状况。

2）织造车间计划情况的实时反馈。公司及织造计划人员通过 MES 可以了解在生产的所有订单的计划状况。订单是否正常生产，能否按照计划交货期完成；目前每张机台在织的织轴什么时候能够完成；每天有哪几张织机，多少个织造会织造完成，需要再准备多少个织轴等。通过 MES 的应用，计划人员可以对织造的计划状况成竹在胸，减少在现场巡回了解生产进度的时间，方便计划的安排，计划人员可以腾出更多的时间，制订出更优化的计划。

3）质量情况的实时分析与追溯。技术与质量人员通过 MES，可以及时地了解每个订单目前生产中的质量状况，并可以就每类质量问题发生的次数与频次进行汇总分析，检查出问题的根源并及时地给出处理意见和方法，减少类似质量问题发生的次数与频次。对于已经发生和存在的质量问题，通过查阅生产时的质量情况，对质量问题进行分析，追溯出问题的具体原因，并可指导后续工序的生产。

4）生产成本的分析。MES 记载的生产运行参数，可以方便地利用于成本的计算和分析中，使得实际的成本数据更加准确，也为分析各种成本的发生及节省提供了准确的数据。

3.8.4 小结

MES 在服装行业的应用逐渐被企业所重视。对服装制造企业而言，管理的重点在于打造一个快速反应、有弹性、精细化的生产环境，从而提高企业生产管理、绩效管理和服务水平。因此，企业在选择 MES 方案时应着重考虑如何实现生产过程的精益化、数字化，如数据的自动采集，生产设备的互联以及同 ERP 等系统的集成应用等问题。

3.9 医药行业需求要点分析

3.9.1 医药行业生产管理特点

医药行业是我国国民经济的重要组成部分，医药行业的产业链包括药材种植、原材料加工、产品研发、药品生产、商业流通、医疗保健等不同的领域。其中涉及生产管理的主要有原料药生产、药品生产、药品包装、医疗器械生产等。由于处于产业链不同的位置，其管理存在一定的差异。

1）原料药生产。原料药指用于生产各类制剂的原料药物，是制剂中的有效成分。原料药是药品生产的物质基础，需要经过加工制成适合于服用的药物制剂才成为药品。原料药生产往往包含了复杂的化学变化或生物变化的过程，并具有复杂的中间控制过程，其生产过程自动化程度高，注重过程分析技术的应用，同时还需注重对污染的治理。

2）药品生产。包含了多个门类，如果按照制药的方法和原料来划分，主要可以分为化学制药行业、生物制药行业和中成药制药行业三个部分。在我国，化学制药的发展相对成熟，是制药行业中的主力军；生物医药属于新兴产业，知识密集、技术含量高；中成药是我国的瑰宝，配方多为专有技术，涉及药品的种植管理等环节。药品的生产对质量管理要求高，必须符合 GMP 等规范。

3）药品包装。对于药品的稳定性和使用安全性具有十分重要的作用，在生产过程中需注重质量检验、批次管理、防伪管理。

4）医疗器械生产。是指各类型医疗用器械、仪器的生产，其生产多为机械化生产，产品的技术跨度大，种类、规格、型号繁多，有严格的质量基线要求，质量检验的专业性较强。

其中原料药、药品的生产属于流程型生产，而药品包装、医疗器械的生产则属于离散型生产，属于两种完全不同的生产类型。本节以原料及药品等制药过程为例探讨医药行业的生产管理特点。

药品的生产流程根据药品的品种、剂型及其对环境的洁净等级要求不同而具有不同的生产特点。本节选取了片剂生产来说明其工艺流程。片剂系指药物与辅料通过制剂技术均匀混合后压制而成的片状或异形片状的固体制剂，是医药行业一种典型的加工工艺。图 3-14 所示为片剂生产工艺流程框图及环境区域划分。

从以上工艺流程可以看出，制药行业是一个典型的批量连续生产型的流程行业，生产过程流程较长，工艺较为复杂，存在大量化学、物理变化，既有流程型制造业所具有的特性，也有其产业的特殊性。制药行业生产过程常具有以下特性：

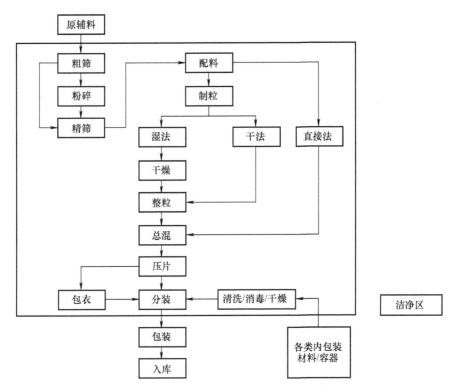

图 3-14 片剂生产工艺流程图及环境区域划分

1）生产过程工艺复杂、副产品多。通常药品生产过程的组织是以流水线为基础的多品种分批生产。药品的生产以配方为核心，制药过程中存在大量复杂的化学、物理变化，由于环境条件的不同以及操作人员的熟练程度不同，生产数据会出现偏差，生产过程通常产生大量的副产品以及"三废"。

2）产品及原辅料种类多、特性多，管理复杂。产品的种类、规格、剂型繁多，单一产品所需要的原辅材料种类多，许多原料或中间体本身具有易燃、易爆、有毒或强腐蚀性等特性；物料管理要求严格，由于药用物料的特点以及相关合规性管理的要求，对物料批号、状态、存放、收发、环境等提出了严格的要求。

3）需求预测不准确，生产计划与库存控制难度大。企业通常根据预测制订采购计划和排产，然而销售预测管理体系不完善，信息不完整，及时性差，准确率低，导致成品库存失控，同时为了满足市场需求，又不断调整计划，致使整个物控体系容易处于失控状态。

4）生产过程中机械化、自动化程度要求高。生产过程中使用仪器设备较多，且生产设备具有较强的多用性（即用于生产多种药品）。

5）产品有严格的质量基线要求。药品属于特殊产品，不允许有"等外品""处理品"等，必须是符合药品标准的合格品，且产品一旦出现质量问题，无法"返修"。因此，客观上要求药品生产处于零差错率状态。

6）对生产环境、污染控制要求极高。空气中的微粒和微生物、人员、设备、设施、器具、物料、包材等都是污染源，温度、湿度、空气洁净度等直接影响药品质量，在生产全过程需要严格控制。

7）有效期管理要求严格。药品和化学试剂作为一种特殊的商品，时效性强，要严格控制其有效期，对批次的跟踪要求严格。

此外，医药行业合规性管理非常严格，各类法律法规涵盖了药品生产企业准入、产品标准、生产质量、药品注册、流通、定价、包装等一系列的环节，如《药品管理法》《药品管理法实施条例》《药品注册管理办法》《药品生产监督管理办法》《药品生产质量管理规范》（GMP）、《药品经营质量管理规范》（GSP）等，医药企业需要构建完整的合规性管理体系。

3.9.2 医药行业 MES 需求分析

针对制药工艺机理复杂、不确定因素多、生产精度要求高、质量要求高、生产计划性强、生产调度管理烦琐、批号管理严格等特殊性，制药行业 MES 个性化需求主要需关注以下几个方面：合规管理、生产及计划管理、工艺路线管理、物料管理、批次管理及跟踪追溯、质量控制、设备管理及设备数据采集。

1. 合规管理

伴随着企业的发展和历史文档的积累，生产相关的信息量成倍增长，各类合规管理相关数据的负荷日益增大，必须通过系统来管控。在 MES 中，需要关注关键工序的生产控制、物流及可追溯性、设备保养维护、产品质量数据、物料管理、工艺变更的控制等方面的数据，从多个维度支撑各类合规管理。按合规管理的文档管理要求，对企业的各类文档进行规范化的管理，同时需要规范文档操作权限，严控文档的建立、审核、修改、发放和执行等流程。

2. 生产及计划管理

根据医药行业的行业特征，计划管理及生产管理的关键需求包括：配方管理、有效期管理、计量单位、重复生产计划、发料管理、联副产品及废品管理、批生产记录、包装管理、称重管理、污染防治等，并结合各类产能数据，以及各类资源的调度，实现计划与生产能力的平衡。此外还要考虑配方的保密性管理，权限体系需符合企业的内控流程。

3. 工艺路线管理

系统需根据不同产品、不同批次信息指定不同的工艺路线，在满足各类合规的基础上实现生产过程的先进控制。在生产过程中，需要严密监控药物生产中各种复杂的物理变化及化学反应过程，保证生产流程正常推进、生产操作的正确规范、人员操作权限的严格管控、问题的及时反馈与处理。

4. 物料管理

医药企业的物料管理存在种类多，物料编码复杂等问题，难以对库位、批号和状态进行精确管理，易违反先进先出（FIFO）原则，易造成混批或交叉污染等。因此，对物料的管理是制药行业的重点，需实现物料从到货验收到生产投料全程条码化，记录物料名称、物料批号、规格、数量、存储条件、保质期、供应商批号等信息，利用条码跟踪和验证物料，实现物料管理智能化；通过物料编码控制物料的投入及产出，编码生成后将其锁定到工艺路线中，从而防止物料混批；对物料及成品必须建立环境监控确保质量。

5. 批次管理及跟踪追溯

药品生产过程对批生产记录、批次跟踪与追溯有十分严格的要求。需实现完备的批生产记录管理，包括产品名称、生产批号、生产日期、操作者、复核者签名，有关操作与设备、相关生产阶段的产品数量、物料平衡的计算、生产过程的控制记录及特殊问题记录等，保证全程可追溯。对生产进行全程追溯管理，一旦出现问题，可迅速定位问题的产生原因并进行分析。此外，产品的物料信息能够与批次号、电子监管码等信息相关联，便于用户随时根据产品编码进行信息追溯。

6. 质量控制

制药行业对于质量控制的可靠度要求高，需全面支持物料、中间产品、成品质量检验和放行管理。按照质量标准设置检验方案，实现请验、取样、分样、检验、记录、报告、放行的全过程管理。支持自动采集检验仪器相关信息，并根据质检结果控制物料的流动。除此以外，质量控制还涉及多个方面的管理，包括供应商、设备、人员、环境系统监控、清场管理、清洁和消菌管理、不合格品处理、质量统计与分析及质量相关档案报表的管理等，从而实现完善的质量管理功能。同时要实现对质量管理全过程的跟踪与追溯。

7. 设备管理及设备数据采集

设备管理包括了设备维护、设备监控、环境监控、清场记录、档案管理等方面。企业可建立一个全面的、集成的统一电子调度和监控系统，实现对工厂生产进度、设备运行数据的实时监控，以及对各类设备及生产异常信息的预警，全面掌控企业生产的整体进度和异常管理。

此外，对于中药制药企业来说，还需要关注种植管理。从中药药材的种植开始进行数字化的管理是非常必要的。以良好农业规范（Good Agriculture Practice，GAP）为指导，针对药材的种植进行全过程的跟踪、记录和管理。通过种植管理，可以随时掌握药材种植的生产情况和质量检验记录，确保种植的药材符合药品生产原材料的质量规范。

3.9.3 医药行业 MES 应用案例

华润双鹤是一家拥有 70 余年辉煌历史的制药企业。如今，华润双鹤已发展成为拥有 18 家子公司，1 万余名员工的大型现代化集团型医药上市公司，经济实力、竞争活力和可持续发展能力位居国内制药公司前列。

MES 主要功能包括：

1）PMC 生产管理，包括物料基础数据、配方、工艺路线、主处方管理、车间库存管理、生产工单拆分发放。

2）PEC 生产执行，为生产跟踪预定义的工作流，实现物料、设备、人员的跟踪，控制严格按照流程和规格执行，保证所投物料批次正确、设备已校准及清洁度合规，操作人员具有资质。

3）物料管理，物料使用纸质条码管理，通过扫描可以准确了解物料的相关信息；车间料仓和托盘上使用 RFID 电子标签，可以反复地读写。

4）称量配料，包括预定义的称重工作流、方法，实时称量设备界面。

5）SCADA 系统将采集的设备工时等上传 MES，作为生产执行数据。

6）SCADA 系统通过与生产工艺系统、能源计量系统的连接，实现数据的实时采集。

7）SCADA 系统采集的数据保存在实时数据库及历史数据库中，通过界面及报表呈现的方式，实现对生产设备的实时监控及设备历史信息的趋势分析。

系统效益分析如下：

1）制造过程规范化。MES 根据生产计划和 SOP 文件指导生产操作人员进行生产，实时跟踪生产过程，规范人员操作记录和数据记录，并在生产结束时收集生产执行结果，包括物料消耗信息，在线质量信息，设备日常保养等。同时，MES 管理从原料出库、称量、配料、投料各个环节，通过条码标签的使用，方便地进行原辅料、包材批次等信息的核对，并记录整个生产过程中物料的使用、损耗、中转、车间库存等，这些信息都按照系统要求自动导入 ERP 系统。

2）车间管理集成化。建立的 SCADA 和 MES 将连接不同厂家、不同区域、不同设备的 PLC 等系统，形成统一的实时信息管理系统，以车间使用/管理人员为中心，对与之相关的人员、信息、流程进行全面集成。系统对生产过程中产生的海量实时数据和大量分散的数据利用查询分析工具及时加工处理，并实时展示。管理人员能在同一画面中集中得到生产工艺上相互关联但又分散在不同系统中的信息，便于对比、分析、跟踪、监视，有利于全面、系统地把握全厂生产状况。

3）设备运维数字化。以 MES 作为综合展示平台，全面记录各个工序及动力能源设备的基础数据、运行状态、故障信息、维修信息，与生产过程控制、质量控制、实效分析需求结合，使设备运维管理达到运行可视化、效率定量化、操作人性化、报表智能化,服务于实时生产调度和动态设备管理。

4)成本分析实时化。生产成本分析主要包括物料、能源消耗分析等方面,可以从车间设备和现场计量仪表上自动采集,并按照要求分摊到产品批次和设备,批生产结束后自动地反馈给 ERP 系统进行成本核算,既保证了数据的实时性和真实性,又更好地支持了管理决策的及时性和有效性。

5)制造过程可追溯化。以生产批管理为手段,实现产品生产全过程的可追溯性。每个批号产品信息,由批生产记录、批包装记录、批检验记录组成,覆盖了产品从原料采购、库存、称量、配料、按照所需工艺路径生产、车间中转、直到成品入库整个制造周期,生产过程参数、温度、湿度、称量、质量检验、生产班组、设备状态、异常报警等所有重要的信息都可以归集和追溯。

3.9.4 小结

医药行业的 MES 需求主要源自其行业的生产管理特点以及各个企业的生产实际情况,同时也受到企业管控模式的影响,其管理重心在于严格的质量管理、对生产环境及生产过程的控制及追溯,同时要特别注意对医药行业合规管理的支撑。

3.10 烟草行业需求要点分析

3.10.1 烟草行业生产管理特点

我国烟草行业实行的是"统一领导、垂直管理、专卖专营"的管理体制。由国家烟草专卖局、中国烟草总公司对全国烟草行业"人、财、物、产、供、销、内、外、贸"进行集中统一管理。卷烟、雪茄烟、烟丝、复烤烟叶、烟叶、卷烟纸、滤嘴棒、烟用丝束、烟草专用机械等都属于我国烟草专卖品范围。

烟草产业体量庞大,从供应角度来看,烟草产业链由烟草种植、烟叶加工、烟草制品生产和批发零售贸易组成。其中,烟叶加工是烟叶从农产品转变为工业原料的加工过程,包括烘烤、干燥、发酵等,以物理加工为主,生产过程及生产管理较为简单。烟草制品则是指以烟草为主要原料制成的嗜好性消费品,分为燃吸类烟草制品和非燃吸类烟草制品。燃吸类烟草制品包括卷烟、雪茄烟、吸用烟丝等;非燃吸类烟草制品包括无烟气烟草制品和不点燃烟丝的特种卷烟等。

本小节将以卷烟生产的典型工艺路线为例,分析其生产管理特点。

卷烟生产过程是指从原料进入制丝工艺环节到卷包工艺环节结束入库的整个生产流程,包括烟叶初烤、打叶复烤、烟叶发酵、卷烟配方、卷烟制丝、烟支制卷、卷烟包装、卷烟入库等工艺流程,如图 3-15 所示。

烟叶经过初烤、复烤、发酵后,形成片烟、烟梗、再造烟叶等原材料。制

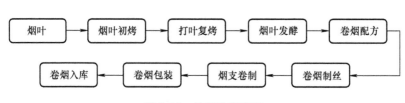

图 3-15 卷烟生产流程

丝工艺环节由原材料进入车间至制成烟丝并贮存为止，具体包括片烟预处理、制叶丝、制梗丝、制膨胀丝、白肋烟处理、配比加香和贮存等生产工段。制丝的工艺流程长、工序最繁杂、设备种类也最多。卷包工艺环节由烟丝输送、卷接、包装、封装箱到送入成品库为止，具体包括烟丝供应单元、卷接包装工段、封装箱工段、烟用材料供应单元等。卷烟卷制工艺的目的是充分发挥设备效率，将合格的烟丝按照制造规格及质量标准，将卷烟原辅材料制造成滤嘴烟支或无滤嘴烟支。在卷烟厂的卷制生产车间，通常有许多台卷接机组，可以同时完成不同牌号与规格的卷烟卷制生产任务。

卷烟制造企业通常属于资金密集型的大规模生产，从以上工艺流程可以看出，卷烟生产属于流程型生产，工艺过程较长，自动化设备众多，生产中存在多个关键控制环节，关乎产品品质和安全。因此在卷烟的生产过程中，必须实现生产全过程的有效管控，实现从原材料到成品的质量控制，以及实现对生产设备的有限监控与维护。尽管烟草行业细分存在差异，但总体上烟草行业的生产管理通常存在以下特点：

1）生产资源和产出水平由国家统一管控。由于卷烟产品的特殊性，卷烟的生产严格受控于国家，卷烟生产企业只能将产品卖给烟草公司，卷烟产品要有国家下达的码段才能生产。其次，卷烟生产企业的产量不能超过国家下达的计划，但是生产的品种可自行决定。

2）生产计划制订较复杂。通常卷烟生产企业根据上级公司的计划进行生产，可适当调整各品牌的计划量。由于卷烟的生产提前期长，生产计划制订流程多，销售与预测不准确，卷烟产品多品牌、多型号，因此基于固定提前期的生产管理模式较难适应生产计划的多变性需求，尤其是随着烟草行业的发展，卷烟生产运作模式由按指标组织生产向按订单生产转变，当市场需求变化时，可能造成大量的在制品不易处理和生产准备时间紧张的问题。

3）生产采用大规模连续生产方式。由于卷烟的产量及规模非常大，因此对生产过程中的调度和控制要求十分严格，从制丝、卷接、包装到成品入库的生产过程要求各环节在高速生产的情况下保持稳定可控与连续。

4）生产工艺过程复杂，生产周期长。卷烟从烟叶的处理到制丝、卷包的全部环节时间跨度可达数年，各环节又包括多个工艺段的生产，由于生产设备不同、工艺路径不同，使得各环节生产方式差别较大，过程复杂，资源调度管理较难。

5）配方管理需求高。卷烟生产中，配方数据管理非常重要，包括各定量配比、各种香料、辅料的准备和添加，以及在生产过程中各生产参数如润叶的温度、湿度设置，切丝的宽度设置管理等，需要对配方数据进行统一的管理。同时，由于卷烟的原料生产周期长，生产辅料多，且都是专用辅料，各品牌规格之间基本无通用件，并且有版本号的限制，当卷烟生产的品牌型号发生改变时，剩余辅料只能报废处理，因此，实现对各类物料及辅料的管控也十分重要。

6）产品质量要求严格。卷烟产品特性决定了卷烟生产过程中对原料、中间产品、产成品的质量管控要求非常严格，批次追踪的要求也非常高。在卷烟生产过程中，如果质量管控不到位，可能发生使用清洁剂、添加剂等与卷烟生产质量要求不符的现象，污染卷烟的生产原料及半成品等，因此需要建立相应的质量管控机制，实现从投料到产出的全过程的质量管控。

7）自动化、信息化应用程度普遍较高。相比其他行业，卷烟生产企业在制丝、卷包等生产车间中，普遍应用了大量自动化设备和工控系统，并且已广泛通过信息化系统辅助生产，ERP系统的实施与应用较为成熟，而MES的实施应用起步较晚。

8）设备管理要求高。卷烟的生产过程应用有大量的自动化设备，种类繁多且投资巨大，一旦设备停机，将对生产产生极大的影响。因此该行业设备管理要求非常高，设备维护、检修工作量巨大。

3.10.2 烟草行业 MES 需求分析

结合卷烟生产企业的生产特点，烟草行业在实施 MES 时，对 MES 的需求主要集中在数据采集、生产排产、生产过程监控、生产工艺与配方管理、物料管理、追溯管理、质量管理、设备管理与报表分析等方面。

1. 数据采集

实现与自动化设备的集成，采集生产设备运行状态、生产数据、物料消耗数据、设备停机故障数据、产品质量数据、机器性能数据、I/O 状态数据、工艺参数数据、人员行为数据等。

2. 生产管理

生产管理是卷烟生产企业 MES 的核心部分，通过 MES，可以提高对生产过程的控制能力，主要包括生产计划管理、计划排产、生产调度、批次跟踪等。

1）生产计划管理根据计划体系中下达的工厂年度计划、月度生产计划，分解、编制及下发各个关键生产环节的生产作业工单，并监控计划执行情况。根据生产执行反馈情况实现计划管理的无缝衔接，形成企业级按订单组织生产的计划体系。

2）计划排产基于生产计划，针对不同的约束条件，充分考虑产量、设备能力及运行状况、物料、生产工艺和配方等要素，通过生产计划分解和生产能力平衡测算，自动生成各车间可执行的生产计划，并将计划传输给相应的过程控制系统。同时，通过对生产过程的实时监控，支持一定时间内的计划重排，实现滚动排产。

3）生产调度根据车间生产作业计划制定各工序的作业任务，实现任务派发和协同调度等，指导生产，并对生产状态进行跟踪监视，以工单关联生产过程中的产、质、耗及过程工艺等关键信息，为现场管理以及生产进度跟踪提供依据。

4）生产批次跟踪基于生产计划，实现对批次的生成、批次的开始、批次在各个工序的跟踪、批次的完成等环节的跟踪，实现对生产执行进度的全面跟踪，通过批次编号与生产过程中的质量、设备、物料等管理有效关联，从而实现批次生产的产品跟踪。

3. 数据采集与生产监控

通过自动化设备的集成，实现对生产过程、产品质量、设备状态数据采集与在线监控，实时监控各工序生产情况，跟踪制丝、卷包等车间生产计划的进度情况，存储并记录生产现场工艺参数、质量参数、设备参数、物料数据等信息，并对现场采集的数据进行实时过滤、分析和统计。建立预警机制，对过程数据进行抽查，与设定的阈值进行比较，分析该段加工过程是否正常，并建立异常提醒机制，如制丝车间叶丝水分过高时，自动启动生产监控报警系统，以便工作人员及时响应处理。

4. 生产工艺与配方管理

实现对生产工艺配方的配置和管理，通常工艺配方的管理包括组成成分比例的管理和生产过程重要参数管理。对于卷烟生产来说，配方数据是生产过程的重要生产依据，其管理内容通常包括检查备料情况、生产过程中各定量配比、各种香料、辅料的准备和添加，以及在生产过程中各生产参数如润叶的温度、湿度设置，切丝的宽度设置等。

5. 质量管理

质量管理主要包括质量标准、制丝质量业务、卷包质量业务的管理，通过生产过程质量信息的采集、分析和统计，对不同批次的产品实现质量的控制，将质量控制由事后检验向过程控制转变，实现从投料到产出整个过程的原辅料、半成品、成品的正、反向质量追溯，使生产相关各环节数据能够反映成品、半成品、在制品质量实时状态，并实现预、报警。

6. 设备管理

通过对设备维保的规范化、标准化管理，实现生产过程中设备点检、保养、润滑、检维修、设备检查等业务标准化、规范化作业管理。以设备管理绩效评价为主线,构建设备运行指标库,通过数据采集,全面监控设备运行状态,实现对设备的综合评价,建立预防维修的设备管理机制,提高设备的综合效率。

7. 报表分析

根据数据的采集与分析,形成生产数据、计划执行情况、生产效率、物料消耗、质量统计、批次分析等报表,并通过车间大屏进行展示。

3.10.3 烟草行业 MES 应用案例

某卷烟厂建成于 20 世纪 60 年代,拥有国际领先水平的打叶复烤和制丝、卷接包生产线,拥有国内烟草行业中领先的质量检测实验室和完善的质量管理控制体系。为了更好地提升设备有效作业率、优化排产和人员排班、减少物料消耗、实现生产资源的优化配置、降低生产成本,该卷烟厂实施了 MES,构建了系统级 CPS 的数字化工厂。

该卷烟厂的 MES 主要实施了以下功能模块:

1)生产管理模块。实现对人员、班组、设备、工单、生产计划、生产数据的管理与统计分析。涵盖人员管理、生产点(巡)检、生产数据查询、工单管理、交接班管理、班次班组管理等。

2)计划排程模块。实现根据人员有限能力、设备状态、物料库存资源等约束条件自动进行排产,实现生产过程动态滚动排产和排程模拟,并可在工艺变更、紧急插单等异常状况时自动进行任务重排,最大限度地保证产能。

3)生产追溯模块。在全面数据采集的基础上,建立了从原材料投料到成品产出全过程的跟踪、监测与分析,实现了物料生产追踪、质量生产追踪、设备生产追踪等。

4)质量管理模块。对生产过程进行监控、统计、分析、控制,实现了过程质量检验、质量分析报告、过程样本管理、SPC 应用管理等功能。

5)设备管理模块。实现对设备运行的管理和维护,通过对设备的集中监视,实时掌控设备的运行状态,捕捉设备故障信息,实现了设备点检管理、保养管理、运维库管理、设备检修管理、维修呼叫等,充分提高了设备利用率。

6)报表管理模块。通过对工单执行过程中的生产、设备、质量、工艺、物料等进行汇总、归集、统计和分析,自动生成多元化图形的日报、月报,涵盖了生产报表、质量报表等,使公司管理者能及时准确地掌握生产各环节的运行情况,并合理有效地对生产进行调整,实现科学的决策。

MES 在该卷烟厂实施上线后,实现了从烟叶、制丝、卷接、包装全生产过程的管理,可以实时掌控生产运行情况、物料消耗情况、质量检测情况、设备运行情况等,优化了生产工艺过程,降低了原材料消耗。管理者可以随时了解当前车间的作业情况,进行准确的生产指挥与调度,提高了决策效率,进而提升了生产效率与生产能力,提升了精益管控的能力。同时,通过 MES 的实施,该卷烟厂缩短了生产周期,降低了制丝线平均故障停机率,提升了成型线设备有效作业率,通过预防性的可视化报警提升了设备故障排除的响应速度,降低了设备维护保养费用,取得了非常好的应用效果。

3.10.4 小结

烟草行业的 MES 应用的重点及目标主要在于通过实时数据的采集,实现生产调度与指导、生产过程监控、智能化的设备运维、全程可追溯的质量控制,为企业生产决策提供有力支撑,实现烟草生产企业的精细生产,提高工厂快速反应能力。

第 4 章
MES 应用实施分析

4.1 概述

企业 MES 建设是一项复杂的系统工程，而非仅仅是一个以技术为主导的项目，涉及部门众多，实施难度较大。e-works 最新调研报告显示，目前中国企业的 MES 实施成功率仍然较低。e-works 结合多年咨询实施经验，总结出企业在 MES 项目的实施中，存在以下相同的难点：

1. 企业内部对 MES 的认识不足

很多企业对 MES 的认识不足，大多体现在企业管理人员不具备对 MES 的基本理解。MES 是制造执行系统，很多企业人员认为 MES 项目就是大而全，要能全面覆盖生产管理的方方面面，希望通过 MES 解决所有涉及生产管理的问题。由于对项目的认知和理解存在偏差，在后期项目推进中很容易陷入困境。

2. 系统边界难以区分

MES 与 ERP、SCM、QIS、EMS 等系统在功能上存在部分交叉重叠，例如 ERP 和 MES 都有对计划的管控，EMS 和 MES 均涉及能源管理。因此，企业往往对某个需求通过哪个系统来实现存在困惑。对此，企业需要理清系统之间的关系，划清系统之间的边界，才能确定对 MES 的需求。

3. 系统需求含糊不准确

由于对 MES 的理解不深，企业难以准确把握 MES 需求，提出的需求比较宽泛，不够明晰，或用 IT 语言描述需求，让业务人员难以理解，需求确认困难。而需求是 MES 实施过程的关键要素，需求不明确很容易导致事倍功半。

4. 涉及企业最核心业务，个性化极强

MES 的实施必然会涉及制造企业最核心的业务——生产，而且个性化非常强，因此企业在实施 MES 的时候慎之又慎，往往会采取保守战略，毕竟生产线是经不起折腾的。

5. 多方关系难以协调

实施 MES 需要 IT 部门、生产部门、合作商的紧密协作，同时还需要计划、工艺、设备、品质、设备供应商等多方的大力配合。能够协调多方，沟通协作，才能使系统顺利实施。特别是 IT 部门和各个业务部门之间，由于 IT 人员不熟悉业务、设备控制等,而业务人员不熟悉 IT,如果缺乏合理的沟通机制,往往会造成项目难以推进。

6. 复合型人才缺乏

目前企业实施 MES 的往往由两类不同知识结构的人才来进行,一类是传统的 IT 人员,另外一类是工控人员(或设备管理员),由于 MES 是一个专业交叉很强的综合项目,而这两类人员因为在知识结构上存在差异,无论由谁来主导,在 MES 项目实施前均存在一定的心理障碍,即便有的企业在实施 MES 的过程中将这两类人才整合为一个项目组,但由于双方在理解上存在偏差,也不利于项目的推进。

7. 选型困难

首先,企业对自身的需求不明确,企业自身的特点没有剖析到位,对信息化建设的目标和远景没有具体规划。其次,市场 MES 供应商众多,各 MES 供应商因为进入该领域的背景不同,其关注点也不相同,MES 的功能侧重各异,企业如果不能对供应商的行业、产品、验证性测试(Proof of Concept,POC)及团队了解清楚,很容易出现选型偏差。

8. 功能模块规划难

MES 是一个庞大的系统,功能模块众多,主次先后顺序难判断。MES 的主导功能模块有 11 个,这 11 个对于企业来说到底哪些是很重要的,哪些相对次要的,哪些应该先上,哪些应该后上,需要什么实施条件等都需要考虑清楚,要根据企业的需求做好规划再来决定,不能一窝蜂地全上。

9. 各类数据采集难

MES 需要收集生产过程中的各类数据,并加以分析,如生产运行、工艺流程、物料、设备状态数据等。其中很多数据采集存在难点,例如生产运行数据往往是动态的,数据变化十分复杂,特别对于流程型制造企业,生产流程复杂、数据来源多且分散,同时底层生产执行控制系统又处于封闭状态,各系统信息采集方式、存储格式等都存在很大差异。

4.2 MES 项目总体推进过程

那么,如何保证 MES 成功实施呢?

其一,企业 MES 建设是一项复杂的系统改造工程,涉及对企业业务模式的重塑和管理。因此,"统一思想"至关重要。

其二,企业在进行 MES 选型前必须进行详细的需求分析,明确 MES 的应用目标,目标与需求切忌大而全。

其三,必须坚持"整体规划、效益优先、分步实施、重点突破"的原则,借用先进的计算机技术、网络技术、通信技术、企业建模及优化技术进行实施，保障系统的开放性、可扩展性。

其四，考虑与企业已有管理系统的通信、集成问题，避免出现更大或更多的"信息孤岛"，提高企业的信息共享程度，为战略、管理、业务运作提供支持，提高企业生产对市场需求的响应速度。

其五，MES 建设必须以"工厂模型"为依托，以全流程物料移动与跟踪为主线，以设备全生命周期管理为中心，以安全优化生产为目标进行设计和实施，保障系统的实用性和实效性。

MES 的实施与其他信息系统的实施一样，需要按照信息系统项目管理的要求来进行，其工作的重点是明确项目范围、形成项目团队、确定项目需求、合理选择供应商、有计划组织实施及实施上线后的定期评估及持续优化等环节。根据以往项目经验，我们总结出 MES 选型与实施的五大步骤：项目准备、方案设计、配置实现、系统试运行、全线推广，具体如图 4-1 所示。

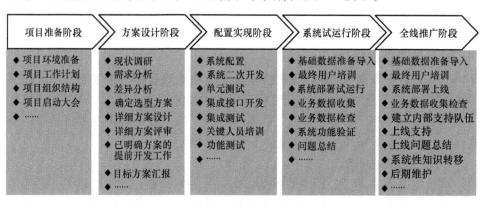

图 4-1　MES 选型与实施的五大步骤

项目准备阶段的铺垫工作是不容忽视的，它是 MES 项目的第一个里程碑，影响着后续阶段资源的调配、职责与权力的划分、项目计划的实施等问题，关系着项目的成败。我们需要得到五个关键问题的答案：项目的目标是什么？谁是完成这个目标的团队成员？项目完成需要花多长时间？项目预算是多少？谁会支持或反对这个项目？只有想清楚这些问题后，才可以启动项目进入下一个实施阶段。

方案设计阶段主要是完成现场调研、需求分析、方案设计和评审等工作。通过现场调研了解目前企业内存在的系统，确定 MES 与之的关系。了解企业制造部门的需求，做好 IT 的规划、协调及运营。MES 需要与众多的 IT 系统互联，具有实施的复杂性，所以企业在选择上 MES 项目时，需要充分考量自身的综合情况来确定对 MES 的需求。需求分析工作完成后就要根据实际的需求来设计相应的功能模块，详细的设计方案一般由供应商提供，客户组织评审。

配置实现阶段最重要的是明确所需要定制的 MES 功能模块，从而避免引起不必要的返工问题；同时要严格按照 MES 项目计划执行，准备基础数据、搭建网络环境、服务器环境、办公电脑等系统运行的基础环境，待定制并测试完成后可以进行现场调试。在 MES 研发过程中，细节方面要注意系统研发标准、界面风格要统一，注意细节设计。

MES 试运行阶段可以选择一条生产线作为试点，可以适当减少业务数据，从而减少试运行的工作量。其中最重要的是要注意系统切换的平稳性，在系统切换过程中，要做周密的计划，甚至进行切换模拟，避免影响用户业务的开展。试运行可能会导致现场的操作人员出现情绪化，要多从用户的角度出发考虑问题。

MES 全线推广阶段主要工作是做好数据迁移和 MES 验证工作，配合企业用户制定和发布需要的制度和规范。其中要特别重视知识的转移，重点抓好 MES 使用培训和不同用户对于 MES 应用方式的掌握。对于有关 MES 内部功能、设计返工的问题，要进行全盘考虑，充分测试，尽量减少出现关联 BUG。

4.3　MES 需求分析方法

4.3.1　MES 需求分析误区

企业具体实施过程中，在 MES 的需求分析方面往往存在以下六大误区。

（1）需求宽泛，缺乏针对性

企业提出的 MES 需求往往比较宽泛，缺乏针对性，也时常将目标与需求混淆。例如，企业进行 MES 需求分析时提出对追溯管理的需求，并且细化到对原材料、产成品、生产操作过程、生产组织、过程质量、过程工艺参数的追溯，但对具体的追溯流程、追溯机理缺乏针对性的描述，给 MES 实施增加了难度。

（2）用 IT 语言描述需求，不便于决策

很多企业在进行 MES 描述时，往往会用 IT 的语言进行描述（尤其是有一定软件开发能力的 IT 人员来进行描述时更是如此），而这些功能需求的描述如果缺乏业务关联性，如何让管理者进行决策？MES 的功能一定是能对应到具体的业务场景的，需要明确其核心解决的问题是什么，再看通过哪种方式来解决，最后才对应到系统、单据、界面这些层面进行描述。

（3）注重功能罗列，缺乏平台关注

由于 MES 个性化强，在应用过程中经常会根据企业的具体情况进行二次开发，因此必须关注 MES 的平台性，同样的一个功能，是通过配置来实现，还是通过自带的开发平台来实现，或者需要写代码来实现等，不同的方式影响的不

仅仅是功能本身，更为关键的是实现效率。

（4）好高骛远，不切实际

不少企业在制订需求时，往往不考虑企业管理现状及信息化应用的情况，将MES中的很多高级功能提出来（例如车间生产高级排程），好高骛远，不切实际。并不是说这些功能不需要，而是要在整体规划的前提下，分清轻重缓急，把握主要矛盾，解决重点问题，而不是眉毛胡子一把抓。

（5）与现有系统的集成方案考虑不细

能考虑实施MES的企业，通常信息化都有一定的基础，因此在考虑需求时，一定要结合信息化的应用现状，把集成问题考虑清楚，例如与ERP系统的集成，与PDM系统的集成，与工艺管理的集成等，而且要明确描述集成目标、集成机理、如何实现、需要相关系统做什么配合，形成整个MES的接口清单。

（6）各供应商特色功能罗列

不少企业在进行MES需求分析的时候，通过网络或参加会议论坛，可以便捷地了解到各供应商的解决方案及特色功能，于是通过"Ctrl + C"和"Ctrl + V"把各家的特殊功能进行罗列，就完成了需求分析，并用这个来组织招标选型，最后的结果是MES还不成熟，不能满足我们企业的要求。但企业的真正业务需求在哪？其实在需求的撰写过程中就已经迷失了。

因此，在对企业MES需求进行分析时，是需要通过一整套规范的信息化需求分析方法来"激发"和"管控"的，以实现企业对MES需求的准确描述。

4.3.2　MES需求分析方法

那么一个合适的MES需求分析方法应该是怎样的呢？

第一，要结合企业的生产工艺特点，重点阐述生产环节需要监管的重点环节和重点要求。

第二，要明确需要实施的项目范围，现在想要实现的内容，以及未来要实施的功能。

第三，明确了项目范围后，就要对MES的整体性能提出要求，即可集成性、可配置性、可适应性、可扩展性和可靠性等要求。

第四，分层级的对相关业务明确细化需求。

第五，解决集成问题，一方面要重点解决好与其他系统之间的集成，尤其是与ERP系统的集成；另一方面要解决与设备的集成问题，包括描述清楚要实现的目标要求等。在解决集成问题的同时，需要明确各系统之间的边界问题。

e-works根据多年项目经验总结出一套比较完整的需求分析方法，如图4-2所示，共分为七大步骤：①基础数据分析；②流程梳理与分析；③生产工艺建模与分析；④数据采集分析；⑤现状评估与MES集成；⑥系统需求与架构设计；⑦制定实施方案。

第 4 章
MES 应用实施分析

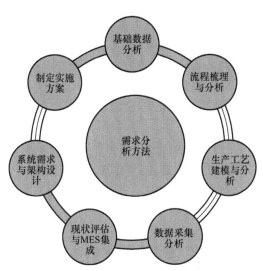

图 4-2　MES 需求分析方法

第一步是基础数据分析。基础数据标准化是 MES 应用的重要工作之一，建立规范统一的基础数据，是保证企业 MES 正常运行的前提条件。基础数据收集的重要意义是在统一思想、规范管理的基础上，摸清家底理顺业务，发现问题找出差距。基础数据主要包含组织数据、设备数据、物料数据、工艺数据、质量数据等。

第二步是流程梳理与分析。业务流程梳理的目标是实现业务流程的可视化、规范化、可监控化。通过流程梳理与分析发现业务运行中存在的问题，对流程进行优化，全面、真实地梳理 MES 业务需求，确认 MES 未来的业务运行流程，在公司中形成业务流程管理的理念与方法，见图 4-3。

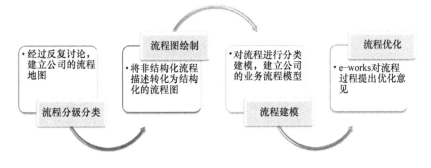

图 4-3　业务流程梳理方法

第三步是生产工艺建模与分析。工艺是利用各类生产工具对各种原材料、半成品进行加工或处理,最终使之成为成品的方法与过程。生产过程中的所有活动都围绕工艺要求展开。工艺要求决定了生产过程、生产现场数据采集的结构与分布,工艺流程贯穿了生产制造的生产计划、车间调度、过程控制与质量控制环节。工艺是生产现场标准化作业的基础,也是 MES 未来运行的基础,MES 将围绕工艺管理要求而建立。

工艺建模与分析的目标是建立完整的生产工艺分级模型,提供可视化的展现工具,清晰描述各制造部门详细生产工序、工步直至具体操作的流程特点,了解未来工艺趋势,为 MES 实施后的工艺变化做好相应准备。

第四步是数据采集分析。目的是根据生产工艺特点分析,能对实现和影响产品工艺的信息进行实时采集和分析。数据采集分析需要遵守完整性、实时性原则,我们要知道采集什么,了解采集的来源,怎么采集和在哪里采集,有哪些采集的设备,主要是采集什么类型数据等,图 4-4 给出了数据采集的数据类型示范。

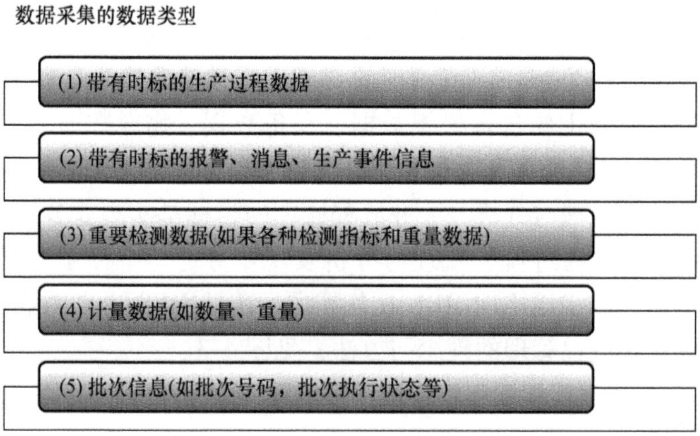

数据采集的数据类型

(1) 带有时标的生产过程数据

(2) 带有时标的报警、消息、生产事件信息

(3) 重要检测数据(如果各种检测指标和重量数据)

(4) 计量数据(如数量、重量)

(5) 批次信息(如批次号码,批次执行状态等)

图 4-4 数据采集类型示范

第五步是现状评估与 MES 集成。通过前面一系列的现状评估分析就可以总结出项目需求,需求确定后就需要对系统的边界进行界定。如果界限划分不清晰,即便是从业务角度分析出来的需求,也将面临新的挑战,如通过哪一个系统的实施来落地的问题,所以项目要划清 MES 与其他系统之间的界限。这一环节需要注意四个要点:车间现有系统应用现状分析;MES 的定位与边界;现有系统未来应用建议;MES 与其他系统的集成关系分析。

其中,MES 与其他系统边界划分有四个步骤:

① 明确 MES 会与哪些系统集成?一般有 ERP、SCM、PDM、自动化控制系统,以及 QIS、EMS、eHR、安全管理等。

② 分清楚各系统的关注重点。例如，EAM 可实现对设备的全生命周期管理，包括设备采购、设备维修、设备跟踪、设备处理等，MES 可实现设备状态管理、设备维修管理、设备能力、设备使用等；ERP 可依据销售订单、原材料采购提前期、原材料库存等制订基于订单的无限产能计划，MES 考虑生产物料、生产设备、人员等资源，生成基于时间的有限产能计划。

③ 划清 MES 与其他系统的边界。例如，EAM 侧重于设备资料、设备维修等，MES 侧重于设备实时状态、运行效率等；ERP 制定物料需求计划，MES 制定车间作业计划。

④ 在划清系统边界后，明确系统间集成的方式。对于切割不清晰之处，如果暂时允许双系统共存，则必须考虑数据的一致性问题，并且明确切换的时间表。图 4-5 为某企业 MES 在计划领域与其他系统之间划分的逻辑关系图。

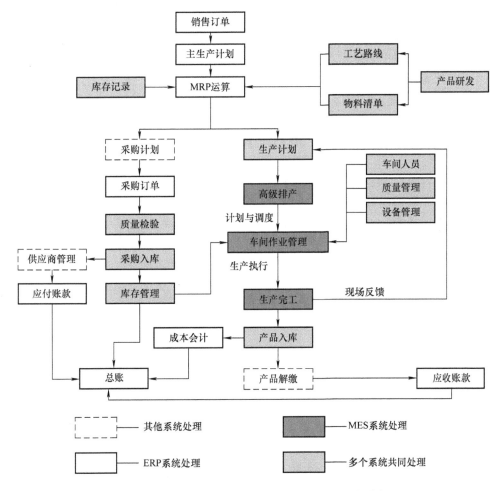

图 4-5 其他系统与 MES 在计划领域的边界划分范例

第六步是系统需求与架构设计。因为 MES 的个性化较强，所以在需求梳理的过程中，需结合行业和公司的特点，对这些特点进行详细分析，以保证未来的 MES 能够满足公司个性化的要求。这一环节需要注意三个要点：MES 需求汇总与分析；MES 总体规划与框架设计；MES 详细功能设计。

其中，需求汇总与分析可以分层级对相关业务明确细化的需求，例如以"生产过程可视化"为例，某企业提出了如下需求：

① 生产控制：能够准确知道实时的生产进度，实时掌握线边仓的物料信息，记录每个料站的料卷的上下料记录和操作人员信息。

② 抛料率分析：计算抛料率，当抛料率超过临界值时报警，并进行抛料原因的分析。

③ 上料防错：对 SMT 机台和组装进行上料防错，并及时给出警示信息，记录操作错误的人员信息。

④ 强制制程：……

⑤ 看板管理：……

⑥ 预警机制：……

但往往更规范化的需求描述需要进一步细化，以"上料防错"为例，可以提出更详细需求，见表 4-1。

表 4-1 MES 详细系统功能描述样例

功能	详细功能描述	重要度	紧迫度
上料防错	指定工单和 SMT 机台后，系统能自动获取 SMT 机台上相关联的 Feeder 编号和物料编号		
	系统能够将当前工单 BOM 与从 SMT 获得的物料编号进行对比，若不匹配则给出明确的警示信息		
	能够将待上料的物料编码读入系统，将其与从 SMT 机台上获得的物料编号对比，若不一致给出明确的警示信息		
	将上料过程中操作异常的记录红色显示，以方便统计操作员的绩效		
	支持组装的上料防错		
	建立锡膏与产品代码的对应关系，支持锡膏使用时防错检查		
	……		

表格化的需求描述不仅有利于各业务部门理解和确认，也方便转换为招标文件和软件开发的概要设计文档。而重要度和紧迫度的划分，又可为系统各功能实施的优先级提供直接依据。

第七步是制定实施方案。在制定实施方案时，需依据公司目前生产管理的瓶颈、存在的问题、公司的核心管理特色、模块对业务的重要性、模块的投资收益比、同类型企业的建设情况等，规划出详细的实施路线，包括哪些模块先应用，模块之间的先后关系等。同时需学习和借鉴其他企业经验和公司现状，规划出详细的风险规避措施。

4.3.3 MES 规划思路

完成 MES 需求分析之后，我们就需要进行下一步 MES 规划，那么系统规划要如何实现呢？MES 的实施阶段系统规划的思路是：在集成的前提下实现可视化，在可视化的基础上实现精细化，在精细化的前提下实现均衡化，如图 4-6 所示。

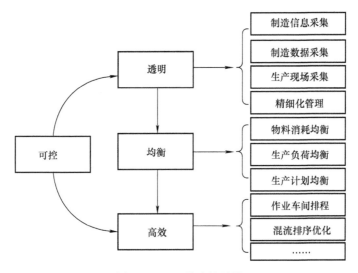

图 4-6　MES 的实施阶段

透明的目的就是要实现生产过程的可视化和精细化生产。首先要实现的是制造信息的采集，这也是很多企业实施 MES 的初衷，也是很容易见效的环节。但要实现真正"透明"，仅仅完成制造数据的采集是远远不够的，关键是要实现制造数据的集成（物料数据、产品数据、工艺数据、质量数据等），只有实现了集成，通过逐步地细化（从控制的力度：车间→工序→机台→工步……；从控制的范围：计划执行→物料→工艺→人员→环境……），实现生产过程的可视化管理。

在透明的基础上，实现均衡生产。众所周知，只有实现了均衡生产，才能实现产品质量、产品成本、产品交货期的均衡发展。目前很多企业质量不稳定、制造成本高，其核心就是生产的不均衡。

在均衡的前提下，通过优化（PDCA 循环），实现高效的生产。这是 MES 实施的真正目标，但这个目标的实现是需要过程的，它是循序渐进的，而不是一蹴而就的。

4.4 MES 选型要点分析

4.4.1 MES 选型流程

MES 需求确定后，接下来的是选择合格供应商，在此企业需要进行决策：是走正规的招标流程，还是选择小范围的供应商进行系统演示，进行竞争性谈判，这两种方式各有利弊。但无论哪种选型模式，建议企业在选择供应商的时候，要从供应商实力及发展前景、产品技术实现、项目实施管理能力、售后的服务能力、咨询顾问的实施能力及典型客户的应用情况等角度进行综合考察，并且按照"先技术，后商务"的步骤进行。

图 4-7 为一个典型的招标流程的选型流程：

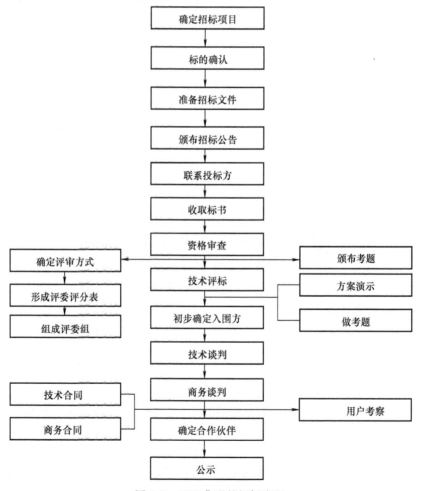

图 4-7 MES 典型的招标流程

以下将结合选型流程中的招标文件、技术评标、合同签署等重点步骤进行选型要点的介绍。

4.4.2 MES 招标要点分析

标书制作是其中的关键要点之一。招标文件要站在公平、公正、公开的角度，除了通用招标文件中规定的内容和反映 MES 的需求外，还需要突出评标过程分哪些阶段？重点的工作要点有哪些？明确这些内容后，投标方也好做出相应的配合。以下是某企业 MES 招标文件中所明确的评标流程。

---

1 ……
2 评标
2.1 本次招标总体采取议标的方式。
2.2 整个议标过程将分为三个阶段。
（1）初选阶段招标委托单位和买方（招标方）对收到的所有投标书进行一次初选，选择 4 家投标方进入下一阶段。
（2）演示答辩阶段各投标方分别介绍产品特点、演示产品、现场完成招标方要求的考题，并进行答辩。答辩时卖方（投标方）未来项目实施经理必须到现场，并对需求进行讲解，现场答辩需结合软件进行演示讲解，拒绝纯 PPT 讲解。以正式投标书电子邮件的收到顺序优先选择答辩的顺序。演示答辩地点在购买方（招标方），此阶段将最终选择 2 家投标方进入下个阶段。
（3）商务阶段
1）投标方与购买方（招标方）进行商务谈判；
2）必要时考察 2 家供应商各自推荐的典型用户；
3）确定最终的中标者，投标方与购买方（招标方）签订商务合同与技术合同。
2.3 为有助于对投标书的审查、评价和比较，整个议标期间可分别要求投标人对其投标书进行澄清或答疑，但不得对投标报价或实质性内容做任何修改。
2.4 在议标的演示答辩阶段，根据收到标书的先后顺序，各投标人介绍技术方案和演示产品的时间另行通知。在答辩时，非答辩方退出答辩现场回避。
3 投标书的评价和比较
3.1 评标小组将对实质上响应招标文件要求的投标进行评价和比较。
3.2 整个议标的基础是投标人的投标方案及投标价。
3.3 在议标的初选和演示答辩阶段，除考虑投标人及技术方案的技术性能、软件功能、服务之外，还将考虑下列因素：
1）软件的经济性、可靠性、先进性；

2）软件架构的先进性和软件的开放性；

3）软件的发展方向和软件开发商的可持续发展；

4）软件开发商投标方案的匹配性；

5）供应商对本项目的支持能力与重视程度。

3.4 评审工作严格按照招标文件、投标文件进行评审。根据技术、价格、服务等方面综合评定。

4 保密

4.1 在投标、评标、决标、定标的全过程中，凡投标人递交的投标文件，以及属于有关投标文件的审查、澄清、评价和比较的一切资料和信息，均不得向其他投标人或与该过程无关的其他人员泄露。

4.2 在投标文件的审查、澄清、评价和比较以及推荐中标候选单位的过程中，投标人对招标方和评标小组成员施加影响的任何行为都将导致取消投标资格。

5 中标通知

5.1 评标结束 10 日内，招标人将以书面形式发出《中标通知书》，但发出时间不超过投标有效期，《中标通知书》一经发出即发生法律效力。

5.2 在中标人与买方（招标方）签订合同后 10 日内，招标人向其他投标人发出落标通知书。不解释落标原因，不退回投标文件。

5.3《中标通知书》作为签订合同的依据。

……

同时为了避免投标方在行文上五花八门，不便后续的审核，同时避免投标方洋洋洒洒一大厚本、大量的公司宣传，因此在招标文件中必须明确规定"投标人必须严格按照规定的格式、内容及编排顺序进行投标文件的编制"，并明确要求"需在投标文件中明确回复对需求要点的实现程度"。以下是某企业 MES 招标文件中对于需求响应情况。

MES 需求响应

根据企业需求分析书给出详细的解决方案。主要内容包括：

1）根据每一章节中的总体框架、需求描述给出有针对性的解决方案（必须说明满足需求描述中的哪些功能，哪些不满足，解决方案是什么？涉及的软件模块。）

2）需要对每一章节中的主要解决问题逐条给出能否解决以及详细的解决方案。

3）需要根据每一章节中的技术和功能要求（共 403 点）给出详细的技术偏离表：

技术偏离表（样例）

序号	软件功能名称	招标技术规格	投标技术规格	偏 离				备注
				完全满足	变通满足	二次开发	不满足	

4）对企业需求分析书中"投标方补充回答问题"部分，要求投标方必须逐条回答，同时要做到详细、清晰、无二义。

5）如投标方没有按以上要求对需求分析书做出回应，招标委托单位和买方（招标方）将按废标进行处理。

4.4.3 MES 技术评标要点分析

MES 评标过程中，要注意以下要点：

第一，一定要让业务人员参与，尤其是核心业务的领导，只有他们成为需求的提出者、选型的参与者、实施及应用的实践者和最终价值的受益者，才能保证项目的顺利进行。为了使项目在意见出现分歧时能顺利进行，评标委员会的成员组人数应为奇数，建议的合理配比是：信息化人员 2 人、业务部门领导 5 人、外包专家 2 名，后期可加入财务及法务的人员。

第二，为了确保公平、公正、公开原则，可以采用综合评标法（俗称"打分法"）等方法进行评标。把涉及的投标人各种资格资质、技术、商务以及服务的条款，都折算成一定的分数值，总分为 100 分。评标时，对投标人的每一项指标进行符合性审查、核对并给出分数值，最后，汇总比较，取分数值最高者为中标人。评标时的各个评委独立打分，互相不商讨，最后汇总分数。

第三，要根据企业业务关注的重点，明确演示的流程（甚至要求投标方根据相关基础数据，按考题要求跑流程）。以下是某企业 MES 现场演示的流程要求。

MES 现场答辩演示要点

希望贵公司在软件演示过程中务必涵盖以下功能点的演示：

1. 总体部分

1）系统的主要构成模块。

2）系统的平台化以及组件化。

3）业务建模，配置的导入、导出。

4）物料属性定义，如 RoHS 信息、P/N、Quantity 等。

2. 生产计划部分

1）物料 BOM 的版本、程式和工艺一一对应。

2）生产计划的执行状况反馈。

3. 车间作业部分

1）上料防错。

2）强制制程。

3）预警平台。

4. 物料部分

1）物料的安全库存、呆滞、分布、预警等问题。

2）锡膏管理。

5. 追溯管理部分

从产成品的 S/N 号追查到原材料、生产班组等。

6. 质量管理部分

1）SPC。

2）配置性的质检，如工单投入后对某产品为首次连续 5 片做检验，某产品为 15 片抽检一次等不同的检查策略的灵活选择。

3）OQC 管理。

7. 设备管理部分

演示设备的状态监控与能力负荷。

8. 展示经理层界面

……

第四，确定现场评分表，建议在技术评标环节，将价格的权重降低（低于 20%），或不考虑。表 4-2 是某企业 MES 现场演示的评估表。

表 4-2 MES 现场评标评估表（样例）

序号	评分项目	评分分项	分值	评分标准
1	需求方案（10 分）	需求报告响应	0~2 分	对项目重视程度高，需求报告响应及时，逻辑清晰，表达无误。最好者得 2 分，较好者得 1 分，一般者得 0 分
		需求报告内容	0~8 分	软件商对企业的管理和信息化特点、需求是否有清晰的认识，方案是否符合企业的要求，主要问题能否结合自身产品和实施予以解决，最好者得 8~5 分，较好者得 4~2 分，一般者得 1 分

（续）

序号	评分项目	评分分项	分值	评分标准
2	特点功能及架构（32分）	行业匹配度	0~6分	适合电子行业、SMT企业特点，提供相应功能，如进料防错、SMD管理等。最好者得6~5分，较好者得4~3分，一般者得2~1分
		产品成熟度	0~4分	产品非常成熟，较少的二次开发。最好者得4分，较好者得3~2分，一般者得1分
		软件的集成	0~4分	能否较好地解决与ERP和设备的集成，并具有较丰富的集成经验。最好者得4分，较好者得3~2分，一般者得1分
		软件的能力	0~5分	是否能达到企业目标。最好者得5~4分，较好者得3~2分，一般者得1分
		软件的功能	0~8分	软件功能是否满足要求。最好者得8~6分，较好者得5~3分，一般者得2~1分
		软件的扩展	0~5分	很好地支持现有和未来的功能需求（能否实现后续二期的需求），系统的二次开发功能可以方便地得以升级。最好者得5~4分，较好者得3~2分，一般者得1分
3	商务部分（20分）	总体价格（含实施）	0~20分	在各投标报价中，以最低报价为基准（称为基准价），得满分20分；其余投标报价的得分，以基准价为基准，每上升1%扣0.2分；分值扣完为止，不计负分
4	综合实力（13分）	资质证明文件	0~3分	证明文件齐全得3分，其余酌情得分
		供应商评价	0~3分	供应商财务能力、实施能力、声誉、客户满意度等综合因素评比。最好者得3分，较好者得2分，一般者得1分
		同行业经验	0~4分	供应商是否有SMT行业客户。最高者得4分，有电子行业经验者得3~2分，有离散行业经验者得1分，其余不得分
		产品销售情况	0~3分	依据投标人提供的同类产品销售情况和公司简介进行评分，最好者得3分，较好者得2分，一般者得1分
5	承诺条件（25分）	重视程度	0~4分	供应商对本项目的支持能力与重视程度。最好者得5~4分，较好者得3~2分，一般者得1分
		实施方案	0~4分	供应商实施方案是否合理，最好者得4分，较好者得3分，一般者得1~2分
		实施顾问	0~5分	供应商派出参与此项目的顾问经验和水平（主要为项目经理）。5年以上工作经验并有SMT行业MES实施案例的顾问得5分，5年以上工作经验但无SMT行业MES实施案例的顾问得4分，3~5年工作经验者得3分，1~2年工作经验者得1分，1年以下者得1分，顾问团队中如50%的顾问是2年以下工作经验的此项不得分

(续)

序号	评分项目	评分分项	分值	评分标准
5	承诺条件 (25分)	人员培训及售后服务	0~5分	人员培训计划合理,是否列出详细的应急预案,如顾问的离职、人员的换岗等,售后服务到位。最好者得5~4分,一般者得3分,尚可得1~2分
		故障响应时间	0~4分	8小时内响应故障报修的,得4分,9~24小时响应的,得2分,大于24小时的,不得分
		免费服务期结束后的承诺	0~3分	免费服务期结束后的维护收费标准及计算方法。最合理者得3分,较好者2分,一般者1分
	合 计		1~100	

4.4.4 MES 合同签署要点分析

供应商选择成功后,需要签署相应的技术协议和商务合同。其中签署技术协议的目的是让供应商将企业 MES 需求以合同的形式固定下来,其关注的要点有:

第一,承诺可直接实现的需求,在系统中的实现模式;

第二,对于暂时不能满足的需求,如果需要二次开发,需要明确需求及估算的工作量;

第三,与其他系统之间的集成前提和机理(可能需要与被集成系统的服务商沟通能否实现);

第四,需在技术协议中明确验收准则。

以下是某企业技术协议中关于验收准则的相关条款的范例。

> ……
>
> MES 项目验收准则
>
> 1. 本验收标准的目的
>
> 该验收标准经甲方、乙方及甲方聘请的监理方共同协商拟定,目的在于采用合理、客观、可操作的方式对乙方实施的 MES 各阶段及总体上线的成效进行验证,以确认是否满足业务管理的要求及系统是否能够正常运行。
>
> 2. 验收的方式
>
> 乙方在阶段实施完成,或总体实施上线,系统平稳运行一段时间后,乙方提出验收申请,在经过甲方审批同意后,三方对系统进行现场验收。
>
> 3. 验收的内容
>
> (1) 功能验收
>
> 对 MES 的主要功能进行验收,看系统是否满足甲方的要求,还有哪些功能需要进行二次开发?购买的模块是否已全部使用?各模块的应用情况如何等。

（2）流程验收

对 MES 中所有流程进行验收，看是否有应该固化的流程没有纳入 MES 中，尤其是核心流程是否清晰，同时检查 MES 中的流程设置是否合理。

（3）数据及报表验收

系统的关键在于数据，数据及报表的验收主要是对系统中的数据准确性（静态数据和动态数据），以及系统中产生的报表能否满足管理要求等方面进行验收，同时通过数据及报表的验收可以发现 MES 是否有设置还不合理。此部分验收的主要标准是甲方所需报表的完成情况。

（4）二次开发及接口验收

对 MES 中涉及的二次开发模块进行验收，包括模块功能、集成性、升级情况等。

（5）文档验收

文档是企业 MES 后续稳定运行的保障，通过文档的验收，可以保证甲方在离开实施方的情况下，MES 仍可以正常运行，并可以跟随企业的变动随时做出调整。

（6）培训验收

培训验收从培训工作的开展情况（系统总体与各模块的培训情况、操作人员的培训情况、公司中高层领导的培训情况等）和内部顾问的培养（培养1名合格的系统管理员，各模块均已有独立内部顾问，可对系统相关模块进行配置、独立分析问题、独立进行培训等）两方面进行验收。

（7）其他验收

对其他一些上面未提及的方面验收，如系统稳定性与速度、购买模块的使用情况等。

4. 验收的标准

以监理方给出的验收报告中的结论为依据，结论为"通过"则说明阶段验收通过，结论为"不通过"则说明该次验收不通过。

甲方以监理方的验收报告为标志进行阶段性付款。

……

商务合同签署除了关注价格等敏感问题外，还需要重点注意以下问题：

1. 关于二次开发

因为需求变更而产生二次开发的需求，是每个信息系统实施必须面对的，但如果在合同中不进行相应的约束，软件供应商在实施过程中，往往会将属于配置性或系统功能缺陷而产生的需求，都划归为二次开发，从而达到变相提高费用的目的，因此有必要在合同中界定清楚哪些需求属于二次开发的范围。建

议在合同中加入：

"乙方所提供的软件应保证能够适应甲方业务流程及管理模式，因此产生的开发工作不属于二次开发。"

除了界定二次开发的定义外，还得考虑二次开发模块如何交付的问题，软件公司往往会将企业作为二次开发的测试部门，因为时间等因素，将还未完全通过测试的二次开发提交给客户。因此在接收二次开发模块的时候，最好让软件公司同时展示他们内部最终测试的过程文档。

此外，还需考虑清楚系统升级对二次开发的影响。建议在合同中加入：

"乙方应保证对二次开发的程序在进行升级服务等过程中不产生干涉，否则乙方将对产生的损失进行赔偿。"

最后，关于二次开发相关文档的交接内容一定要在合同签订之初谈清楚，并且接收的时候要非常注意，相关开发文档属于二次开发的重要部分，企业应做好接收、存储和管理，不能完全依赖软件公司的管理。

2. 关于付款

软件供应商通常采用的方式是将软件与实施分开签署，这种做法无可厚非，但关键问题是软件费用的付款周期往往是以合同签订、软件到客户、软件安装等为回款节点的，通常软件安装后要收回软件费用的70%左右，从项目控制来说对企业是不利的。

较好的做法是软件与实施分开签署，软件的回款周期与实施周期相匹配，完成某个系统体系，就按某个体系的软件费用+实施费用一起进行支付。这样的好处是以系统能用起来为依据，是以结果为导向的工作方式，且避免不必要的纠纷。

3. 关于服务费用

通常软件公司会按人天来进行服务费用结算，而且很多合同是开口合同，究竟需要花费多少，企业没有底，因此建议最好能约束服务款项上限，支付根据具体实施分步支付。

"服务总费用（包含：软件授权费、调研及实施费、满足甲方业务流程及管理模式的开发费用和合作期间的服务费用）不超出本协议的总预算（如因甲方业务、经营模式、管理模式等发生重大变化而须进行二次开发，则开发费用双方另行协商）。"

4. 关于升级维护

关于升级维护除了常规的约定外，更为关键的是以下两方面的内容：

一方面：关于免费维护期的起始时间的确定。通常"免费维护期"应该以本项目验收后开始计算，而非软件交付时开始计算。

另一方面：扩容和用户数问题。对于扩容和升级的优惠，双方约定不超过一个上限；跨版本升级只收一个版本的升级费，升级在服务期内不收费。

5. 关于配套环境

不同系统之间是有干涉的，建议在签订合同前确定好相应的环境要求，可将企业现有的环境让系统供应商确认。

某企业曾经因为病毒防护系统与系统不兼容，被迫抛弃之前的杀毒软件，重新购买新的杀毒软件，这样不仅费用增加，还带来了不必要的麻烦。又例如某企业在实施后才搞清楚该系统不支持 ORACLE 的数据库，至于因系统慢，临时增添设备的案例就更是不胜枚举了。

6. 关于实施顾问

顾问是成功实施的关键，但往往好的顾问是稀缺资源，如何对顾问的选择进行约束，建议在合同中加入：

"所有实施顾问必须经过企业认可后才能上岗，顾问的更换必须经企业同意，派遣顾问前须告知企业，并得到企业的认可。乙方更换实施人员需承担一定的赔偿责任。"

当然，在合同签订的过程中需要坚持"有理、有利、有节"的思路，毕竟 MES 项目与简单的购买设备还不一样，是一个共荣共生的事情，因此也需要给软件公司一定的空间。

4.5 MES 实施要点分析

4.5.1 MES 实施步骤

合同签订后，即进入 MES 项目实施阶段。实施过程主要包括实施需求调研、定制开发、实施部署、试运行等几个主要阶段和步骤，MES 实施是一个系统性、集成化的大工程，想要成功实施 MES，就要在每一个实施阶段谨慎行事。

（1）MES 实施需求调研阶段

在这个阶段，MES 供应商需要辅助企业用户对车间的业务流程进行合理改善，优化部门组织管理结构和业务管理流程；减少无价值的管理流程和职责岗位，合理分工、明确职责；明确 MES 项目时间与计划安排、软硬件配置要求、数据准备要求等内容，为 MES 项目的执行、实施奠定总基调。同时，还需要对现场数据进行采集，以及与企业其他现有系统集成进行定义，项目实施资金落实计划。

（2）MES 定制开发阶段

MES 供应商会根据企业的具体需求定制解决方案和详细的系统功能模块，从而避免引起不必要的返工问题；同时要严格按照 MES 项目计划执行，准备基础数据、搭建网络环境、服务器环境、硬件环境等系统运行的基础环境。并在

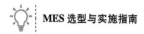

企业车间进行反复调试，确认细节方面的研发设计，确保不拖延 MES 开发工期。

（3）MES 实施阶段

做好数据迁移和 MES 验证工作，对运维流程进行定义和规范化。在 MES 软件运行监控与考核平台上，定义问题的级别和升级处理机制、人员的职责和角色、系统软件和硬件信息等内容，对系统运维中的对象和资源进行了管理。对于有关 MES 功能、设计返工的问题，要进行全盘考虑，充分测试，尽量减少出现关联 BUG。

（4）MES 试运行阶段

MES 试运行中，宜先取用少量的业务数据，可减少试运行的工作量。试运行阶段尤为重要的是注意系统切换的平稳性，在系统切换过程中，需要进行多次模拟，确保准确性，保证后期企业业务的顺利开展。试运行期间也要考虑到现有一线员工的正常工作安排不受到严重影响。

4.5.2 详细需求分析

详细需求分析的目的是企业业务需求与实施的系统如何衔接的关键环节，供应商为了省事，往往去掉了这个环节，但极有可能为后续系统实现带来隐患。项目售前需求调研与实施项目的需求调研差异如下。

首先，签单前所做的需求分析的目的是反映企业的业务特点，因此相对而言会比较粗，较难用于指导实施和系统开发，还需进一步细化，而且越贴合未来的操作模式越好（实施需求文档未来稍微转化就可形成基于信息系统的规范操作手册）。

其次，供应商实施人员与售前顾问往往不是一批人，因此需要实施人员通过详细需求调研，对企业的业务需求进行详细的了解，同时对销售人员所答应的承诺进行再确认。

最后，前期供应商为了拿到订单，往往会承诺一些不切实际的要求，可借助详细的需求分析进行进一步澄清。

因此企业在实施 MES 的时候，切记要将详细需求分析作为一个非常关键的节点进行管理，相当于是对技术协议的细化，并将之作为未来验收的重要依据。

以下是某企业实施 MES 时关于齐套性检查的部分详细需求分析。

一、齐套检查

1. 指定物料齐套验证

（1）目的

依据输入的生产计划数据验证指定的每个物料的库存数据满足生产计划的实际情况。

（2）输入内容

1）要进行验证的物料列表。

2）用于验证物料满足情况的生产计划资料。生产计划资料包括的基本信息：优先顺序、产出品料号、日期、数量，其中产出品料号是指厂内自制半成品（包括外协生产的半成品）。

（3）输出格式

输出格式样例表

物料号	库存数量	生产仓数	缺料数量			
	1000	500	730			
	工单	开工日期	需求数量	可用数量	缺料数量	物料余量
	M01		200	200	0	1300
	M02		120	120	0	1180
	M03		100	100	0	1080
	M04		210	210	0	870
	Item1		300	300	0	570
	Item2		400	400	0	170
	Item3		300	170	130	-130
	Item4		200	0	200	-330
	Item5		400	0	400	-730

上述格式仅供参考，系统的实际输出界面样式及内容等后续会再次确认。

1）物料的库存数量：B类仓库内该物料库存。

2）生产仓数量：A类仓库内该物料库存，如果存在多个生产仓，物料数量累计。

3）缺料数量：按照确定的逻辑进行数量分摊后为满足指定生产计划的累计缺料数量。

4）明细列表中的需求数量：对于在制的工单，需求数量是工单未投入数量×物料的单位用量，依据是工单BOM；对于输入在计划中的产品，需求数量是计划中指定的产品数量×物料的单位用量，依据是产品的标准BOM。

5）明细列表中的可用数量：物料余量满足计划的情况。

6）物料余量：物料满足每一项计划后的物料余量。

（4）处理逻辑

1）以物料列表作为最外层循环。

2）获取物料的现有库存（A类库别+B类库别）。

3）抓取使用该物料的所有在制状态的工单，获取工单未投入数量，并依据工单BOM获取物料的单位用量，据此算出该工单的物料需求数量。

4) 根据输入的生产计划中产品标准 BOM 和物料号，获取使用该物料的产品的单位用量，计算每种产品的物料需求数量（计划生产数量×物料单位用量）。

5) 在制工单按照预计开工日期排序，生产计划中的产品按照输入的计划表单中的排序，物料可用数量匹配时，先匹配工单再匹配计划中的产品。

6) 当物料余量≥需求数量时，可用数量=需求数量，新的物料余量=原物料余量－需求数量，缺料数量=0；当物料余量<需求数量时，可用数量=物料余量，缺料数量=需求数量－可用数量，物料余量的计算方式不变；当物料余量≤0 时，可用数量=0，缺料数量=需求数量，物料余量计算方式不变。

7) 整个生产计划中各项匹配结束后，如果物料余量<0，则该物料总的缺料数量=物料余量×(－1)，否则缺料数量=0。

(5) 补充说明

1) 系统只查询产品对应的本阶 BOM，不迭代展开 BOM。

2) 对于厂内自制品作为物料进行齐套验证时，其库存信息也只考虑 A 类和 B 类、C 类库别库存，不考虑在制品和待投入品。

2. 依 BOM 进行齐套验证

(1) 目的

1) 计划部门模拟预期的生产计划的物料齐套性，便于调整和确定计划。

2) PMC 根据远期生产计划跑物料缺料数据，便于协调各方进行物料准备。

(2) 输入内容

1) 用于验证齐套情况的生产计划资料。生产计划资料包括的基本信息：优先顺序、产出品料号、日期、数量，其中产出品料号是指厂内自制半成品（包括外协生产的半成品）

……

4.5.3 需求变更管理

在 MES 实施过程中，负责人一方面要做好需求的实现，另一个工作重点就是要控制好需求的变更，尤其是在系统上线的前后，业务部门会提出五花八门的变更需求，这时候项目负责人要坚信的理念是：此时 80% 以上的需求变更是可以不用响应的。注意是"不用响应"，不是不用理会。

原因何在？此时业务部门提出需求的原因往往集中在以下几方面：

1) 对软件操作不熟悉。

2) 操作模式同之前的有较大的区别。

3）业务流程还未理顺，尤其是部门之间的衔接还不顺畅。

4）相关的基础数据不完善，甚至有错误的地方。

5）出于部门利益的考虑（尤其是初期的数据录入等环节）。

因此要在项目团队以及业务部门内灌输"先固化，再优化"的思想。先强力推进应用，即便有问题也要用，但同时对业务部门所提出的需求要认真处理，否则业务部门的员工会丧失积极性，对未来的实施应用带来影响。处理的原则就是：收集，整理，分类，处理。

1）收集：要公开问题及需求获取的渠道，认真听取。

2）整理：对所收集的问题，认真整理，形成清晰的需求，这点非常重要。

3）分类：对问题进行分类，通常可以分为不响应、暂时不响应、响应等。

4）处理：对不同分类的问题，采取不同的处理原则。

如是涉及上面所提到的"对软件操作不熟悉"等原因的需求，可以不响应，但要做好说明和培训工作；对于的确是需求的问题，但不涉及全局工作的，可暂时不响应，但对提出者要给予鼓励，说明将在后续的工作中给予响应；对于影响了企业全局工作或影响实施效果的工作，经过判断，要及时响应的，需要同实施方探讨提出响应意见。

经过以上的处理原则，可以对需求变更进行较为合理的控制。但要做到这点，项目负责人除了做好内部沟通外还要做好外部沟通。

当系统运行半年左右，项目负责人应结合业务应用的情况，对之前所提的变更需求再一次审视，提出真正的变更需求。因为，此时业务部门对 MES、操作及流程已相对熟悉，此时所提出的变更是相对客观且富于建设性的。

4.5.4　二次开发管理

要科学地管理好"二次开发"项目，就必须从"源头"进行控制，即规范二次开发的需求分析。

在企业提出二次开发需求后，实施方应本着认真负责的态度，对企业所提的需求进行分析，判断是否需要进行开发，如果不属于二次开发的范畴，要艺术性地做好说服工作；如果确定真的需要二次开发，则应该严格按照软件工程的要求，同企业一起界定清楚二次开发的范围及目标，在此基础上进行详细的、无二义性的功能描述、开发进度安排、质量体系保证、开发成本及所需资源等，其中二次开发系统如何实现同现有系统的紧密集成，并保证在今后的软件升级中得到良好地维护，都是必须认真考虑和明确的内容。最终确定的二次开发需求以《二次开发需求报告》的形式确定下来，该报告将作为阶段验收的重要文件。企业方面应积极配合实施方的工作，一方面为实施方提供相应的支持，有必要的话企业可派资深的业务人员对实施方的顾问进行业务上的培训，以便其迅速地掌握重点；另一方面应做好测试数据的收集及整理工作。

同时，要加强开发过程控制。在二次开发需求确定后，二次开发的主体一方面应严格按照项目管理的思路对开发过程从进度、质量和成本上进行管理和控制；另一方面应按照软件工程的思路做好详细设计、代码开发、功能测试、集成测试等关键环节的工作，保证最终交付的产品经得起用户考验。同时，为了实现良好的客户关系，应定期或不定期就项目的进展情况向企业进行汇报，以便掌握整个项目的进度（其中较为常见的做法是建立周报制度，表4-3为某公司二次开发项目周报的样例）。在强调项目进度管理的同时，必须加强质量管理工作，应在开发的过程中加强测试，如功能测试、极限测试、集成测试等，保证提交产品的最终质量。

表4-3 二次开发项目周报样例

××公司MES项目AA二次开发周报	
上周计划：	
上周执行情况：	
遗留问题及处理方法：	
是否有新问题：	
本周计划：	
需企业提供的支持：	
甲方意见：	
甲方签字	乙方签字

最后，处理好二次开发的验收工作。如果前面的环节都得到很好的执行，那么二次开发的验收工作就相对简单，其中的关键除了是否满足双方所约定的《二次开发需求报告》外，还要重点做好相关文档、相关代码的存档、版本管理工作，并做好与之相应的实施、培训工作。

4.5.5 上线前策划

MES正式上线前需要进行全面的评估，通过评估可以查缺补漏，确保一次上线成功。通常上线前的评估主要包括以下内容，见表4-4。

表4-4 MES上线前的评估项目样例

主要项目	主 要 内 容	是否达到
需求分析	需求分析报告是否已确认	
	各业务部门是否对需求有了清晰的把控与理解	
	各业务部门对MES的目标是否清晰	
	各业务部门对系统状态下的业务流程是否清晰	
	是否为后续二期、三期的需求实现预留了接口	

(续)

主要项目	主要内容	是否达到
基础数据	基础数据是否准备完善，并进行了详细检查	
	基础数据的编码等管理规范是否建立	
系统配置与二次开发	系统是否按需求已经配置完成	
	所有的配置是否经过了场景测试	
	二次开发功能是否都已完成	
	二次开发功能是否已经过内部测试，并经过外部实例测试	
系统接口	与ERP等系统以及设备的接口是否完成，并经过测试	
	接口方案是否完备	
系统测试	业务人员是否亲自参与了测试	
	测试数据是否能反映企业真实的业务环境	
	对测试中发现的问题是否进行了解决	
其他项目	MES上线运行制度是否已制定	
	制定了问题反馈流程，并传达给所有业务人员	
	动态数据是否准备完善，并进行了检查和核对	
	系统硬件与网络等环境是否已满足系统运行	
	通过培训业务人员已经初步熟悉掌握系统日常操作及作业流程	
	根据组织架构、人员职责等是否进行了严密的权限设定	
	系统内部管理员的培训是否到位	

4.5.6 项目验收

通常项目不是实施完成，上线后即可验收，而是应用大概1~2月后再组织验收。验收分为纵、横两方面，纵向代表验收流程，横向代表验收内容，纵横两方面交错进行。

验收流程主要是部门划分：生产计划→车间作业→库管→质量管理→设备部→工艺部。

验收内容主要分为七部分：功能验收（包含二次开发功能）、流程验收、数据及报表验收、接口验收、培训验收、文档验收、其他验收。

先由相关部门（比如质量部）按照验收内容（功能验收→流程验收→数据及报表验收→培训验收→其他验收）依次进行审核，审核完毕后由部门主管签字确认（如遇不相关的内容可跳过），对于未实现的功能或内容请验收结束后用文档的形式详细描述。

验收结果分为三种情况：解决、变通解决、未解决。对于未能实现的内容，应该根据情况区别对待。表4-5是某企业MES验收时文档验收的具体情况。

表 4-5　某 MES 项目一期验收文档样例

序号	文档名称	目前是否完善	甲方签字	备注
1	项目实施计划（包括总计划、月计划、周计划）			
2	项目调研问卷			
3	项目调研报告（需求分析书）			
4	基础数据文档（规范、数据表）			
5	实施过程文档（日常记录）			
6	系统配置文档（客户化方案）			
7	个性化操作手册			
8	系统管理员说明书			
9	系统业务流程说明书			
10	系列培训教材（含 ppt、avi 及 word 文档等）			
11	数据库结构文档			
12	二次开发内部测试及验收文档			
13	二次开发功能及使用说明			

项目上线经过验收后，才是 MES 应用的开始，仅仅是完成了万里长征的第一步，企业需要给业务部门灌输 PDCA 持续优化的思想，使得系统与生产管理紧密融合，并推动相关业务流程持续改进。

第 5 章
MES 应用成熟度分析

5.1 MES 应用成熟度模型

企业对 MES 的理解不统一，对自身 MES 的定位、现状和发展路径不明确，对自身的 MES 应用处于什么水平不清楚，缺少系统的方法论来指导实施。为有效的评估企业 MES 应用水平，需要建立一套成熟度模型以进行对比评估，并找出差距，补齐短板。

为更好地评估企业 MES 应用水平，e-works 参考国际软件能力成熟度集成模型（Capability Maturity Model Integration，CMMI）等级认证的思路，搭建了 MES 应用成熟度评估模型，根据不同权重与分数划分不同的等级，每个评价指标根据企业实际情况进行 0~5 分的评分，对企业多项指标的分数进行加权汇总，得出企业 MES 应用水平最终的成熟度等级。MES 深化应用五级成熟度模型如图 5-1 所示。

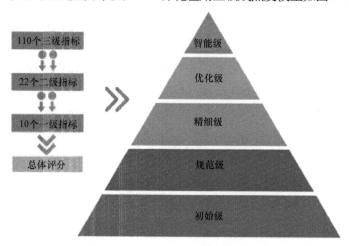

图 5-1　MES 深化应用五级成熟度模型

1. 初始级

初步实现了生产现场的闭环管理，建立了围绕以生产任务单为核心的信息化管理，包括生产计划的下达、生产过程控制、完工反馈等都已经纳入信息系统管理，但管理还仅限于物料、设备等关键性资源。例如：

1）应用了数据采集工具，能够及时反馈生产计划的完工情况。
2）应用了质量管理系统，能够对生产过程中的质量进行实时把控。
3）应用了部分车间生产作业管理，能够清晰地呈现生产任务的详细进度。
4）实现了对关键件的追溯管理。

2. 规范级

生产车间的各项核心资源都覆盖了信息化管理，如设备、技术文件、工装、人员等，生产人员能够清晰地把控车间各项核心资源的使用情况、空闲情况等，使车间作业中的各项要素能够得以有效地配合与管理。例如：

1）实现了对设备、人员、工装、能源等多项资源相关数据的自动化采集。
2）与设备集成，实现了对设备实时状态的管理，如停机、维修等可实时地反馈到系统中。
3）初步应用了生产排程系统，能够得出初步优化的生产计划并指导生产。
4）根据不同的行业特点实现了生产作业过程的管理，如电子行业的上料防错等。
5）建立了完善的生产追溯管理体系。
6）建立了覆盖生产过程的文档管理体系。

3. 精细级

生产车间的主要资源都纳入了信息化系统管理之中，实现了集成化的管理，以及主要资源的精细化管理，并能根据现有资源情况，初步进行优化。例如：

1）能根据现有的资源情况，优化得出排产到分钟的生产计划，并建立了与其他资源的集成关系，如得出排产计划的同时，下达工装计划、设备作业计划等。
2）在生产准备阶段，实现了对技术文件、物料、设备、工艺工装、人员、能源等与生产任务单的集成化管理。
3）设备管理方面涵盖了设备维修管理，包括维修计划、维修任务、维修成本等。
4）建立了生产现场多方面的预警管理与电子看板管理体系。

4. 优化级

在精细级基础上，实现对各项资源的优化利用，系统能够有效指导现场生产作业，例如：

1）在设备上，实现了设备与能力计划部分集成，如能力计划运算时考虑设备的维修计划，得出最优化的生产计划。
2）在人员上，能够根据车间员工的资质、生产能力等因素，自动进行生产排班。
3）在能源上，能够对能源进行优化，降低能源成本。

5. 智能级

建立了覆盖底层设备、过程控制、车间执行、管理控制等无缝一体化的信息系统，实现了从生产计划的下达、排产、生产加工、完工反馈等过程的无人化或少人化。例如：

1）应用了适用于自动化生产的设备，包括数控机床、机器人、自动寻址装置、存储装置、柔性自动装夹具、检具、交换装置及更换装置、接口等。

2）应用了联线技术，可以根据工艺设计，将各种设备联线，形成一个自动化生产的有机整体，包括现场总线控制系统（Fieldbus Control System，FCS）、FMS、FML、FA 等，实现了与设备、与 MES 的实时通信与控制。

3）应用了自动化控制和管理技术，包括分布式数字控制技术、生产规则和动态调度控制技术、生产系统仿真技术等。

5.2 基于应用成熟度模型的评估方法

MES 应用成熟度评估是依据 MES 应用成熟度模型要求，与企业实际情况进行对比，得出成熟度等级，以利于企业发现差距，寻求改进方案，提升 MES 应用水平。MES 应用成熟度评估指标由车间计划和排程、车间作业、车间物料、设备管理、过程质量、车间人员、刀工具管理、绩效与看板、基础管理提升、基础支撑与环境保障 10 个维度指标、22 个大类指标和 110 个小类指标组成。在小类指标的设计上，采用了定性指标与定量指标相结合的方式，以便真实地反映 MES 的应用情况，MES 应用成熟度综合评估模型如图 5-2 所示。

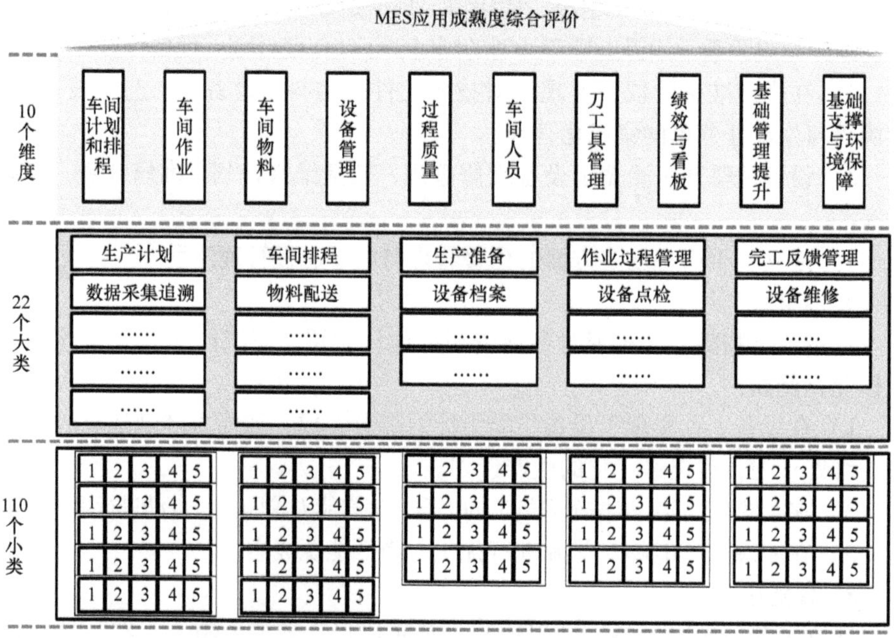

图 5-2　MES 应用成熟度综合评估模型

通过评估模型，结合被评估企业所属行业及 MES 的特点，通过问卷调研的形式来判断是否满足成熟度要求，并依据匹配程度、进行打分，给出结果。MES 应用成熟度评估方法如图 5-3 所示。

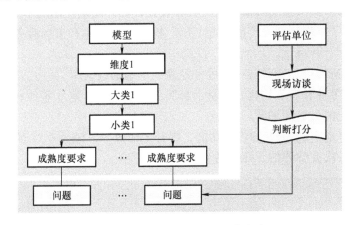

图 5-3　MES 应用成熟度评估方法

总体来说，MES 应用成熟度评估过程分为四步，如图 5-4 所示。

图 5-4　MES 应用成熟度评估过程

5.3　基于应用成熟度模型的评估示例

某高压开关操动机构公司从单一的接地、隔离开关电动操动机构制造厂，发展为目前集断路器机构、电动机机构的研发、制造、销售和市场服务一体的专业化公司。

电力装备市场的竞争异常激烈，设备制造商不得不从过去单一的产品设计制造竞争，拓展到从需求定义到使用服务产品全生命周期过程的 T、Q、C、S、E（时间、质量、成本、服务、环境友好）多环节、多维度竞争。因此，该公司提出"质量第一、履约第一、服务第一"的竞争目标。为了实现这个目标，该公司早在 2013 年就开始实施 MES，目前已经完成 MES 一期建设，主要实现了以下几项功能：

1）建立了精益 MES 的软件系统框架，以产品质量管理和追溯为切入点，实现过程数据采集、产品追踪和清单管理、质量管理。

2）实现了零件制造、成品装配、出厂检验过程质量信息采集的规范化、自动化和易操作，提供辅助质量检验工具和装置，提升质量控制效率。

3）实现了零件制造、产品装配、出厂检验、进出库和市场服务各环节质量信息的结构化、网络化。

4）建立机构产品质量与市场服务经验共享基础数据库。

5）实现零件和产品物流、质量信息展示的实时性，建立零件和产品信息图表化和透明化的可追溯平台。

为了更好地实现 MES 的各项功能，提升工作效率，该企业对当前 MES 应用水平进行了一次完整评估，评估结果如图 5-5 所示。

分项	分项总分	分项得分	权重	合计得分
车间计划和排程	5	0.9	10%	0.09
车间作业	5	2.03	20%	0.406
车间物料	5	1.6	10%	0.16
设备管理	5	0.79	15%	0.1185
过程质量	5	3.35	20%	0.67
车间人员	5	1.5	5%	0.075
刀工具	5	0	5%	0
绩效与看板	5	1.2	5%	0.06
基础管理提升	5	2.5	5%	0.125
基础支撑与环境保障	5	2.48	5%	0.124
MES应用水平评分				1.8285

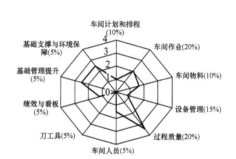

图 5-5 某公司 MES 成熟度评估分数和雷达图范例

评估分数和雷达图结论如下：

1）MES 过程质量方面应用较好，实现了关键件的质量记录、质量控制、质量追溯与分析。

2）MES 车间作业管理方面覆盖了核心业务，实现了关键件的条码管理、信息采集、工序规范及完工反馈。

3）MES 在车间计划、车间物料、设备管理、绩效与看板管理方面初步应用，实现了车间和产线的生产计划手工编制、线边仓库存状态监控、设备基本状态监控、工序及完工看板管理。

4）MES 中刀工具管理目前尚未应用。

5）与 ERP、PDM、DNC 等系统做了部分集成，如 DNC 做了初步的设备状态集成。

6）MES 基础支撑与环境保障方面建设较好，服务器及备份管理、基础数据、流程管理、系统运维、培训基本满足应用需要。

该企业的 MES 按照一期既定的"搭建质量追溯的 MES"目标评价是成功

的，MES 应用实现了关键件的质量控制和追溯、计划管理、生产过程管理、看板管理和设备基本状态管理，其中质量管理方面的应用水平达到了国内中上等水平（满分 5 分，得分 3.35），创造了显著的经济效益，同时对管理基础的提升和认识水平的提升有着重要意义。

结合评估现状，咨询团队给出了该企业未来改进的方向和建议。

1）生产计划。未来需要细化车间作业计划，加强各级计划的联动性，实现智能化排程。

2）车间作业。未来需要实现生产相关资源的齐套性检查，实现生产全过程精细化监控，实现人、机、料、法、环、测、能任意一个因素的全面追溯，实现上料防错及实际成本和标准成本的对比分析。

3）数据采集。未来需要扩大物料采集范围，实现工序间的流转数据、设备运行数据、过程质量数据、人员工时数据等的全面采集。

4）物料管理。实现线边库盘点、最大库存、最小库存、安全库存管理，实现在制品台账管理和统计分析，实现多维度的物料需求预测和物料配送的精细化管理，保障物料及时配送到工位。

…………

第6章
MES 市场综述及主流供应商分析

第 6 章
MES 市场综述及主流供应商分析

6.1 MES 市场分析

2017 年，中国经济稳步增长，2018 年增幅回落，截至 2019 年上半年，中国经济呈现出"保持总体平稳、稳中有进的发展态势"。2019 年上半年，中国制造业增加值同比增长 6.4%，部分行业下滑明显，其中汽车制造业比较突出。预计未来两年，在全球经济复苏放缓态势持续、多行业供大于求等因素的影响下，国内经济增长将继续放缓，制造业也将面临更加严峻的形势。

在此大环境下，MES 市场已明显受到影响。但在各级政府的大力推进和倡导下，以及来自于企业自身转型升级需求的驱动下，MES 作为制造企业智能制造建设的枢纽环节，在透明化生产、敏捷性生产、生产可追溯、生产质量改善、及时预警、绩效分析等诸多方面提升企业的运营绩效，具有广阔的应用前景。

中国 MES 的巨大市场吸引了不少国际知名供应商进入，例如罗克韦尔、西门子、SAP、霍尼韦尔、GE、Critical Manufacturing、Monitor、达索等。国内也有大大小小不少供应商活跃在 MES 领域中，例如宝信、石化盈科、盘古信息、赛意信息、金航数码等。当前，中国 MES 市场参与者众多，竞争激烈。由于 MES 独特的承上启下作用，总体上可以将市场上的 MES 供应商分为以下几类。

第一类是有自动化硬件设备背景的 MES 供应商。由于 MES 与底层的自动化生产相衔接会发挥更大的效用，因此自动化企业向 MES 领域扩展具有先天的优势。典型的代表供应商有：西门子、罗克韦尔、霍尼韦尔、GE 等自动化巨头。

第二类是在组态系统、SCADA、HMI 等自动控制软件的基础上发展起来的，代表企业有施耐德电气，以及国内具有自动化和 IT 行业背景的浙江中控、亚控科技、力控科技等。

第三类是由自动识别、质量管理等某个 MES 专业领域发展起来的，并逐步向 MES 整个领域渗透，如速威、新络软件、讯鹏科技等。

第四类是由大中型制造企业的 IT 或自动化部门衍生出来的，例如宝信、石化盈科、金航数码、明基逐鹿等。

第五类是管理软件（PLM、ERP 等）和咨询服务的提供商，代表企业有 SAP、元工国际、佰思杰、鼎捷、数码大方、Monitor、金思维等。

第六类是有高校或科研院所背景，依托高校的技术中心和研究人才逐渐发展起来的，例如艾普工华依托华中科技大学，大连华铁海兴依托大连理工大学，北京精益汇智依托清华大学等。

第七类是独立的 MES 开发商。在 MES 市场中有众多的 MES 独立开发商，例如盘古信息、摩尔元数、北京虎蜥、福州汉思、Critical Manufacturing、锐制软件、秦权软件、成翰科技、简睿捷、艾克信控等。

另外，由于 MES 市场行业特色明显，要求供应商的研发团队对行业生产工艺、生产流程等有深入和全面的理解，同时更需要把握好产品标准化和客户需求差异化之间的平衡。这种情况直接导致了中国的 MES 市场处在一个比较分散的状态，单个 MES 供应商所占的市场份额均偏低。当前，中国 MES 软件与服务市场仍处于"群雄并起"的初级阶段，并呈现出以下特征。

（1）MES 需求旺盛，仍具备增长潜力

在国家"制造强国"战略及各级政府扶持政策和资助项目的引导，以及制造企业自身数字化转型需求的推动下，MES 应用需求旺盛。不论是老工厂的智能化改造，还是全新的数字化工厂建设，作为智能制造的核心系统，MES 应用成为承上启下的枢纽，MES 的价值已经得到业界广泛认同，成为企业的"刚需"。

（2）MES 实施难，制约供应商规模快速增长

制造企业的业务差异大，系统实施前需求不明确，或者在实施过程中反复变更需求；MES 定制化程度高，常常需要进行二次开发，需求边界不易控制；一些 MES 项目涉及 APS 软件和 SCADA 系统的实施，APS 软件对基础数据的准确性要求很高，SCADA 系统的实施是一个"硬骨头"；市场上缺乏优秀的 MES 实施项目经理和实施顾问等。这些原因导致 MES 实施难度大，实施周期长且普遍拖期及项目结项难，导致 MES 供应商的盈利下降。

（3）企业对 MES 软件需求的个性化，导致 MES 软件标准化、平台化难度大

受到 MES 行业特质强、MES 软件的技术架构及平台化、可配置能力的影

响，绝大多数 MES 供应商都会跟随目标客户的需求进行相应的定制开发。大部分供应商的 MES 软件功能只是 MES 标准定义的子集，功能尚不完备。MES 产品需要提升平台化、可配置和可扩展能力，越来越多的主流供应商正在积极向平台化转型。

（4）MES 供应商携手合作伙伴，发展产业链生态

MES 供应商选择与自动化设备供应商、数据采集供应商、大数据分析服务商等产业链上下游企业携手，通过联盟、合作伙伴等形式，共同打造智能制造解决方案，强调整体方案竞争力，抢占市场。部分供应商基于云平台拓展生态圈，联合软件开发商、集成商、应用运营商等建立新生态，在云平台上开发和运营工业应用，供更多客户自主选择使用。

（5）MES 市场的融资与并购比较活跃，部分供应商获得资本助力

近几年，罗克韦尔收购 MESTECH Services，武汉佰思杰、摩尔元数、黑湖、盘古信息等获得资本投资，玖坤信息被正业科技收购，天河智造、美云智数投资收购其他企业，不断加强业务布局，提高自身竞争力。

（6）中国 MES 市场群雄并起，"春秋时代"将持续较长时间

e-works 研究表明，中国市场上提供 MES 软件或实施服务的供应商超 150 家，市场竞争活跃。当前的中国 MES 市场类似十多年前的 ERP 市场，市场集中度偏低，存在行业领先者，但没有市场垄断者。由于所服务的行业、企业不同，供应商的 MES 功能覆盖存在差异，因此不同细分行业 MES 市场的主流供应商差异较大。MES 供应商各有不同的发展背景，包括工业自动化、数据采集、管理软件、PLM 软件等，也包括由制造企业发展而来的供应商，不同背景的 MES 供应商定位和软件特点差异较大。

表 6-1 和表 6-2 列举了活跃在中国市场的 MES 供应商，并对其起源、活跃行业和典型客户进行了分析（按字母顺序排列）。除此以外，还有一些活跃在 MES 市场的国外供应商，由于没有进入中国市场，因此未被列入表中。

表 6-1 中国 MES 市场供应商（国外）分析表（按字母顺序排列）

名称	属性	电子电器	食品饮料	钢铁	石化	汽车	机械装备	服装	医药	烟草	其他	典型客户
ABB	起源于电力和自动化技术领域	√	√									ABB 在全球的 100 多个工厂、Northvolt、Wonder AG、DSM 等
Aim systems	起源于工业自动化控制技术领域	√										天马微电子、SK 海力士半导体、华星光电等
Applied Materials（应用材料公司）	由大中型制造企业的自动化部门衍生	√									能源	联华电子、英飞凌等
Aspen Tech（艾斯本）	起源于化学工业领域过程管理				√				√		能源	Oxiteno 等大型石油化工企业、葛兰素史克、braskem 等
AVEVA Group（收购 wonderware）	起源于自动控制或工控软件		√		√				√			Ascend、New Belgium Brewing Co.、南玻集团等
Critical Manufacturing（凯睿德制造）	独立的 MES 开发商	√							√			英飞凌、Intel、Huawei、ASE、OSRAM、Philips、B. Braun、Honeywell、AT&S、Panasonic、GE Healthcare、CRRC、CTCC、Hisilicon、Topscomm、Vishay、Elekta、ASM 等
Dassault Systèmes（达索系统）	起源于军工企业	√				√	√				航空航天	中车唐山机车车辆有限公司、长客二七公司、长客转向架制造中心
Emerson（艾默生）	起源于自动控制或工控软件								√			西安杨森、无锡药明康德、杭州辉瑞、Handok 等
Epicor（恩科）	起源于管理软件和咨询服务					√	√	√			塑料橡胶、印刷包装	江森自控、Rexam Corporation、Johnson Controls、Estra 等
Eyelit	起源于自动识别、质量管理、组态系统等某个 MES 专业领域	√									太阳能、半导体、航天	Analog Devices、Freescale、Umicore、A123 系统公司、Nemotek 等

126

第6章 MES市场综述及主流供应商分析

供应商	背景						行业	客户
FORCAM（富勘）	独立的MES开发商	√		√			航空航天、国防军工	空客、大众、奔驰、奥迪、宝马、库卡、博格华纳、云南前列电缆等
GE（通用电气）	起源于自动化硬件设备	√	√	√		√		上汽集团、长安福特、蒙牛乳业、烟台万华等
Greycon（格瑞康）（被Constellation Software收购）	高校背景		√			√	造纸、塑料薄膜、印刷、无纺布	Arctic Paper、建晖纸业、世纪阳光、玖龙、安姆科、柯达等
Hitachi（日立）	由大中型制造企业的自动化部门衍生	√				√		石药集团、华润三九、澳亚生物、札幌啤酒等
Honeywell（霍尼韦尔）	起源于自动化硬件设备		√			√	造纸	中石化、中石油、海南炼化和广州石化分公司、中海油惠州炼油、宝钢化工、中铝、晨鸣纸业、广纸集团等
IBM	起源于计算机硬件设备	√	√ √	√			造纸	重庆惠科、江苏时代芯存等
iTAC（杜尔集团旗下、独立运营）	独立的MES开发商	√		√	√	√		江淮汽车、大众、奥迪、中兴、施耐德电气、西门子等
LG CNS	由大中型制造企业的自动化部门衍生	√		√	√	√		LCD LCD Pl、LG伊诺特光学设备、韩国铸市公司、中国LG曙光电子工厂等
MPDV	独立的MES开发商	√		√		√	家具建材、印刷包装、塑料橡胶	Krone、Melitta、WIKA、菲尼克斯电气、联合利华等

（续）

名称	属性	电子电器	食品饮料	钢铁	石化	汽车	机械装备	服装	医药	烟草	其他	典型客户
Monitor（莫宁特）	源自ERP，瑞典知名企业	√									航空航天、船舶、能源电力	永红散热、AQ Group AB、LEAX Group、AQ Plast AB、AMB Industri AB、Koenigsegg AB、Sunfab等
Oracle（甲骨文）	起源于管理软件和咨询服务			√								上海日立电器
POSDATA（韩国浦项）	大型制造企业的自动化部门衍生			√								浦项光阳厂等浦项智能工厂、南京钢铁、大连浦京钢铁、济南钢铁等
Predator（盖勒普）	专注于生产信息管理领域（通过盖勒普中国在中国运营）	√				√	√				航空航天、兵器军工、船舶	商飞、中航工业集团、兵器集团、上海电气、一重工、沪东造船、华晨宝马等
PSI Metals（百时宜，原 Broner Metals Solutions）	专注于冶金行业生产管理			√							冶金	马钢集团、河钢集团唐钢有限公司、华菱安赛乐米塔尔汽车板有限公司（VAMA）、首都唐钢、太钢集团、亚铝集团等
Rockwell（罗克韦尔自动化）	起源于自动化硬件设备					√			√		冶金、包装	广汽集团、东风乘用车、徐工斗山发动机、上汽通用五菱、奇瑞捷豹路虎、宝沃汽车、万方轮胎、浙江医药公司（ZMC）、华润双鹤制药、丽珠制药、青岛华仁药业、无极限、辉瑞制药、恒天然乳业、杭州卷烟厂等
Samsung SDS（三星）	由大中型制造企业的自动化部门衍生	√		√								三星电子、三星半导体、TCL、京东方、韩国现代、乐天集团、三星供应商

第 6 章 MES 市场综述及主流供应商分析

供应商	来源					行业	典型客户
SAP（思爱普）	起源于 ERP	√	√	√	√	航空航天、船舶、建材水泥等	宁德时代、东元电机、迈瑞医疗、玉柴、柳工机械、报喜鸟、赢家服饰、江兴赵氏、湖北三环、舜宇光电、力神新能源、金田铜业、昆山华天科技、蓝思科技等
Schneider Electric（施耐德电气）	起源于自动控制或工控软件	√	√	√		冶金、包装、水泥	必和必拓、力拓、陕煤、首钢京唐、BlueScope Steel、Adelaide Brighton Cement 公司、三菱汽车、神龙汽车、劲量电池、尼桑发动机、AMCOR、雀巢等
Siemens（西门子）	起源于自动化硬件设备	√	√	√	√	包装	英飞凌、飞兆、青岛卷烟厂、上海烟草、青岛啤酒、华润雪花啤酒、蒙牛乳业、玉柴机械、华晨宝马、黎明航空发动机、上海贝尔、惠而浦、北京世桥生物制药、三诺生物等
Tetra Pak（利乐）	由大中型制造企业的自动化部门衍生				√		光明乳业、蒙牛马鞍山 达能邛崃、巴西 Aurora 等
Werum IT（维隆）	独立的 MES 开发商				√		阿斯利康、强生、默沙东、诺华制药、诺和诺德、西氏医药服务等

表6-2 中国MES市场供应商（国内）分析表（按字母顺序排列）

名称	属性	电子电器	食品饮料	钢铁	石化	汽车	机械装备	服装	医药	烟草	其他	典型客户
艾普工华科技（武汉）有限公司	起源于某个MES专业领域（兼具高校背景）	√									航空航天、新能源、木业家具、轨道交通、输变电、新材料	江淮汽车、中航沈飞民机、三一重工、精益达汽车、中集集箱、东风贝洱热、扬州皮卡、中航成飞民机、经纬纺织机械、格尔发重工、中国中车时代新材、特变电工、劲胜精密、锡柴
北京艾克斯特科技有限公司	起源于管理软件和咨询服务					√						重庆驰聘、长城汽车、南昌江铃汽车、昆山沪光电器、湖州生力电子、天水线缆等
北京艾克倍科信息技术有限公司	起源于工业应用软件开发		√			√			√		航空航天	蒙牛、伊利、中粮长城、乖宝宠物食品；航天科工、吉文科技、吉安汽车零部件、联谷汽车配件；国轩高科、中科信电子装备；包钢、太钢、唐钢、日照钢铁；温多利遮阳（德州）科技等
北京并捷信息技术有限公司	起源于管理软件和咨询服务	√				√					航空航天	北京星航机器、北一大限机床、北一精密部件、四川川齿汽车零部件、万山特种车辆厂、桂林橡胶机械厂、同仁堂、航天十院、航天48厂等
北京虎驰信息技术有限公司	起源于管理软件和IT服务	√					√				航空航天、船舶	航空工业沈阳飞机工业（集团）有限公司、中船重工渤海造船厂集团有限公司、中国商飞上海飞机制造有限公司等
北京华宏信达科技股份有限公司	军工领域应用系统开发	√									船舶	电子29所、西光集团、昆船集团等
北京红河谷时代信息技术有限公司	独立的MES开发商			√							造纸、生物科技	太钢、济钢、日钢、南钢、临钢、安钢、攀钢、济钢、福建三钢、沙钢、金光集团、北京普赛斯生物科技等

第6章 MES 市场综述及主流供应商分析

公司名称	背景						行业	典型客户
北京精诚智博科技有限公司	起源于工业应用软件研发和实施	√	√√	√	√		能源	浙江顶康科技、佛山市恒力泰机械、东莞亚太表业、常州市御马精密冲压件
北京精益汇智科技有限公司	高校背景	√	√	√				广东楷业
北京兰光创新科技有限公司	起源于自动化控制软件	√	√	√			航天	浙江双环传动、宁波海天精工、重庆建设工业集团、首航、共享集团等
北京力控元通科技有限公司	独立的 MES 开发商	√	√√	√	√		能源/电力、船舶、建材、水泥	浙江天能能源科技股份有限公司、纽科伦起重机有限公司、宁德时代新能源科技股份有限公司、中国船舶重工集团公司等
北京码博科技有限公司	起源于某个 MES 专业领域	√	√					福田康明斯、中车唐车、上汽通用、辽亚汽车、广汽研究院、广西康明斯、商发制造等
北京乾元坤和科技有限公司	起源于软件开发	√	√√	√	√√			宣化钢铁、中石油宝石机械公司等
北京数码大方科技有限公司	起源于管理软件和咨询服务	√	√	√			船舶	兰石、康斯特、宏华、华鼎、北石、昌河飞机工业、徐工、西飞、中电集团 41 所、东汽、东电、宁通客车、重庆铁马、无锡鼋湖叶轮制造公司等
北京万向新元科技股份有限公司	独立的 MES 开发商	√	√				轮胎橡胶	山东丰源轮胎等
北京亚控科技发展有限公司	起源于自动控制或工控软件	√	√√	√			新能源	中国电子集团第八研究所、柳州五菱、陕西生益、某军工企业火箭发动机装配车间、某汽车空调压缩机装配车间

131

(续)

名称	属性	电子电器	食品饮料	钢铁	石化	汽车	机械装备	服装	医药	烟草	其他	典型客户
北京元工国际科技股份有限公司	起源于管理软件和IT服务	√										东风、徐工、中集、上海剑桥、宇通客车、众泰汽车、迅达汽车、安徽合力、杭州叉车、玉柴、上柴、河柴、杭汽轮、华创七星、安捷利、东方雨虹、中航力源、中国西电
北京智邦国际软件科技有限公司	起源于ERP软件					√						重庆溢希恩真节能电力设备有限公司、南京科力赛克安全设备有限公司
北京中智软创信息技术有限公司	独立的MES开发商	√			√	√					纺织	中石油二十多家炼化企业、无锡永凯达齿轮、泵凸轮轴、臻尚机械、联达电器、东晖纺织等
贝思科尔软件技术有限公司	专注于国内高科技电子及半导体等行业	√										
长沙艾特科技开发有限公司	独立的MES开发商									√		浙江中烟、河南红塔、上海卷烟厂、长沙卷烟厂、广州卷烟厂、厦门卷烟厂、宁波卷烟厂等
晶石信息科技有限公司	独立的MES开发商	√										无锡斯贝尔磁性材料
重庆惠都科技有限公司	独立的MES开发商	√				√						京信通信、冠捷、精益达、天博集团、新宏泰电器
重庆万紫科技有限公司	独立的MES开发商	√				√	√					重庆天实精工、欧布重庆、重庆云海
大连华铁海兴科技有限公司	高校背景	√				√					船舶	大连机车、东北特钢、大连金牛、沈飞、江苏苏钢、大连船舶重工、永济新时速电机电器、四方机车等

第6章 MES 市场综述及主流供应商分析

公司	背景						行业	典型客户
大连鑫海智桥信息技术有限公司	独立的 MES 开发商				√			中国重汽、中国一汽、青岛森麒麟轮胎、卡特彼勒(青州)、SKF、潍柴动力、沈阳航天三菱汽车发动机、哈尔滨东安汽车发动机
大唐广电科技(武汉)有限公司	大中型科技企业孵化			√			新能源	
鼎华系统(原艾码科技股份有限公司)	起源于自动化控制	√						TP-LINK、德豪润达、隆达电子
鼎捷软件股份有限公司	起源于管理软件和咨询服务		√					智奇铁路设备有限公司、辉煌三联工具实业有限公司、江苏骅盛车用电子股份有限公司、苏州工业园区敏华科技有限公司、卓远实业有限公司、浙江白马实业有限公司等
东莞市安达网络信息技术有限公司	起源于某个 MES 专业领域				√		塑胶、印刷、包装	青岛海尔、台山市仁丰五金电器、深圳柏拉蒂电子、上海延锋伟世通汽车电子、珠海威士茂科技、深圳精英塑胶、东莞柘能科技、镇江三维传输设备、东莞黄江向上模具厂等
东莞新络软件技术有限公司	起源于某个 MES 专业领域			√	√			东莞技研新阳电子、黄山旺来电子、深圳建滔科技、宁波折箬电器、东莞嘉耀兴、越南爱电、日本爱电、浙江凯迪仕
福建汉思信息技术有限公司	独立的 MES 开发商			√		√	造纸	中车风电、广汽乘用车、雷沃重工、ABB、德力西仪表、聚慧等
格创东智科技有限公司	大中型制造企业孵化			√				华显电子、通力电子、广东顶固等

133

(续)

名称	属性	电子电器	食品饮料	钢铁	石化	汽车	机械装备	服装	医药	烟草	其他	典型客户
广东盘古信息科技股份有限公司	独立的MES开发商	√										深南电路、合栈电子、得邦照明、吴江崧虹电子、无锡和晶科技、技研新阳、万通智控等
广东商基网络科技有限公司	独立的MES开发商							√				丰驰精密、万邦（清新）鞋业、中山市邦腾化工、翰森卫浴等
广东中渊科技有限公司（原佛山市中渊科技有限公司）	起源于某个MES专业领域		√			√					陶瓷、家具	美的电子子公司、卡夫、本田子公司等
广州赛意信息科技股份有限公司	独立的MES实施商	√									能源	美的、华为、中集、海信、TCL、松下、潍柴动力等
广州市欧巴码智能科技有限公司（广州一思泰成电子科技有限公司）	起源于某个MES专业领域	√		√		√			√			富士康、TCL
广州市精承计算机技术开发有限公司（广州鸿领软件科技有限公司）	起源于管理软件和咨询服务					√	√					金阳铝业、富华机械、德力西电气、白云泵业、东方厨具制造、华丽制造、华晨瑞安、骝马冲压、东莞南兴家具装备等
广州速威智能系统科技有限公司	起源于某个MES专业领域	√				√	√		√			天马微电子、华诺星空、崧顺电子、创维数字、约克空调、东信工业、广州松下空调、艾特航模等
广州万友软件有限公司	独立的MES开发商	√										东风江森椅有限公司

134

第6章 MES市场综述及主流供应商分析

公司	背景				行业	典型客户
广州易脉信息科技有限公司	起源于某个MES专业领域	✓	✓		家具	益有厨柜、华帝集成厨房、欧卡罗家具等
广州中浩控制技术有限公司	起源于自动控制或工控软件	✓	✓			汤臣倍健、雀巢奶粉、一方制药、诺斯贝尔、南方中集等
杭州博拉网络科技有限公司	专注智能制造SaaS平台服务	✓	✓			严牌股份、神林电子、光跃环保、张小泉股份等中小型离散制造企业
杭州和利时自动化有限公司	起源于自动控制或工控软件	✓	✓	✓	轨道交通、冶金、电力	宏腾能源集团等
杭州匠兴科技有限公司	起源于某个MES专业领域	✓	✓		家具	
杭州贤二智能科技有限公司	专注于智能制造	✓		✓		嘉兴雁荡包装、儒竞艾默生、亚峰药业、跃龙化工等
惠州市朗乐信息技术有限公司	起源于管理软件和咨询服务	✓	✓		新能源	天宝电子、信华精机、海格科技、展电子、亿纬锂能、郑州比克电池等
江苏海宝智造科技股份有限公司	起源于某个MES专业领域	✓	✓		注塑	无锡邦得机械、挖掘机、江苏丰东热技术、上海开能环保设备、华阳通用、艺材料、华翔集团、海信集团、国机重工（常州）材料、无锡斯贝尔磁性材料等
江苏省金思维信息技术有限公司	起源于管理软件和企业信息化服务	✓	✓	✓	能源电力、建材水泥	无锡新发泰电器、亨通电力电缆、南通市浦汽车零部件、亨通精工金属材料、亨通线缆、南通高压电缆、亨通海洋光网、藤仓亨通光电、无锡江南电缆等

（续）

名称	属性	电子电器	食品饮料	钢铁	石化	汽车	机械装备	服装	医药	烟草	其他	典型客户
江苏徐工信息技术股份有限公司	起源于大型集团公司						√					徐工集团
金航数码科技有限责任公司	起源于国防工业信息化	√					√				航空航天船舶	航空工业、中国航发、航天科工等
昆山绘微软件开发有限公司	起源于供应链相关软件和咨询服务	√									新材料	中华威墅机车、泰州LG电子冷机、海信容声冰箱、合肥京东方、南瑞继保电气、常州博瑞电力自动化设备、厦门京东方、婺云天博光电等
明基逐鹿软件（苏州）有限公司	由大中型制造企业的自动化部门衍生	√				√					能源电力、卫浴	老板电器、鼎新信息、安费诺、四方继保、科勒电子、兄弟工业、TDK、龙旗、海信电器等
摩尔元数（厦门）科技有限公司/福建摩尔软件有限公司	起源于专业的MES服务商	√					√				航空航天、能源电力	航天工业、中航工业、许继集团、浪潮信息、福耀玻璃、宇通、科华、三棵树、海信、康佳、东软载波、欣旺达、南部等
南京比邻软件有限公司	起源于某个MES专业领域	√					√				家居、造纸	博德高科、中米股份、南京依维柯、华域三电、汇川技术、施耐德电气、华迈斯机电、迪普科技、振华重工、海天集团、威高集团等
南京嘉益仕信息技术有限公司	起源于某个MES专业领域	√				√					能源	本盛电池、东盛电机、康迈斯电机、芜湖宏景电子、合弗勒集、大时代能源、迪普制动器、华伍制动器、尤妮佳、中来光伏、苏拉纺织机械、我乐家居等
南京简睿捷软件开发有限公司	独立的MES开发商	√	√			√	√		√		航空航天、建材水泥	安徽青松食品集团、河北衡水老白干酒业股份有限公司、南京汽车锻造有限公司、浙江伟星新型建材股份有限公司等

第6章 MES 市场综述及主流供应商分析

公司	背景									行业	典型客户
宁波捷创技术股份有限公司	起源于自动化技术	√									杭州锦江氧化铝工厂
启明信息技术股份有限公司	由大中型制造企业的自动化部门衍生		√								一汽吉林汽车、一汽轿车公司、一汽解放汽车有限公司、中航工业哈尔滨东安发动机（集团）有限公司等
七通智能科技股份有限公司	起源于软件与信息技术服务	√									毓恒冠佳汽车零部件、武汉美的空调等
青岛奥利普自动化控制系统有限公司	起源于自动化技术	√	√	√							海信、长虹美菱、新疆天润乳业、义乌华鼎锦纶、协鑫新能源、合肥三利谱光电科技
泉州杨荣信息科技有限公司	独立的 MES 开发商				√					新材料、新能源	乔丹体育
软控股份有限公司	高校背景					√					金宇轮胎
山东山大华天软件有限公司	起源于管理软件和咨询服务						√				众泰汽车、河北隆泰模具、重庆平伟汽车模具
上海宝信软件股份有限公司	由大中型制造企业的自动化部门衍生							√ √	√		宝信制药、宝钢、马钢、连钢、邯郸钢铁、包头钢铁、吉林通钢、湘钢宽厚板、武钢衡阳钢管、沙钢安阳钢厂等
上海北汇信息科技有限公司	起源于某个 MES 专业领域								√	航空航天、注塑	上海汽车制动系统有限公司、兰州空同物理研究所、江苏永鼎、一汽集团无锡油嘴油泵研究所等

(续)

名称	属性	行业										典型客户
		电子电器	食品饮料	钢铁	石化	汽车	机械装备	服装	医药	烟草	其他	
上海东富龙智能控制技术有限公司（上海致淳信息科技有限公司）	专业从事医药生产MES软件开发								√			
上海东尚信息科技股份有限公司	生产信息化管理的咨询服务和软件系统实施	√										海信惠而浦、东风东尔汽车座椅、吴江华丰电子、广州松下空调器、华为技术等
上海纷时信息技术有限公司	起源于某个MES专业领域					√						延峰安道拓座椅、上海爱斯克汽车空调系统、上海汽车变速器、德梅柯、上海光裕汽车空调压缩机等
上海汉得信息技术股份有限公司	起源于管理咨询软件服务						√					上海海立电器等
上海黑湖网络科技有限公司	专注智能制造SaaS平台服务		√				√					麦当劳玩具厂、亚太集团、上海开能环保设备、百威英博啤酒、华润、哈尔滨啤酒、日丰、沃森生物等
上海开铭智能科技有限公司	起源于某个MES专业领域	√										联合汽车电子、海信电器、侨兴集团、青岛方舟机电、北京柏瑞安、江苏长电科技等
上海品依信息科技有限公司	专注于服装行业							√				温州庄吉服饰有限公司
上海思由信息科技有限公司	起源于某个MES专业领域					√						上汽大众、一汽大众、佛吉亚、德乐食品、君乐宝等
上海索勤信息科技有限公司	生产信息化管理的咨询服务和系统实施					√						杭州松下马达有限公司

第6章 MES 市场综述及主流供应商分析

公司	特点				行业	代表客户
上海威士顿信息技术股份有限公司	起源于信息化软件解决方案的提供			✓		振华电气
上海蔚至迪智能科技有限公司	起源于软件服务		✓		能源（锂电池）	智行鸿远、超恒锂电、瑞浦能源、昆山兴能源、捷威动力、利维能动力电池、骏盛新能源
上海西信信息科技股份有限公司	起源于软件及咨询服务	✓			新能源	桑顿新能源科技有限公司, 上海大通
上海秀程信息技术有限公司	起源于信息化咨询和软件开发服务	✓	✓		电力、新材料	思源电气、上海公交电车供电有限公司、上海沿浦金属制品股份有限公司、江苏正能量新材料科技有限公司、深圳市中集天达空港设备有限公司
上海因致信息技术有限公司	制造业信息化和工业智能制造领域专业服务商	✓	✓			
上海制信信息技术有限公司	起源于自动化硬件设备		✓		船舶	
上扬软件（上海）有限公司	起源于管理软件和咨询服务	✓			光伏、半导体、LED	中芯国际、中芯集成电路、电子科技集团第五十五所、电子科技集团第二十六所、电子科技集团第三十八所、英诺赛科、杭州立昂微电子、和舰科技、深证方正微电子、汉能薄膜发电等
神华和利时信息技术有限公司	由大中型制造企业的自动化部门衍生		✓			神华集团及子（分）公司
沈阳鸿宇科技有限公司	起源于某个MES专业领域	✓		✓		德国大陆汽车、延锋安道拓座椅、上海爱斯达克汽车空调系统、沈阳拓普汽车部件有限公司等

MES 选型与实施指南

(续)

名称	属性	行业									其他	典型客户
		电子电器	食品饮料	钢铁	石化	汽车	机械装备	服装	医药	烟草		
沈阳新松机器人自动化股份有限公司	高校背景	√										新松机器人智慧工厂、广船国际、中航黄埔等
深圳美云智数科技有限公司	大中型制造企业的信息化部门衍生	√									铸造、注塑	美的空调、美的热水器、宝时得集团、磊科丽雅、浙江阳光照明电器、广东凌丰集团等
深圳市皺鹏伟业软件科技有限公司	起源于 ERP 软件	√					√				塑胶制品	深圳市中兴移动通信股份有限公司、深圳市沃特沃德通讯科技股份有限公司
深圳市成翰科技有限公司	独立的 MES 开发商	√			√	√					日化、能源、电力	GE 医疗、安道林、云南力帆、上海西艾东、海伊斯佳、东莞蓝创捷特佳、湖北光安伦、尔、高桥电机、高斯宝电子、超声电子、飞跃开关、合正电子等
深圳市华磊迅拓科技有限公司	起源于管理软件和咨询服务	√				√	√				注塑、光伏、家具	顺络电子、雷迪奥、洲明科技、江粉磁材、乐庭电线、天津富士达、东易日盛、浙江钢管、兆驰股份、必拓电子、大疆创新、晶科能源等
深圳华龙讯达信息技术有限公司	起源于某个 MES 专业领域								√	√		曲靖卷烟厂、上海大众汽车
深圳市秦权软件有限公司	独立的 MES 开发商	√				√					印刷	浙江仙通橡塑、天津德盛汽车部件、深圳新辉开科技有限公司、南车集团威墅堰车辆工艺研究所、广东高义印刷集团等
深圳市深科特信息技术有限公司	管理信息化、自动化设计解决方案提供商	√					√				注塑、能源	实益达、金龙机电、国人射频、科茶信、鸿源轴承、振华均润、华兴电器等
深圳市数本科技开发有限公司	起源于精益管理咨询公司	√										咖乐美、汇准科技、东莞群赞等

第6章 MES市场综述及主流供应商分析

公司	说明						行业	主要客户
深圳市讯鹏科技有限公司	独立的MES开发商	√						佛山松下环境系统有限公司，北京世纪东方通讯设备有限公司，厦门几牧卫浴有限公司，十堰东风汽车集团有限公司
深圳市宇航软件股份有限公司	起源于软件与信息技术服务		√					比亚迪（十七事业部、十四事业部下属工厂）、上海光棱、鹏飞模具、群达模具等
深圳市正亚玖坤信息技术有限公司	生产信息化管理咨询服务和实施	√		√			能源	易力声科技、力同亚太、宁夏隆基宁光、北斗星通等
深圳微迅信息科技有限公司	起源于管理软件和咨询服务	√		√				三诺声联、宁夏隆基宁光、威盛集团、TCL、记忆科技、中车时代电气、东莞高伟光学电子等
深圳效率科技有限公司	起源于某个MES专业领域	√		√			模具、塑胶	陕西捷盈电子、高巨创新、吉翁电子、比亚迪、海信、富士康等
石化盈科信息技术有限责任公司	信息化服务商				√			中国石化炼板块、中国石化油田板块、神华集团、中煤集团、中化能源、盛虹石化等
苏州快维科技股份有限公司	起源于供应链相关软件和咨询服务	√			√			上海天合汽车安全系统
苏州立顺智能科技有限公司	起源于咨询服务及软件开发	√			√			合晶科技、兴业太阳能
苏州琳卡智能科技有限公司	起源于某个MES专业领域	√			√			北汽广州
苏州盟思软件科技有限公司	专业从事汽车零部件行业信息化服务					√		莱顿汽车部件（苏州）有限公司等

(续)

名称	属性	电子电器	食品饮料	钢铁	石化	汽车	机械装备	服装	医药	烟草	其他	典型客户
苏州微缔软件股份有限公司	起源于某个MES专业领域	√									模具	蔡司科技（苏州）、浙江世宝、江苏微康生物、上海英汇科技、优拓模具、中铁建等
苏州威联加信息科技有限公司	起源于专业管理软件	√									家居家具	美克美家、大族激光、南京康尼电子、老板、明基
苏州宇慧软件科技有限公司	起源于某个MES专业领域	√				√					新能源	清华同方南通工厂
台达电子工业股份有限公司	起源于工业自动化领域，收购羽冠科技形成MES解决方案	√				√	√				新能源	奇景光电、新世纪光电、国巨电子、楠梓电子、普安电机、东元电机、泰丰轮胎、福聚太阳能
天河智造（北京）科技股份有限公司	高校背景	√		√			√				航空航天、船舶	中国航天科技集团、中国电子科技集团
拓维信息系统股份有限公司	软件服务商									√		湖南中烟、陕西中烟、内蒙古昆明卷烟工业有限公司等
武汉佰思杰科技有限公司	起源于专管理软件和咨询服务	√				√	√					东方电气、中车集团、西电集团、兵器集团、兵装集团、铁建重工、中国电建、中船重工、航天科工、中航工业、中国航发、陕西电气、南瑞集团、正泰电气、东安动力等
武汉光迅信息技术有限公司	由大中型制造企业的自动化部门衍生	√									光学、芯片	武汉高思光电、武汉富基科技、镇江奥菲特、武汉福地、深圳光为、华为、黄石晨信光电、深圳亚光科技、北京航天二十三所

第 6 章　MES 市场综述及主流供应商分析

公司名称	特点				典型行业	典型客户
武汉开目信息技术股份有限公司	起源于管理软件和咨询服务					北京航星机器制造、北京星航机电装备、中国电科集团第二研究所、华航无线电、上核光、广州广日电梯、云内动力、布朗米宝光学等
武汉镭立信息科技有限公司	专注于智能制造	√	√	√	新能源	理工国际、南都集团、巨江电源
武汉益模软件科技有限公司	软件服务商	√	√		专业模具行业	一汽模具制造、珠海格力大金精密模具公司、深圳比亚迪汽车公司、无锡国盛精密模具公司、无锡市支基希精密模塑公司等
武汉知明资讯科技有限公司	高校背景	√				上汽通用五菱、柳州五菱、宁波均胜电子等
西安连通易祺软件有限责任公司	软件服务商	√				
西安讯生信息技术有限公司	高校背景	√	√		能源	特变电工新能源西科电气产业园等
厦门中软百科信息技术有限公司	起源于管理软件和咨询服务	√	√			厦门金龙汽车饰件、励精汽配等
烟台国工智能科技有限公司	专注于智能制造	√	√			道恩集团、丰原集团、道恩钛业、消丰化工、中宠股份、新时代健康产业集团、安然纳米集团、九芝堂、三九药业集团等
云智汇科技服务有限公司	由大型制造企业投资建设	√				富士康智能工厂、备达科技、华显光电、安吉尔集团、沅圣科技等

（续）

名称	属性	电子电器	食品饮料	钢铁	石化	汽车	机械装备	服装	医药	烟草	其他	典型客户
再发现（北京）科技有限公司	起源于某个MES专业领域										新材料、橡胶	福田汽车、三一重工、上海大众、柳州五菱、秦山坡纤、双星轮胎等
浙江大远智慧制药工程技术有限公司	高校背景，专注于数字化制药领域								√			步长制药、苏中药业、丽珠医药、珍宝岛药业、黄海制药、昆明制药、青岛易邦等
浙江蒲惠智造科技有限公司	独立的MES开发商						√					西子重工、杭钢集团
浙江锐制软件技术有限公司	独立的MES开发商	√			√	√	√				电力	人本集团上海百信轴承、深圳麦捷微电子、佛山欣源电子、浙江佰锋工具、浙江佳利电子、倍加洁集团、上海三枪（集团）、江苏罗奇泰克等
浙江中控技术股份有限公司	起源于自动控制或工控软件			√	√						造纸	中国石化多个分公司、鑫福紫金化工、万华氯碱热电、柳钢、太钢、湖南泰格林纸业等
致茂电子股份有限公司（Chroma）	起源于电力电子领域	√					√					铂阳太阳能、实联长宜、光宝电子、仁宝光电、中磊电子、华通电脑、友达光电、纺织等
中电九天智能科技有限公司	起源于大型集团公司	√										华星光电、冠捷显示科技、咸阳彩虹光电科技等
中江联合（北京）科技有限公司	起源于某个MES专业领域	√					√					京东方、中国船舶重工集团公司、第七二三研究所、吉事多卫浴有限公司、中国航天标准化研究所等
中软国际有限公司	起源于软件与信息技术服务									√	电力	红塔烟草集团、北钞公司等

6.2　MES 市场主流供应商及产品分析

目前活跃在中国制造业 MES 市场的主流国内外供应商的产品技术特点不尽相同。

1. 西门子

西门子制造运营管理（MOM）是一套完整的解决方案，可以针对不同的行业与应用，提供不同的 MES 方案：Simatic IT UA DM（DiscreteManufacturing，离散制造）、Simatic IT PI（Procress Industries，流程工业）、Camstar 及 eBR。

Simatic IT UA（Unified Architecture，统一架构），其主要套件有基础套件、流程行业套件、离散行业套件、制造智能套件等；Camstar Enterprise Platform（CEP）主要包含制造、质量、流程变更、报表管理等模块，在医药、半导体、电子行业有相应的软件套件；eBR 是专门为制药行业提供的专用 MES 解决方案，可以实现无纸化制造和完全电子化批量记录。

西门子 MOM 解决方案以生产工艺流程为核心，建立了平台化、组件化的构架，并且建立了大量的控制元器件（控制单元）库和各行业的典型工艺流程库，可以通过组件的组合，提供按需扩展的解决方案。

西门子 MOM 的国内合作服务商有青岛奥利普、通力凯顿、宇航股份、天拓四方等。其中青岛奥利普是西门子中国最大的 MOM 智能制造合作伙伴，专注于数字化工厂、工业 4.0 智能制造、大数据分析的互联一体化整体解决方案与开发实施服务。

2. 罗克韦尔

罗克韦尔自动化 MES 产品依托于 FactoryTalk ProductionCentre（FTPC）平台，由 FactoryProduction、FactoryPerformance、FactoryQuality、FactoryWarehouse 几大应用程序及与 ERP 系统集成的 ERP Integration Gateway Solution 组成。

FTPC 平台采用包括客户端、Web 层、业务逻辑层、数据库的四层架构。FTPC 结构是平台加套件模式，目前拥有多个行业套件：汽车行业 MES 套件 AutoSuite、医药行业 MES 套件 PharmaSuite、消费品行业 MES 套件 CPGSuite 及现代金属加工行业产品。

罗克韦尔自动化 MES 利用 FactoryTalk 面向服务的架构（SOA），易与其他支持 FactoryTalk 的应用软件和硬件共享信息资源，实现与第三方或其他传统信息系统的数据共享。支持可扩展的模块化 MES 应用，并且应用程序多采用指导性、图形化的配置方式，简化部署和操作。

罗克韦尔的国内 MES 合作服务商有科捷智能、北京中海汇通科技、宁波捷创技术等。

3. 施耐德电气

Wonderware MES/MOM 是以平台为基础的解决方案，功能模块产品化、组件化；有可重构、可集成的框架体系，供离散和流程制造行业选择。采用 SOA 架构，利用工厂建模技术，可以二次开发；强调数据的深度挖掘，采用即时的组态技术，展现多种分析报表；可以集成云技术、无线移动技术，实现移动作业、远程管理。

施耐德国内 MES 合作服务商有蓝鸟集团等。

4. SAP

SAP Manufacturing Suite（SAP 制造套件）与 SAP ERP 天然集成，具有强大配置能力，并具备开放的接口（API），可以开发与其他系统的接口，同时也可以通过 Java 进行客户化开发。另外系统具备许多标准的功能，可以让客户在最短的时间内实现系统落地。

SAP 制造套件基于 SAP HANA 数据库，可以通过 SAP HANA 强大的大数据分析能力，实现制造数据分析与预测，从而奠定企业实现智能制造的基础。

SAP 制造套件是基于 SAP Fiori 架构开发的系统，客户端可以直接使用 IE 等浏览器登录使用系统，为 IT 部门维护系统提供许多便利之处；同时 SAP 制造套件可以在各种移动终端，如平板电脑、手机上直接使用，不需要另外开发移动应用界面。

SAP 所有的解决方案都基于 SAP NetWeaver 平台，该平台提供了极高的系统可靠性，如有需要，还可以基于 SAP NetWeaver 架构服务器矩阵，从而更好地保证 7×24 的不间断服务及负载平衡（提高系统响应能力）。

SAP 在国内合作的 MES 实施服务商有通力凯顿、东软集团、汉得信息等。

5. 达索

达索 DELMIA Apriso 是基于 BPM（业务流程管理）的制造解决方案，其框架支持跨多工厂的业务流程标准化，使用统一的架构、流程、用户界面、数据模型，实现可视化、完全控制、全球多地同步的全球制造网络。DELMIA Apriso FlexNet 平台既是一个 MES 产品，同时也是一个 MES 开发平台，含有大量符合

ISA-95 标准的业务对象模型，如工厂建模、工位建模、工厂日历、行业模型、用户管理等；含有多种基于.Net 的底层组件，如 OPC.Net 用于和 OPC 通信，ODBC 用于数据库通信，MQ 组件用于处理消息，LOG 组件用于日志处理；集成开发环境 Process Builder 是一个功能强大的 IDE，可以定义完整的业务过程，提供图形化的界面方便开发，提供强大的调试工具对数据库操作、OPC 操作进行诊断。

达索在国内的 MES/MOM 实施服务商伙伴主要有上海江达、北京华盛扬、山东远和致成等。

6. 盘古信息

盘古信息自主研发的数字化智能制造系统（Intelligent Manufacturing System，IMS）在传统 MES 的基础上，融合工业 4.0、精益制造、柔性生产等先进制造理念，打通制造企业物料流、信息流及价值流，助力企业实现提质增效、降本减存。面对中小微企业的碎片化解决方案需求和大中型企业全流程一体化升级的解决方案需求，盘古以大产品整体化开发为主的传统模式变革为以解耦和耦合为核心的积木式开发模式，将现有的数字化工厂管理系统各功能模块解耦成若干个独立系统模块，且支持各系统模块间的灵活耦合，并推动部分高度标准化的系统模块迁移至自主开发的"数垒"工业互联网平台，支持多租户、多组织、多版本、云化、订阅式授权的 SaaS 化应用。

7. 赛意信息

赛意信息自主研发的 MES 产品 S-MES 采用领域模型驱动设计原则，SOA 架构，以插件方式进行各模块的耦合，支持多工厂集团型企业应用，满足多国语言切换。S-MES 深度结合了国内离散型制造业的流程规范及企业实际需求，集成了物流管理、生产管理、品质管理、设备集成共 4 大模块。S-MES 解决方案是以实时协同思想为主导、以动态调度为核心、对制造供应链的过程进行闭环管理为目标，实现信息可视化工厂的目标。

8. 兰光创新

技术架构：采用 Java 设计开发语言，支持跨平台的部署和应用；基于 Oracle 数据库设计开发，满足用户大数据量的使用需求；采用 B/S（Browser/Server 浏览器和服务器）架构，易于安装和维护。

系统网络架构：兰光创新 MES 是一套统一的生产管理平台，具有数据统一存放、业务分散处理的特点，既可保证数据的统一和安全，又可实现各个车间业务数据的互通和衔接。

业务模型构建：采用模块化设计的系统，能够根据企业自身特点，进行快速建模。

系统扩展性：采用三层技术架构，业务逻辑层采用 Web Service 方式访问，支持用户通过二次开发工具进行系统个性化定制，实现功能扩展。

系统安全性认证：系统为自主知识产权产品，通过三员管理（系统管理员、安全审计员和安全保密员）、强制密级设定、最小授权原则划分权限、登录安全设定、系统端口设置、前台管理员的分级管理等方式保证系统安全运行。

9. 元工国际

元工 MES 是对计划、制程、工艺、物流、质量和设备精益管理，实现管控一体化的制造执行系统，也是精益制造的支撑，智慧工厂的大脑。

功能全面：适用范围广泛，支持汽车、发动机、工程机械和轨道车辆等流水线作业的制造方式；支持下料、焊接、锻铸、机加和热处理等典型离散制造；支持飞机、船舶和大型装备等的项目制造；既适用于信息化程度不同的企业，也适用于企业信息化的不同阶段。

平台强大：基于 SAW（配置开发平台）、VPS（现场管控平台）、MQX（信息总线平台）三大平台配置开发。SAW 开发平台是基于微软 WP 的 MVVM 模式，支持客户机和服务器（Client/Server，C/S）、B/S 方式运行；移动端支持 Android 与 IOS。可实现 PC 上开发、测试，多平台多方式运行。强大的开发环境，支持任意风格的界面开发。通过规范开发和重用提升软件质量，能够提高 5~10 倍的开发效率；VPS 基于内存数据库，能够进行几十毫秒级的快速判断和处理（含异步更新 MES 数据库），适用于电子、半导体和化工等对现场响应时间要求高的场景。与云 MES 配合支撑现场自动采集/控制和人工采集/指示，响应快速，VPS 与云 MES 短时（如 4h）断开不影响生产；MQX 信息/物联总线，是 MQTT 的增强版，无缝衔接内存数据库的事务机制（持久化）和 MQTT 的 QoS2 机制，在客户端、服务端各种宕机和网络故障情况下，保证只有一次必达（Exactly once delivery），不丢、不重、不乱。

"0"代码、开源定制：业务功能 100% 基于自主的开发平台配置完成，不仅可实现新功能的配置开发，也支持标准功能的实施定制。界面对象通过界面总线，基于智能界面总线驱动，实现 0 界面控制代码，将开发聚焦在业务逻辑上，管理顾问能直接调整或开发软件功能，实施项目组不再需要专门的程序员。

10. 明基逐鹿

明基 Guru MES 采用 SOA 的柔性架构，系统内核采用面向对象、组件化设计、多层架构等多项领先技术，保证软件的安全性、稳定性、扩展性、可维护性、设计传承性和资源重复利用性，系统架构的主要技术特点：①基于 Microsoft . Net 技术架构；②基于主流的 Oracle 11g（或以上）数据库；③支持国际化（多语言）；④完善的基础服务（对象管理及访问、权限、安全、消息）；⑤敏捷（开放、可重构、可重用、可扩展）、集成。

Guru MES 采用多层分布式体系，基于 Framework 3.5 平台，采用 . Net 开发语言，数据库为 Oracle 11g 及以上。为方便系统的维护、开发与升级，各层次按以下方式进行划分，实现明确分工：①客户端运行在 PC 或其他采集终端，如 DCT、PDA 等客户层组件，提供简洁的人机交互界面，完成数据的传输与人机交互；②业务外观层，业务外观层组件主要负责组合和调度对应的业务逻辑层组件，完成一系列的业务逻辑操作；③业务逻辑层，业务逻辑层组件完成业务逻辑，是实现客户与数据库对话的桥梁。同时在这一层中，可以实现分布式管理、负载均衡、Fail/Recover、安全隔离等；④数据服务层提供数据的存储服务，包含对关系型数据库及存储文件的支持。

Guru MES 严格遵循技术及架构的开放性，支撑平台的可靠性和管理应用性，满足业务的可扩展性、系统的实用性和开发的具体性原则。

11. 金航数码

金航 MES 是金航数码公司自主研发的、面向离散制造业的企业级现场综合管理系统。金航 MES 6.0 是金航生产管理产品套件的一部分，位于上层计划管理系统与底层工业控制之间的、面向车间层的管理信息系统。金航制造执行系统（MES 6.0）面向离散制造业，充分吸收了高端制造业数十年来生产管理信息化的经验、教训和研究成果。

金航 MES 6.0 围绕车间生产计划与控制管理，覆盖了车间从生产订单接收，到工序级计划分解与排程、班产任务派发、生产进度采集、完工检验、车间任务交接、零组件交付入库的核心流程，管理生产过程涉及的工装工具、设备、车间库存等制造资源及其准备计划，生产过程中的质量控制环节和相关文档，以及围绕制造过程产生的各项数据，提供了面向分厂/车间管理者使用的生产可视化监控功能，全面解决车间级物流、信息流和价值流的统一管理。

12. 摩尔元数

摩尔 N2 云智造系统是基于摩尔 MC 云开发平台，整合自动化和控制技术，集成企业信息化体系，简单高效的工厂及业务构建，直观便捷的物流及生产仿真，智慧的预警及联动控制，融合精益思想和先进技术理念的智能型 MES 云智造系统。其主要技术特点表现为：①平台化产品基于自主开发的云开发平台构建的 MES，可按私有云、公有云和混合云进行部署应用；②代码开源应用源码完全开源，并按行业套件方式归集，能够让定制化和变更简单高效；③高效集成能力集成丰富的接口协议，整合多种接入方式；④套件丰富整合数百家行业标杆，按行业套件归集，如电子、机加、注塑、新能源等；⑤智能 BI 集成强大的 BI 设计器，支持复杂的报表、大屏、看板等的快速制作；⑥设备互联现场设备接入平台化，实现设备、产线、工厂互联互通、智能控制；⑦工厂仿真建模利用 3D 图形引擎，构建先进的可视化监控，真实反应生产现场状况；⑧易用性支持企业资源管理要素融合，实现强大的生产指挥控制、高效的决策分析；⑨高可靠支持应用、服务双集群策略，支持集团级分布式部署；具有全新缓存机制，支持大并发作业。

13. 力控科技

深耕于中国制造企业，形成了模块化、配置化、低耦合、稳定的 MES 平台。同时通过长期的实践经验积累，打造了流程型与离散型制造多个行业的解决方案。

力控科技 MES 采用了如下多项关键技术及创新：①基于工作流技术的 MES 建模；②分布式实时数据库技术；③多模态数据的管理技术；④高性能并发数据写入；⑤可扩展的核心业务数据库；⑥可组态的通用信息模型结构；⑦基于组件的应用技术。

力控 MES 主要的技术特点如下：①具备良好扩展性、兼容性、可移植性及升级空间；②集成性强，提供接口与其他业务系统集成；③扩展性强，支持企业做个性化功能开发；④支持集中或分布式部署；⑤平台系统支持数据恢复功能和历史数据查询功能；⑥数据采集系统支持数据断线缓存、通信自动检测及恢复；⑦系统支持远程在线监控；⑧系统支持系统平台与检测设备的无缝对接，实现品检数据自动采集；⑨系统支持便捷的二次开发，提供二次开发的接口，并为业主提供相应的培训；⑩系统具备工艺调整适应能力，工序变化、工序增减和工序采集数据的变化可基本通过配置完成，极少或不需要代码修改；⑪数

第6章
MES 市场综述及主流供应商分析

据采集系统支持局域网远程配置，数据采集系统平台具备组态模块化配置要求；⑫系统支持事件、警告、报警等数据的关联及自定义；⑬界面的功能模块化设计，触控模式设计使用者便于操作；⑭界面的个人个性化设定，可依喜好定义各接口字体大小、背景、模块颜色。

14. 福州汉思

福州汉思 MES 产品 SmartWork 是一套专门为制造企业应用打造的企业工厂级应用系统平台。SmartWork 按照标准的架构进行设计，支持多数据库；后台服务基于标准的协议实现，能够方便地为各种企业应用提供服务；同时支持瘦客户端、富客户端的访问，满足企业级应用的要求；支持多工厂建模，支持多工厂分布部署，支持集群部署，支持单点登录，满足集团化信息建设的要求；基于标准的框架开发，可提供源代码进行客制化二次开发，便于系统后续的运维和支持。

SmartWork 技术特点包括：①纯 JAVA 语言开发；②所见即所得可视化 Form 编辑器；③基于 JAVA EE8 的安全性与稳定性；④操作系统、数据与应用服务分离；⑤支持富客户端与 HTML5 客户端。

SmartWork 架构特点包括：①高度松耦合；②可灵活伸缩的系统架构；③以服务总线为中心的集成；④支持移动终端、平板、工作站等多种设备。

15. 鼎捷软件

鼎捷有 30 余年的行业经验沉淀，从行业发展及客户应用需求角度出发，为制造企业提供基于制造现场管理的一体化智能车间整合解决方案。特点如下：

1) 以网络服务（Web Service）为逻辑层的接口。利用 Http 传输协议可跨越防火墙，适合使用于 Internet 的环境运作；在 Intranet 下提供更具效率的 TCP/IP 服务；整合企业内部系统数据共享；可整合与合作供应商、客户之间的信息交换；提供企业逻辑；支持各种客户端设备；较佳的例外处理机制与容错能力；提供更高安全性的数据处理与传输；易于散布，大幅降低维护成本。

2) 多层次的系统架构。具延展性的远距离解决方案；支持各种 SI 架构（ex. ASP）；提供平衡负载的解决方案；可弹性的调整硬件层次的架构；采用 ADO. Net 数据库接口，并研发 SQL 转译引擎，透过 OLEDB 做到 Database Independent；适时地采用脱机处理机制，资源运用优化。

3) 实作基础软件组件。提供软件组件库，使各 MES 模块可共享标准组件；积木式的组件组合提供弹性的架构应用；提供版本更新的服务；依据面向对象

组件设计,并以"服务"为应用标准。

4)建立产业样板组件。针对特殊产业需求开发功能服务;可直接继承标准组件开发更进阶的应用;提供客制化组件的链接库。

5)以 XML 为基础的信息传递。可于异质平台间传递数据,且提升数据处理之效率与安全性管控;以 XML 为基础,创立通用的 I/O 参数传递,完全解决组件接口的版次问题;系统选单接口采用 XML 定义,用户可根据需求自行决定需要的系统功能;提供 XML 转译引擎,使 XML 组合更简易。

6)实时的语系切换。所有语系数据均存放于标准资源文件中,可利用特定工具或系统内定工具进行编辑管理;语系信息可实时切换;系统未提供的语系也可由使用者自行定义并加以应用,大幅降低系统的开发与维护成本。

16. 艾克信控

AicMES 是艾克信控在多年 MES 产品研发及项目实施基础上,研发的一款优秀的 MES 软件,2019 年推出最新版本 AicMES 3.0。

1)快速配置工厂模型。遵循 ISA-95 标准,实现从设备、物料、工艺到质量的工厂模型可配置。其中,设备配置可以定义从工厂、车间、产线到单个设备的物理模型;物料配置可以定义物料、BOM 和配方;工艺配置可以定义工序的人、机、料、法、环、测、能,定义工艺路径;质量配置可以定义来料检、过程检、终检的检验项、检验规则及不合格处置等内容。

2)快速实现业务逻辑。AicMES 提炼出了标准的计划、工单、物料、设备、质量功能模块,同时针对行业推出标准的作业站。在标准业务功能基础上,通过配置来适配客户特殊业务,从而大幅缩短 MES 实施周期,降低实施难度,支持系统集成商等第三方团队进行实施。

3)快速设计表单。支持用户快速设计自定义表单,实现各种定制化的生产记录和生产报告。

4)和自动化系统紧密集成。内置实时库 AicDatahub 和专门的工厂应用集成组件 AicPAI,能够与第三方系统,尤其是自动化系统紧密集成。不仅能从自动化系统采集数据,还能实现对自动化系统的反向控制,实现柔性生产,充分发挥 MES 效能。

17. 数码大方

数码大方 CAXA MES 制造过程管理系统主要面向制造业企业,贯彻精益生产理念,以 DNC 设备物联为基础,打造生产制造执行过程的业务协同,实现生产进度透明、过程可控。打通设计、工艺、生产计划、车间、库房之间壁垒，以生产工单为线索形成一体化制造执行系统。系统提供基础数据管理、计划排产、计划管理、工单管理、质检管理、决策分析、制造看板、车间库房管理、设备管理、ERP 集成、PLM 集成、移动端应用等系列模块，实现企业制造执行部门生产过程精细化、透明化、可控化、智能化。

系统具有以下主要特色：①基于自主研发的企业级 EAP 平台，打造统一数据平台上的设计、工艺、制造一体化产品；②采用面向服务型的架构，支持本地和云端应用；③以 DNC/MDC 为基础，支撑系统与设备之间的双向互通；④基于统一平台的 PDM 系统，实现技术文档的无纸化应用；⑤多类型标准化的数据集成接口，具有良好的扩展性；⑥多样化的终端进度反馈，支持 PC、工控机、移动终端等；⑦复杂生产业务逻辑可配置，提升产品的业务覆盖面；⑧丰富的统计汇总报表，及时准确汇总生产数据；⑨简洁直观的综合看板，提供可视化决策参考；⑩提供自动化部署与升级工具，提升便捷性和体验性。

18. 北京虎蜥

ABP - MES 是虎蜥离散型 MES 解决方案，其中 ABP（Anole Business Platform）是虎蜥具有自主知识产权的敏捷业务软件平台 ABP_ J2EE 的英文简称，它属于新一代技术体系下、基于元模型的声明式软件快速开发平台。

ABP_ J2EE（虎蜥支持 SOA 的敏捷业务平台系统）是虎蜥 ABP - MES 核心的软件开发平台，是虎蜥软件自主产权基于 J2EE 技术架构的 B/S 敏捷开发工具，也是 ABP - MES 软件体系架构的基础。

ABP_ J2EE 是基于元模型的声明式开发技术体系的软件平台，平台具有模型驱动架构（MDA）、声明式编程（Declared Programming）、基于总线的分层的完整组件体系，对 SOA（Service - Oriented Architecture）的全面支持，具备跨平台、跨多数据库进行系统开发和部署等技术特征。

ABP - MES 具备广泛、开放的技术支持，体现如下：①操作系统支持：Linux、Unix、Windows 等；②浏览器支持：IE、FireFox、360 等浏览器；③应用服务器支持：Tomcat、WebLogic、WebSphere 等；④数据库支持：Oracle、DB2、SQL Server、MySQL 等；⑤扩展开发语言支持：Java、JavaScript、jQuery。

19. 成翰科技

成翰 MES 采用前瞻性的技术架构，结合本土制造企业的需求和信息化现状，实现了以工厂虚拟建模、制造工艺仿真为核心理念构架的 MES 解决方案；融合物联网的数据库架构、SOA 的 IT 架构，应用 BS＋CS 混合架构技术，率先在 MES 内嵌二次开发平台，实现技术与业务的脱离，对不同业务的适用性高。

成翰 MES 的主要技术特点有 BS＋CS 混合架构、模块式组件开发、系统扩展性强、软件接口灵活、硬件接口弹性大、支持跨平台（直观高效的可视化管理，支持平板、手机、PC 端，跨平台支持 Windows、Android、IOS 系统）访问、二次开发平台强大、报表开发平台灵活、支持中英文多语言版本、符合欧盟标准等。

此外，成翰 MES 支持通过 VPN 或公网进行多工厂异地部署；成翰 MES 采用低耦合的集成技术，与其他系统互不影响，可以保持长时间稳定运行，突发异常时可自动隔离。目前，成翰拥有标准的电子和日化行业 MES 软件开发平台，产品可以即需即用。

20. 锐制软件

锐制 MES 是面向离散型制造业的数字化生产制造执行系统，是基于先进管理模式（敏捷制造 AM/精益生产 LP/准时生产 JIT／全面质量管理 TQM…）和工业 4.0 软硬件技术构建的，集合了工厂建模、计划物控、制造 BOM、APS 高级排程、现场控制、智能物流、数据采集、现场可视、SCADA、异常预警、产品溯源、生产大数据、大屏监控与移动端推送、WMS 电子仓储等功能模块，与 PLM、ERP、SCM 等软件进行数据交互，与传感器、PLC、数控机床、加工中心、机器人、AGV 等智能装备进行工业互联，并采用触摸屏、PDA、工业相机、条码/二维码、RFID、液晶看板等多种交互手段的一体化、可视化的数字制造系统。

锐制 MES 由一组共享数据的程序，通过布置在生产现场的专用设备，对生产计划、任务下达、文件传送、拉动供料、产量、质量、人员、产线异常、设备状态及参数、在制品流转、成品入库、设备管理、质量分析、生产分析的整个现场生产过程实现数据实时采集、控制和跟踪。通过控制指令、人员、设备、物料、仓库、品质、工艺、异常、流程和其他设施等工厂资源来提高生产效率；使用通信接口下发生产指令，用 LED 智能平板实现车间生产现场实时看板，用图形化监控界面监控车间生产状况和现场异常，从而实现制造过程全程智能化和可视化。

21. 讯鹏科技

牛工厂是软硬件一体化 MES 解决方案品牌，旗下 OKMES 是基于"数字化

第6章
MES 市场综述及主流供应商分析

方向盘"的核心思想打造的一套面向制造企业的综合运营管理系统（与其说是 MES，不如称之为 MOM），实现一套软件管理整个企业的目标（可与 ERP 配套使用）。OKMES 非常适用于产值在 2000 万元~10 亿元之间，订单式生产的企业，对研发、生产、销售一体的电子或离散制造企业，效果尤为显著。

OKMES 帮助企业建立以客户为中心的核心管理理念与业务流程，从品质、交货期、服务、成本四个维度出发，利用人、机、料、法、环、测六大支点，把精益改善的核心思想 PDCA 手法全面融入系统，推动企业健康良性发展。

OKMES 以 MES 为核心模块，把 ERP、WMS、CRM、SCADA、PLM 以及 OA 的实用功能包含在内。OKMES 采用 C/S 架构，通过产品化研发实现模块化配置，保证系统稳定可靠的同时实现项目快速部署。OKMES 可选择部署在云服务器或私有服务器，除传统的 PC 客户端外，支持 App、公众号、小程序等交互方式，最大限度提升系统的普适性。

基于 OKMES 相对全面的系统功能，本系统优势明显：第一、一站式解决企业的信息化需求，几乎零信息化孤岛的困惑；第二、系统体验度更好，效率更高，整体效果更好；第三、相对 SaaS 化单一软件体现出标本兼治的优势，不会出现随着系统数量的增加而效率逐渐降低的问题。

22. Critical Manufacturing（凯睿德制造）

凯睿德制造 MES 由 20 多个预集成模块组成，全面地覆盖制造过程：从数据收集、SPC 到维护管理和调度。系统使用 Connect IoT 模块为各种设备提供本地连接。

凯睿德制造 MES 是一个基于在线事务处理（OLTP）企业应用程序框架的分布式应用程序，它由三层组成。

1）展示层。处理所有表示逻辑，即信息显示（包括本地化/多语言）和与用户的交互。

2）业务服务层。处理安全性、事务管理、配置、通信、异常、日志记录、工具、缓存、上下文解析和动态业务规则。系统还提供了允许管理业务对象的对象元模型的管道。

3）数据和分析层。提供持久性、报告、数据仓库和数据挖掘及提取、转换和加载功能。所有业务服务都通过公共 API 公开，这意味着新客户或现有客户可以以编程方式访问业务服务。这是一项重要的自动化和集成要求。

23. Monitor（莫宁特）

Monitor G5 采用 C/S 和 B/S 的混合架构模式，支持应用客户端、手持设备客户端两种客户端形式，并且支持在网页上查看相关信息。可以根据客户的要求，灵活地选择客户端应用方式，可实现客户端程序的自动升级。软件具有模块化的功能设计，能通过统一的工作流引擎实现各个功能模块之间的有效协同。

制造数据采集技术方面，综合利用智能终端、传感器、PLC 总线等工具，实现对生产过程中设备、环境、人员等信息的采集，形成制造现场信息反馈闭环。

大数据处理分析技术方面，支持对非结构化数据、结构化数据、实时数据等多类数据格式进行整合，提供大数据存储和处理方法。

24. 金思维

金思维 MES 的技术特点主要有以下几点。

（1）平台架构方面

1）采用微服务技术架构，支持容器化、集群化部署。

2）支持 REST、WebService 等开放集成标准，可灵活、高效支持与企业内外部其他信息系统的横向和纵向集成。基于工业控制标准协议，支持与数据采集系统的无缝集成。

3）PC、手机、PDA、条码/RFID、电子看板、工段大屏、集控中心大屏等多种终端设备的一体化平台支持，数据和流程跨终端平滑流动。

（2）扩展性方面

1）采用高效、可伸缩的实时数据处理技术。支持选配关系或实时数据库系统，适配各种数据规模和性能需求。

2）基于模型驱动技术，功能和流程高度可配置、可重构、可扩展。

（3）功能性方面

1）以智能终端为载体，构建过程全覆盖的智能制造平台。

2）与业务过程深度融合，实现精益生产与 MES 应用完美结合。

3）以物联网为纽带，虚实融合实时监控生产状况。

4）精细化车间核算，实时绩效激发员工动力。

5）基于跨平台移动技术，全面支持智能移动应用（APP）。

6）功能自由裁剪，充分满足企业个性化需求。

7）智能工作流，让信息一览无余。

8）与金思维 ERP 深度融合，完美解决 ERP 与 MES 对接问题。

25. 简睿捷

简睿捷 MES 采用 C/S 和 B/S 的混合架构模式，采用 SOA 架构，支持应用客户端、网页客户端、手持设备客户端等多种形式。可以根据客户要求，灵活配置客户端应用方式，实现客户端程序的自动升级。系统基于模型驱动方式开发，可以灵活适应业务需求的升级和调整。同时模块化的功能设计，能通过统一的工作流引擎实现各个功能模块之间的有效协同。

简睿捷 MES 分为五个层次：资源数据层、基础服务层、模型驱动层、功能服务层和客户应用层。各层之间采用标准信息集成技术，用于实现企业内部各系统的数据交换与融合，在遵循 ISA-95 国际规范基础上，实现外部接口 Web Service 封装，并按照 JSON 和 XML 等格式提供数据集合。

上述技术同时具备向互联网应用进行扩展的能力，促进企业之间设计协同、虚拟制造，形成动态生产组织，从而在以企业内部为主的企业互联网的基础上，形成覆盖全产业链的工业互联网，实现信息共享、资源分发。

简睿捷 MES 的关键技术有：

1）元模型定义与驱动技术。参照 ISA-95 模型，遵循模型驱动体系结构，实现企业数据模型扩展定义，支持数据层和界面层的个性化配置。

2）综合系统集成技术。整合 PDM、MES、ERP 等系统应用，实现产品、人员、物料、设备数据的统一表达和贯通，实现数据在各环节的快速流动和处理。

3）制造数据采集技术。综合利用智能终端、传感器、PLC 总线等工具，实现对生产过程中设备、环境、人员等信息的采集，形成制造现场信息反馈闭环。

4）大数据处理分析技术。支持对非结构化数据、结构化数据、实时数据等多类数据格式进行整合，提供大数据存储和处理方法。

26. 秦权软件

秦权软件自主研发出跨行业的信息化平台产品，其特点如下：

1）平台化开发。基于 B/S 架构，平台化开发。

2）支持多设备应用。支持手机端与 PC 端应用。

3）基于国际标准进行设计。基于制造业信息化整体规划考虑，在遵循 ISA-95 国际标准的前提下，合理设计 MES 及其与 ERP 系统的功能分布和接口，最大化减少客户投入、降低应用复杂性。

4）丰富的数据交换平台。秦权 MES 提供灵活、可配置的数据交换服务平台，支持多种数据库、多方向数据的转换和同步，可快速实现异构系统之间的集成。

5）支持多种数据采集方式。秦权 MES 提供对多种识别方式的支持，例如条码、二维码、ID 卡、IC 卡、RFID 标签、第三方接口等，以适应不同场景的应用。

6）内置跨行业应用模式。基于多年行业经验，秦权将不同行业、不同类型的产品生产过程总结为一套架构、两大模型、12 种防呆方式、6 种预警类型。通过组合应用，结合部分行业插件，支撑跨行业的应用。

27. 新络软件

新络软件源自于制造业，积累了丰富的开发实施 ERP、MES 的成熟经验。产品具备以下特点。

1）采用 C/S 与 B/S 共存的开发架构，易于定制及拓展。

2）支持海量数据存储。①多用户并发的支持。MES 需要可以支持 5000 客户端（包含设备）同时在线要求。②海量数据的支持。可以支持每天 500 万条记录业务量。

3）保生产数据安全。①通过系统底层实现数据 100% 不丢失，并可以还原到任一时间点。光用数据库本身的备份已经不能达到这个要求。②在数据库损坏的极端情况下，也可以还原数据。

4）可以提供硬件故障快速恢复服务。通过数据库集群 + 应用程序服务器集群的方式，以及存储柜应用实现故障快速恢复。

不同供应商产品的特点见表 6-3 和表 6-4。

表 6-3 不同供应商产品技术对比表

供应商	软件架构	开发语言	关系数据库	实时数据库	集成方式	移动应用	可配置二次开发平台	SaaS 产品	CMMI 认证	ISO 9000 认证
Critical Manufacturing	C/S	C/C++/C# Javascript /HTML5 /CSS	SQL Server		接口方式		√		√	√
Monitor	混合	C/C++/C#、Power build、Sybase	SQL Server SQL Anywhere		接口方式	√				

第 6 章 MES 市场综述及主流供应商分析

（续）

供应商	软件架构	开发语言	关系数据库	实时数据库	集成方式	移动应用	可配置二次开发平台	SaaS产品	CMMI认证	ISO 9000认证
SAP	B/S	Java	Oracle/ SQL Server/ SAP HANA	PI/IP21/PHD /Edna/ASP ENTech	接口方式/第三方平台	√	√	√	√	√
盘古信息	B/S	Java、JSP	Oracle /Postgre SQL	influxdb	接口方式	√	√	√	√	√
锐制软件	混合	PB C# Java Js Html5 Css3	Oracle SQL Server MySQL	Oracle SQL Server MySQL	接口方式	√	√	√	√	√
秦权软件	B/S	C/C++/C#、.NET	SQL Server		接口方式	√	√			
鼎捷软件	混合	Java、.NET	Oracle、SQL Server		接口方式	√		√	√	√
元工国际	B/S	Java	Oracle、SQL Server、MySQL、PG		接口方式	√	√	√	√	√
摩尔元数	B/S	Java	Oracle、SQL Server、MySQL、PG		接口方式	√	√	√	√	√
明基逐鹿	混合	C/C++/C#	Oracle	PI	接口方式	√	√		√	
福州汉思	混合	Java	Oracle、SQL Server、MySQL	PI	接口方式	√	√	√		√
成翰科技	B/S	.NET	SQL Server		接口方式、第三方平台	√	√	√		
简睿捷	混合	C/C++/C#、.NET、PHP	Oracle、SQL Server、MySQL	Redis、MongoDB	接口方式	√	√	√		√

(续)

供应商	软件架构	开发语言	关系数据库	实时数据库	集成方式	移动应用	可配置二次开发平台	SaaS产品	CMMI认证	ISO 9000认证
力控科技	混合	Java	Oracle、Sybase、SQL Server、MySQL、PostgreSQL	PI、IP21、pSpace	接口方式、第三方平台	√	√	√		√
讯鹏科技		C/C++/C#	SQL Server		接口方式	√	√	√		
金航数码	B/S	Java	Oracle/SQL Server/MySQL	PI/IP21	接口方式/第三方平台	√	√	√		√
数码大方	混合	C/C++/C#、.NET	Oracle、SQL Server		接口方式	√				√
艾克信控	混合	C#、JS	Oracle、SQL Server	AicDatahub	接口方式、接口组件AicPPA	√	√			√
北京虎蜥	B/S	Java JSP	Oracle DB2 Sybase Informix SQL Server MySQL		接口方式	√	√	√		√
新络软件		C/C++/C#、.NET	SQL Server		接口方式	√	√	√	√	

表6-4 各供应商的优势分析

供应商	优　　势
Critical Manufacturing	软件技术领先，行业经验丰富，解决方案极具创新性与高附加值
Monitor	瑞典知名企业，起源于ERP，专注于机加工制造服务
SAP	产品线完整，逻辑控制与系统结构严谨，功能强大，可根据客户的实际需求进行快速匹配
盘古信息	专业的智能制造系统研发及集成解决方案服务商，拥有数百家智能制造工厂、数字化车间建设经验

（续）

供应商	优　势
锐制软件	为离散型企业提供数字工厂整体解决方案设计、实施与集成、运营支持服务；行业实施经验丰富
秦权软件	超过 15 年制造信息化经验，能够帮助制造业企业从整体信息化角度规划、设计生产、物流管理流程及方案
鼎捷软件	拥有 30 余年的行业深耕经验沉淀，积累了汽配、机加工、注塑、金属五金等行业智能制造成功实施经验
元工国际	基于自主的配置开发平台 SAW，同一配置多平台/多方式运行，高效开发，灵活配置
摩尔元数	提供基于工业互联网模式的智能制造整体解决方案；MES 产品拥有多行业套件包、跨领域应用案例；让企业用低成本、低技术门槛，快速构建平台化运营型 MES
明基逐鹿	综合智慧解决方案提供商，全球 IT 百强集团，产品经数次迭代配置完善，可实现快速模块化选配
福州汉思	为制造业企业打造企业工厂级应用系统平台，为企业用户提供全面、量身定制的 MES 管理软件和应用解决方案
成翰科技	以工厂虚拟仿真建模为核心的工厂 MOM 运营平台，具有高开放性和高可扩展性，支持客户快速二次开发；拥有标准的电子行业、日化行业 MES 软件开发平台
简睿捷	支持多种客户端方式；技术平台架构具有良好的开放性和扩展性；可在执行层和业务管理层为制造企业提供一体化解决方案
力控科技	深耕于中国制造企业，形成了模块化、配置化、低耦合、稳定的 MES 平台。同时通过长期的实践经验积累，打造了流程型与离散型制造多个行业的解决方案
讯鹏科技	涉及生产型企业数字化解决方案与 LED 智能工业显示屏，可提供 MES 软硬件方案
金航数码	数十年生产管理信息化经验，主要面向离散制造业
数码大方	基于自主研发的企业级 EAP 平台，贯彻精益生产管理模式，提供统一平台一体化解决方案，支持企业业务全线贯通
艾克信控	平台化的 MES，支持快速配置，适应不同业务模式需要，满足不同工厂应用需求
北京虎蜥	在复杂离散型业务场景的制造执行系统（MES）、车间作业智能协同与调度、基于数据自驱动的制造物流优化控制等方面具备丰富实践经验与能力
新络软件	与精益管理紧密结合，拥有八大精益 MES 功能，提供领先的平台级服务应用

6.3　MES 市场发展趋势

展望未来，中国 MES 市场机遇与挑战并存。

一方面，政府政策大力支持智能制造产业，工业互联网热潮出现以及企业自身转型升级的迫切需求均推动了 MES 发展和应用。

近几年，国家发展和改革委员会、工业和信息化部、科学技术部等各部委都在政策上给予智能制造产业（包括制造执行系统）极大支持，着力引导企业开展智能制造探索。其中，工业和信息化部从 2015 年起，已连续四年推进智能制造专项，累计支持 436 个新模式项目，大部分项目将作为数字化工厂的核心、信息化管理枢纽的 MES 包含在内。工业和信息化部智能制造试点示范项目的五种模式也都与 MES 相关。此外，工业和信息化部于 2018 年启动的工业互联网项目，作为智能制造的重要使能技术之一，可以促进企业开展设备的数据采集和车间联网，进一步推进起到承上启下作用的 MES 的广泛应用。

同时，行业竞争加剧，也在推进行业领先的制造企业积极推进数字化转型，迫使企业对精益生产、精细化管控的要求进一步提升，加速推进数字化工厂的发展，进而推动 MES 应用。

另一方面，外部环境深刻变化、国内宏观经济下行压力加大、行业市场波动等诸多因素，使 MES 市场的发展面临多重挑战。

首先，2018 年下半年以来，随着国内经济增长放缓，企业投资愈发谨慎。

其次，制造行业表现存在起伏，例如汽车及零部件行业受大环境低迷、历史基数高等因素影响，将面临较大发展困境；部分电子电器行业企业受到贸易战影响。

再者，存在一些制约中国 MES 软件与服务市场增长的客观因素，诸如制造企业业务差异大，信息化水平参差不齐，MES 二次开发现象普遍；实施前期需求不明晰，实施期间需求变更频繁，造成 MES 实施难以达到预期；MES 实施难度大，项目拖期、付款延迟的现象较为普遍，MES 供应商的盈利下降；优秀 MES 实施人才（尤其是项目经理）、既懂 IT 又熟悉业务的复合型人才缺乏等。

受到宏观经济下行影响，预计 2020 年 MES 市场仍将面临很大挑战。但随着智能制造、工业互联网、企业自身转型升级的推动，以及 MES 逐渐从智能制造的高配转变为标配的驱动，MES 需求依然旺盛，将继续拉动 MES 市场发展。

第 7 章
MES 典型案例

7.1 完整全面的凯睿德 MES，成就奥特斯全新启航

奥地利科技与系统技术股份公司（AT&S，以下简称奥特斯）是生产高端以及高精度互联 PCB（印制电路板）和 IC 基板的行业领袖公司，产品主要应用于移动设备、汽车和航天、工业电子、医疗与健康以及先进封装领域。目前，奥特斯在欧洲和亚洲拥有 6 家工厂，近万名员工，市场份额持续增加，销售收入欧洲排名第一，全球排名前十，在高端市场全球排名第三。

奥特斯于 2001 年进入中国，在上海设立首个独资企业奥特斯（中国）有限公司。得益于正确的抉择和飞速发展的市场，奥特斯在中国实现了高速成长，奥特斯上海工厂投产仅 6 个月后便实现了盈利，目前已经发展成为全球最大的高端 HDI 印制电路制造基地。2013 年，奥特斯选址重庆，打造出全球领先、中国唯一的新一代高端半导体封装载板制造基地。奥特斯重庆工厂的建成投产，极大增强了奥特斯在高端市场无可匹敌的竞争力优势和长期持续的盈利能力，而在领先优势的背后，离不开一个拥有强大核心能力的 MES 的有力支撑。

MES，新工厂建设的有力支撑

在企业打造全新工厂之时，既令人兴奋又让人忐忑，尤其在这个工厂将生产新的产品的时候。全新的开始也意味着将带来全新的挑战。随着电子技术的快速发展和电子产品生命周期的不断缩短，市场对 PCB 制造商提出了越来越高的要求，企业要想在瞬息万变的市场竞争中站稳脚跟，得以生存发展，必须采用先进的生产模式，快速响应客户订单需求，并提供优质低价的产品。

IC 基板是处理器和电路板级系统之间必不可少的互连，可以应用在包括移动设备、汽车、医疗设备、工业和医疗保健行业中。随着半导体精密度的提高和电子尺寸的缩小，IC 基板的生产面临巨大挑战。同时，可穿戴设备和物联网的出现和发展又给 IC 基板带来了巨大的增长潜力。因此，在建设重庆工厂时，奥特斯就以打造新一代高端半导体封装载板制造基地为目标，坚持高度自动化的理念。奥特斯重庆工厂的设备自动化程度非常高，可以媲美半导体前端晶圆的生产设备。

然而，随着产品更新速度不断加快、产品复杂度不断增加，以及客户对产品的精密度、品质及追溯要求的不断提高，奥特斯意识到现有的生产设施系统并不能满足未来的生产需求。尽管奥特斯多年来一直坚定推进信息化，其他工厂已在使用具有 MES 功能的信息化系统，但有些功能是由 ERP 供应商提供的，有些应用是在 IBM Notes 上开发的，还有一些奥特斯自行开发的简单应用。这些应用和功能不仅零散、操作复杂，而且维护成本很高，尤其对于 PCB 制造商最需要的完整谱系记录需求，奥特斯还是采用传统的手工记录方式，不仅容易出错，还无法实时追溯到生产物料的信息，进而影响生产的可视化。

考虑到新基板生产设施需要更有效率的自动化信息流来处理其产品的所有数据，以应对效率、质量、生产灵活性等多方面的挑战，尤其是以下最重要的两个相关业务的挑战：

1）对产品和生产过程数据收集的有效性和可见性。
2）根据需要灵活的可追溯性要求进行改变，重新构建信息集。

因此，奥特斯需要引入一套功能更完整、更先进的 MES，通过自动化信息流来处理生产的所有数据，做到生产过程可视、可控和可追溯，达到工厂优质运营的目标。

多方评估，凯睿德成为奥特斯优中之选

作为领先的 PCB 制造企业，奥特斯在选择 MES 时采取了多方评估的方式，严谨进行选择。奥特斯首先组建了一个 MES 项目团队，成员来自生产、生产计划、工程、质量、设备管理、物流、工艺、维护、产品工程、计算机辅助制造和信息化等部门。来自不同业务部门的成员，从业务的角度可以更好地理清 MES 的需求和应用范围所在。通过举办多个研讨会，收集业务所需的信息，了解对系统的需求，奥特斯基于详细的分析做出了决定："很显然，我们需要一个完整全面的 MES。"

虽然奥特斯的设备自动化程度非常高，但没有统一的设备接口标准，设备集成的挑战难度比半导体晶圆厂更大。此外，奥特斯重庆工厂的工艺流程有超过 60 种以上的步骤，MES 必须要能考虑到各工艺流程的互动和影响，以及所有的工艺场景，以便建立对应的生产流程。同时，在高度自动化的工厂，任何信息化系统造成的问题都可能导致停产，MES 必须要有高可靠性的技术支撑，同时还需要考虑数据和信息化系统的安全性问题。

经过分析与评估，在选型环节，奥特斯选择了最初的十六家备选软件提供商中的四家进行了系统的实际功能演示，并针对解决方案和供应商进行了详细分析，同时奥特斯也对各供应商现有的客户进行了访问。最终基于项目风险的可控性、功能的全面性、技术的先进性、系统的灵活性和稳定性，奥特斯选择了凯睿德 MES。凯睿德 MES 功能如图 7-1 所示。

变更管理/主数据

可视化和智能：仪表盘、高级报表、商业智能卡、数据挖掘、数据仓库、预警管理、工厂-数字双胞胎、增强现实、高级操作员界面-移动设备

工厂管理：在制品追踪材料和容器、设备和资源管理、耐用品管理、易耗品管理、路由和调度、数据收集、物料清单、电子作业说明、可追溯性和系谱、检查清单、高级布局和打印

排产：排产

质量管理：抽样、实验管理、档案管理、统计过程控制、异常管理，NCR, CAPA

运营效率：维护管理、仓库管理、操作员管理、操作员培训和认证、班次管理和操作员日志、成本核算

企业集成：订单管理、ERP 集成、PLM 集成、其他应用系统

工厂自动化：称重和分配、配方管理、映射、IoT 联接

图 7-1　凯睿德 MES 功能

作为国际上知名的 MES 解决方案供应商，成立于 2009 年的凯睿德专注为半导体、电子和医疗设备等高科技生产行业提供自动化和制造系统，产品具备高度的灵活性、可视性及稳定性。通过提供完整功能的 MES，可以全方位地帮助企业进行数字化变革，降低生产成本，灵活应对市场的需求。

此外，凯睿德在半导体领域丰富的经验也是奥特斯看重的关键。凯睿德的创始团队拥有超过 15 年的半导体行业信息化系统解决方案的经验，还拥有来自于国际知名企业的专家团队，具备丰富的先进制造业生产制造管理经验以及软件工程经验，面对客户生产的复杂性和对项目的高要求，实施团队能轻松满足客户各方面的需求。

（1）高度复杂的设备自动化集成

PCB 行业自动化的其中一个挑战就是数量繁多而且没有统一界面或接口的设备，如何连接设备，进行数据采集和控制是当前的一大难题。凯睿德的解决方案提供了整合性的平台，包括了 MES 和 EAP 的功能，让客户快速地使用同一个技术堆叠进行系统的功能实现，同时也降低了对维护人员的需求。在奥特斯的重庆工厂项目中，在很短的时间之内就成功地把 70 种以上的设备，透过不同的接口（SECS/GEM, PLC/OPC, XML, Web Service, Log File 等）连接，实现了可比肩半导体晶圆生产的高度自动化功能。同时，先进的 FabLive 模组让用户实现工厂的实时监控，快速针对现场的各种突发状况进行反应，提高品质和生产效率。

（2）多层板的追踪

多层板的追踪一直是 PCB 行业的痛点，除了在层压步骤时需要进行板码的转换，如何利用系统建模的功能完整地建立多层板的生产流程，以达到工艺生产参数和在制品的追溯也是很重要的。凯睿德的解决方案在设计时就参考了半导体晶圆多层次的生产工艺需求，在原生系统模型上就已经保证了技术的可行性，再结合了功能强大的 EAP 设备整合模组，提供了完整而且成熟的解决方案。

（3）原生的排产功能

传统的 MES 通常不自带排产功能，必须把大量的数据和外挂的排产系统进行数据的交互，而且用户必须使用不同系统的操作界面。在实施上，除了需要耗费大量的时间，在数据维护上也是一个痛点。凯睿德的解决方案自带了先进的排产引擎，客户可以通过设定不同排产策略的权重，根据排产结果分析工具，选择最佳的排产方案，实时地调整生产排程，快速地应对各种突发状况。这也是奥特斯在 MES 产品选择中一个极大的考量。

（4）确保成功的项目细节

项目成功的关键之一就是用户的接受度，一个稳定的系统加上良好的模拟过程和完善的培训理念，能够极大提升用户的接受度。为了确保项目实施成功，凯睿德首先建立了用户培训，其次收集了流程细节以建立模型，同时，还建立了对 MES 软件合作伙伴的信任，并与 ERP 和设备合作伙伴、顾问和内部部门合作，开发了 ERP 界面，确保了项目的顺利推进。

（5）轻松维护

凯睿德的解决方案是基于技术堆叠而来的（包括了数据库/中间件/开发平台等），降低了不同技术平台和不同供应商之间相容性难度，也大幅度减少了客户所需要的系统维护人员。凯睿德大部分的客户只需要非常少量的人员（少于 5 人）就可以满足整个公司自动化信息系统的维护，奥特斯也不例外，该项目上线后只需要少量的人员就能轻松地完成系统的维护工作。

MES 提升产品可追溯性，驱动奥特斯优质运营

对奥特斯与凯睿德来说，MES 和设备集成是奥特斯实现流程优化和数据分析的基础，因此，奥特斯决定在重庆工厂先进行 MES 的实施，为其他工厂的未来 MES 导入做准备。同时，通过生产数据的采集分析，找出产品质量和生产流程数据的关联性，帮助企业提高监控和品质预测的能力。此外，大量地使用移动设备进行生产管理也是奥特斯关注的重点之一。

奥特斯和凯睿德紧密合作，对 MES 进行了以下的布局：

1）建立系统化、更实用的功能。在 MES 的整体构架上，构建了符合现代生产管理的功能模块，透过可视化和智能化、排产、工厂管理、质量管理、运营效率、企业集成、工厂自动化等各个功能区域实现了基础功能的布局。除此之外，还增加了适用于半导体行业的配方管理及实验管理等实用功能，使产品和工艺工程师可以在生产流程的各个方面进行协作。

2）建立实时数据采集和生产控制。透过实时收集生产相关的数据，获取产品和生产过程资料并根据实时生产数据对生产行为进行管控。

3）用更少的时间达到可追溯性，自动获得产品追溯信息并支持重建分析。对于 PCB 制造商来说，收集更多数据以获得完整的可追溯性记录日益重要。凯睿德 MES 的可追溯性和生产系谱模块提供了产品完整的生产追溯，包括跨层次流程的所有产品、组件和原材料的前向/后向可追溯性。可以在任何级别收集数据：大批次、小批次、子批次、单元 ID 或序列号级别。改变了奥特斯以往的手工收集方式，按照可追溯性要求获得并能重新构建相关的信息，为生产决策提供重要的依据。

此外，通过 MES 的实施，奥特斯还实现了减少废料和浪费，更精准地控制成本，增加设备运行时间，缩短周期、降低库存，去除无价值步骤，主动地、系统地将流程标准化和强制化（甚至跨工厂），完全管控生产过程，实现了新工厂建设优质运营的目标：

1）更精准地控制成本，降低库存，减少废料和浪费。实现了物料、设备、各类生产资源的弹性调配，产品质量的提升，生产信息的及时流转，为企业降库存、降低成本创造了条件。

2）增加设备有效运行时间，缩短生产周期。建立实时的生产设备监控，对设备资源、耐用品和耗材实现了统一管理，并与物料跟踪、维护管理、数据收集和 SPC 集成，大幅度提升了设备使用率，提高产能，缩短产品生产周期。

3）主动地、系统地将流程标准化和强制化，达到完全的生产过程管控。MES 将企业管理规范、行业安全规范、产品生产工艺过程等固化在流程中，使得生产过程得以透过标准化的方式进行管控。

4）基于生产实际情况，实时地做出执行策略。对生产过程进行监控，实时收集生产进度、生产质量等各种现场数据，然后进行整理分析，提供相关人员进行管控或决策参考。

通过 MES 的实施，奥特斯重庆工厂的生产管控能力大大提升，产品生产工艺、产品质量、精准度和精确度也得到极大改善，同时，奥特斯也将 MES 的实施应用范围逐步扩展到 mSAP、HDI、PCB 等产品生产的全球其他工厂。在奥特斯看来，不断追求在行业内做到领先是奥特斯的发展策略所在，奥特斯仍将在工业4.0 的道路上不断前进，而凯睿德将持续为奥特斯智能工厂建设之路保驾护航。

7.2 中航工业永红：MES 赋能 升级制造未来

贵州永红换热冷却技术有限公司（以下简称永红换热）是贵州永红航空机

械有限责任公司的全资子公司,隶属于航空工业旗下的上市公司——中航重机,是航空冷却系统(附件)和民用热交换器的专业化生产企业,产品包含国内多种飞机、发动机配套件、工程机械、农林机械、空压机、风力发电、铁路机车、医疗、特种车辆、化工等行业的液压系统、润滑系统,以及输变电、新能源汽车的 SVC 模块、IGBT 模块、电池的散热系统等,目前在国内市场位于领先地位。

永红换热从事热交换器研发制造已有 50 年历史。作为专业化的研发制造型企业,公司牢牢把握"国内第一、国际名牌"的战略定位,紧跟热交换器行业发展需求,努力打造全球供应链,与多家国际知名企业建立了合作伙伴关系,产品远销欧洲、美洲、大洋洲和亚太地区。

以单定产,生产面临重重挑战

为了满足各类客户的不同需求,永红换热的生产主要采用按订单设计(Engineer to Order,ETO)和按订单生产(Make to Order,MTO)两种模式。按订单设计是指产品为特定客户度身定制,这些产品有可能只生产一次,产品生产批量较小,但产品结构复杂,需要的原材料也多种多样,往往还需要大量的新材料、特殊组件、新工艺、新设备;按订单生产是接到客户订单之后再组织生产活动,需要根据客户订单的需求量和交货期来安排生产,生产产品具备批量小、种类多、交货期短、变化多等特点。

永红换热的主营产品是散热器。该产品由两大模块组合而成,一部分是厂内自制的模块,以冲压翅片为主,通过钎焊工序形成散热器的主模块。另一部分是外购模块,外购模块需要配合厂内自制模块进行统一装配,并进行后续的焊接以及喷漆等工作。散热器产品主要工艺流程图如图 7-2 所示。

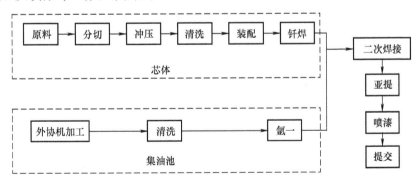

图 7-2 散热器产品主要工艺流程图

基于现有产品特性及生产模式,企业在实际生产管理过程中主要面临以下问题:

1)物料齐套性问题。生产过程涉及的工艺较多,需要不同的零部件进行集成,因此一般是齐料后再投产,以确保生产过程连续性。但由于零部件有的要外购,有的需在不同工序之间集结,常常由于外购件未到或者工序延迟交货等问题使得一方面齐套情况很难顺利实现,另一方面还造成了大量半成品库存积压问题。例如,在"清洗"步骤之前发现封条或侧板没有到货,导致"清洗"工序停滞。

2)生产计划问题。由于影响生产的不确定因素多,生产部门一般只制订近3天的作业计划,无法进行长期生产规划,一旦计划不及时,就可能出现因没有工单执行而设备停滞的情况。同时,由于现场报工采用人工点数、Excel记录的方式,生产数据只能在当天班次完成之后才能统计,不能及时反馈,因此计划制定者无法及时了解生产计划、以及计划执行状况是否合理。

3)生产排产问题。排产不能有效合并需要使用相同模具的工单,导致机器频繁更换模具(一次换模可能需要2h),影响生产效率。另外,对于钎焊工序,需要配炉(即将需要相同或接近钎焊之间的产品,根据炉膛体积进行合并,集中进行钎焊,实现利用率最大化),传统方式是依靠操作人员经验进行,无法精准高效利用炉膛容量。

4)信息反馈实时性问题。如不能实现信息流的共享,对于任何订单的变化无法第一时间调整计划,生产过程中的计划调整信息不能及时反馈给其他部门。生产过程中的质量问题由制造工程部进行处理并记录于Excel文件内,质量部门未及时介入质量问题的处理。

理顺需求,铺就管理精益化之路

为了实现高效的企业运营,有效进行按单设计和按单生产,企业对生产管理系统提出了更高的要求。在合作伙伴莫宁特(Monitor)的帮助下,永红换热认真分析生产管理中存在的问题,理顺需求,以MES为核心,构建先进的生产管理平台,帮助企业打造智慧型工厂,走精益化管理之路。

永红换热MES主要功能需求如下:

(1) BOM和工艺路线管理

以单定产的生产方式使得企业产品种类多、结构复杂,产品结构BOM、工艺路线维护难。因此,灵活高效的BOM和工艺路线的功能是MES的基础。

1)全面管理物料清单和工艺路线,准确定义产品的工艺和BOM,为制订准确的生产计划提供条件。

2)支持类比方法,从以往类似项目的产品结构中进行复制,并通过适用性修改,快速构建出符合项目要求的产品结构。

3)可以通过工程变更解决生产过程中产品结构的调整、细化和完善。

4)项目物料清单和工艺路线中的信息可以统计,便于后期绩效考核、对物料消耗进行管控等。

(2) 生产管理

产品种类多、批量低,导致生产进度和完成期限难以把握;产品结构复杂导致生产流程及工艺路线复杂多变,计划排产及管理的难度加大。科学的生产管理要能根据企业各项资源情况进行柔性管理。

1) 通过先行件处理、物料需求计划(Material Requirement Planning, MRP)排产、资源平衡等功能,进行生产过程控制。

2) 支持不同细化程度的排产要求。

3) 可查询物料的到货计划,并根据物料情况进行生产计划调整。

4) 可根据钎焊工序的配炉要求,进行灵活排产。

5) 合理安排现场机台的生产,能合并相同模具的工单,减少换模时间。

6) 需要配套生产的产品,系统能柔性安排。

7) 自动收集现场的报工数据,以便修正产品生产参数,及时反应车间的运营状态。

8) 出现了变化或异常能及时调整物料和工序,并及时反馈到相关部门。

9) 支持基于订单的生产进程跟踪和调整、资源和能力平衡、实时成本查看。

(3) 物料管理

多样化的产品结构使得原材料种类多样,但由于各种产品的采购量较低,采购进度不一致,因此物料情况与生产数据的联动管理也是系统重点关注的内容。

1) 在生产开始之前,可以进行物料齐套情况的查询,解决物料齐套性管控问题,保证工序有序生产。

2) 对于物料的到货计划支持实时查询,便于对生产计划进行调整。

3) 支持不同工序、工作中心可以使用不同扣料方式的物料管理。

(4) 外协管理

对于外协工序而言,由于外协供应商的运营管理能力较为薄弱,要帮助供应商管理其库存和工序,追踪外协生产进度,以匹配内部生产的物料需求。

1) 管理外协供应商的生产排产和库存。

2) 及时跟进外协成本和交货时间,对异常及时提醒。

(5) 产品信息采集及追溯管理

1) 通过搭配条码系统,实现系统中实物的料、号对应,实时跟踪物料的所有状态。

2) 通过搭配PLC,实时收集机器的相关信息和数据,并自动进行分析,生成报表,搭配MI看板,让管理者对所有信息一目了然。

3) 采集并记录原材料批号、钎焊炉批号、热处理、气密合格与否等信息,以便进行统计查询。

4）提供产品的唯一识别以保证产品的可追溯性。

（6）生产成本管理

1）以项目的形式进行项目预算、项目费用和项目成本归集。

2）通过现场报工数据的收集，分析工作中心、人员的工作效率，以及实际成本等生产指标。

（7）质量管理

1）实时收集生产现场数据，并实时分析、实时反馈。

2）跟踪原材料进厂到成品入库的整个生产流程。

3）实时采集和分析生产现场质量信息，并及时传递到质量部门进行处理。

4）详细记录质量问题的统计信息，以便分析统计，为确定质量问题及质量改进提供依据。

MES 赋能，让生产更高效透明

永红换热自 MES 上线以来，通过 BOM 和工艺路线管理、生产管理、物料管理、外协管理、产品信息采集及追溯管理、生产成本管理、质量管理等功能模块的实施应用，有效地解决了生产管理中物料齐套难、生产计划难、排产效率低、信息反馈及时性差等问题，大大提升了企业的生产效率，让生产更透明高效。

（1）供应链改善，产线在制品库存率降低

相关功能的实现使物料齐套性问题、自制模块与外购模块的供应链衔接不当问题，以及由此造成的生产混乱与半成品库存大量积压等问题显著改善，产线在制品库存率降低 50%。

（2）多维度资源平衡，排产效率提高

以大批量含模具冲压工艺为例，系统针对冲压翅片的压力机＋模具＋生产任务交货期三个维度进行有效排产，解决了生产过程中生产执行顺序难以决策的难题，提供了最精确的排程建议，并将物料管理以及外购件的管理进行了协同处理。MES 的应用使得生产排产周期从原来的 2 天降低至 10min。

（3）信息实时反馈，装配准备时间减少

系统提供条码、移动终端等方式进行生产进度跟踪，所获得信息为后续钎焊以及装配等工序调整提供了指导。这样不仅保证了物料的可追溯性，使得有质量问题的产品情况能及时反馈到各个部门，确保大家能及时发现问题研究对策，同时也有效地减少了装配的准备时间，车间生产月产量提高 30%。

（4）生产现场可视，信息流转效率提升

通过拉动式生产看板，让用户可以提前预判生产任务，并能够有效地根据生产任务调节产能，实现现场的流转有序性。同时 MES 通过各种指令专递方式（单据、终端消息、邮件等）提高了现场信息流转效率。图 7-3 所示为生产现场拉动式生产看板。

图 7-3　生产现场拉动式生产看板

(5) 成品库管理改善，订单交付准时率提高

通过标签以及条形码，动态地识别每个成品库位的库存情况，用户通过系统就可以快速地识别发货指令的产品所在位置，以及当前成品仓库所有库存产品和位置明细。通过成品库位管理以及动态库存管控，以往问题得到有效解决，订单交付准时率提高 20%。

多品种、小批量、交货期短、变化多是永红换热生产的突出特征，高质、高效、低成本是市场竞争的要求，在竞争日益激烈的市场环境下，信息化是降低成本、提高品质、提升效率的有效工具，是企业高速发展有力的支撑。MES 的上线，极大地改善了永红换热生产管理的能力，提升了企业的核心竞争力，为企业从"制造"到"智造"升级，打造高效智能工厂奠定了坚实的基础。

7.3　MES 助力迈瑞医疗提升制造价值洼地

深圳迈瑞生物医疗电子股份有限公司（以下简称迈瑞医疗）总部位于深圳，为全球市场提供医疗器械产品，在我国超过 30 个省、直辖市、自治区设有分公司，境外拥有 40 家子公司。迈瑞医疗的主营业务覆盖生命信息与支持、体外诊断、医学影像三大领域。迈瑞医疗在 2015 年全球医疗设备供应商排行榜位列 43，被波士顿咨询公司评选为 2018 年全球挑战者，《经济学人》评价迈瑞医疗为"高效整合全球资源，提升创新效率"。同时也是 2017 中国健康产业"阳光奖"最具社会责任企业。

自成立以来，迈瑞医疗就一直将自主研发、技术创新作为推动企业发展的核心动力。目前，迈瑞医疗在全球设有 8 大研发中心，拥有超过 2200 余名研发工程师，建立了基于全球资源配置的研发创新平台。截至 2018 年年底，专利总授权量超过 2000 件，逐步成为我国自主知识产权医疗器械产品国际化的龙头企业。此外，迈瑞医疗一直保持着对信息化、自动化建设的高投入。根据全球战略发展需要，建立国际先进的管理平台。自 2013 年起，迈瑞医疗致力于建设智能制造体系，使生产制造环节能够紧跟研发，提升制造环节价值洼地，打造国家医疗器械制造标杆企业。

发展需要，生产环节管理亟待提升

医疗器械行业是一个高度合规要求的行业，该行业与其他行业的不同之处在于，产品的安全、质量、追溯是重中之重。国际上对医疗器械行业强制实施 GMP，此外，还有很多法规，诸如美国的 FDA 法规、欧盟的 MDR 法规等。随着迈瑞医疗产品逐步迈向国际化，其生产全过程合规性是最迫切的需求。

迈瑞医疗采取"以销定产、适当备货"的生产模式，产品制造具有小批量、多品种的特点，偶有大规模定制化需求。市场部门根据市场需求的变化并结合公司的销售目标，定期制定销售预测，生产供应部门则根据销售预测、客户订单、库存数量情况综合制定出可行的生产计划。公司还会生产一定数量的通用半成品或标准配置的成品作为库存，以确保在客户订单突然增加时，能快速生产出客户需要的产品，缩短产品交付周期。当前迈瑞医疗拥有近 300 种产品机型，产品的生产线数量众多，且需要实时根据需求而运转，生产计划的制定与执行是较为复杂的一项工作。

此外，在开始智能制造建设之前，迈瑞医疗生产制造环节的信息传递效率不高，包括工厂生产状况无法实时得知、复杂物料管理基本依靠人工、采用纸质记录文档、数据不易统计分析、产线设备状态黑箱等。

综合来说，迈瑞作为医疗器械行业企业，其生产过程管理方面面临的挑战主要有以下几点：

1）行业合规性要求极高。需要满足国内及国际上通用的规范要求，如 GMP CFR21 Part11/PART820、FDA 认证、CE 安全认证等。

2）计划与生产衔接效率要求更高。客户订单随时变化，需要快速反馈到生产计划层面，以压缩生产周期，满足交货期要求。

3）工厂生产状况无法实时得知。管理层无法实时得知工厂的生产状况，包括：员工是否按照工艺要求操作，当前的计划生产进度，当前生产物料耗用的状况，当前产品的品质，生产过程环境、设备、物料等是否有发生异常。

4）过程质量控制。需要关注的关键过程质量控制，包括试剂精确称量过程管制与精确调配过程管制；清场清线管理，防止交叉污染；在制品追踪；不良品管控等方面的管理。

5）复杂物料管理效率低。医疗器械的零部件众多，各类原材料的管理比较复杂，依赖人工管理对以下问题无法解决：化学品在 ERP 中是无批次管理，对原材料如何进行先进先出管控，如何进行有效期管控，物料耗用以及异常如何追溯。

6）纸质记录文档堆积如山。在没有实施信息化时使用纸质文档记录产品生产过程的质量情况。纸张占用了大量的空间，既不便查阅，也不环保。同时，纸质文档无法快速响应产品的追溯和召回。记载的历史生产数据也无法得到有效利用。

7）产线设备状态黑箱。管理层无法得知设备的详细情况：当前设备处于什么状态（生产、闲置或故障），什么时候该进行维护保养，检验设备何时进行，设备维护保养记录查看与统计分析等。

综上所述，无论是从企业自身发展的角度还是满足客户需求的角度，迈瑞医疗都面临品质、安全、效率、成本等各方面的压力和挑战，需要借助一套完善的生产管理系统，提升企业生产环节的管理水平。

慎重选型，补全信息系统关键一环

迈瑞医疗很早就意识到，信息化有助于企业信息及时传递，特别是在企业运转中，任一环节的质量异常通过信息化手段都能够及时发现并快速处理，提高运转效率。因此公司早在十几年前就大力引进 SAP 系统，对 ERP、生产辅助、仓储配送、供应链管理等进行信息化管理，信息化基础相当领先。同时，迈瑞医疗还构建了产品生命周期管理电子平台系统（PLM），将研发环节一并管控。

此外，迈瑞医疗部分业务生产自动化水平较高。以南京工厂试剂产线为例，引入了称重与分配系统、工艺自动化系统（PAS）、罐装/包装自动化设备、制水设备、环境监控系统等多种自动化设备，并基于自动化生产设备，自主研发了 SCADA（数据采集与监视控制）系统，进行智能可视化管理。其中南京工厂的工装环节配了 1500 多个传感器，可以实现微秒级分辨率的数据采集，每分钟获取的数据量达到十万级，可以实现远程监控各种设备的运行状态和数据。

迈瑞医疗发现，虽然生产制造环节已经部署了各种各样的系统，但因为没有连接起来，像是一个个的信息孤岛，需要有一个中央大脑来将孤立的设备连接起来，MES 就成为下一个新需求。迈瑞医疗一方面希望通过系统来更好地满足行业合规性要求，缓解合规管理痛点，另一方面也希望应用生产管理系统提升效率，提高企业竞争力。在经过多方考量后，迈瑞选择了 SAP MES 加以推行。

迈瑞医疗的 MES 是企业实施生产管理信息化建设的先行系统，由 SAP 资深合作伙伴根据当前先进生物医疗设备制造行业信息化建设的理论和实践经验，结合医疗器械行业的合规要求以及迈瑞医疗的管理要求和生产车间的实际情况，对其进行整体规划与系统实施。通过 MES 的实施，实现的人、机、料、法、环、测、控全面管理，为企业的生产管控与企业经营提供及时、准确、完整的信息。

SAP MES 针对迈瑞医疗的解决方案如图 7-4 所示，具有以下要点：

1) SAP MES 协助迈瑞医疗满足 FDA 法规的要求。
2) SAP MES 全面支持医疗器械（离散）与试剂（流程）的生产过程。
3) 通过制造数据的分析与反馈控制持续优化。
4) 满足关键要素要求，如 DHF、QMS、Part11 等。
5) 支持大规模定制的业务的能力。

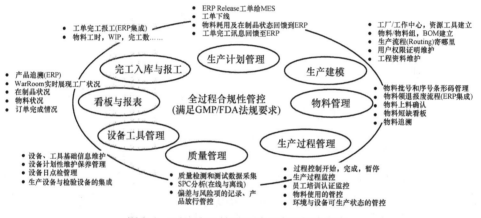

图 7-4　SAP MES 针对迈瑞医疗的解决方案

选定 SAP MES 后，考虑到流程类型的制造执行相对较容易推行，2013 年 10 月，迈瑞医疗首先启动了南京试剂厂的 SAP MES 信息化项目，实施了"精益制造执行系统"，其架构图如图 7-5 所示。该系统全面贯通生产订单（Production Order）、车间订单（Shop Order）、SFC，目的在于实现全面质量管理，以企业生产实时数据采集为基础，覆盖生产管理、看板管理、过程监控等生产过程管理的各个方面，实现对生产现场数据资源的统一管理、使用和分析，达到对整个生产执行过程进行有效安排、控制、优化和过程改进。项目实施后，生产过程合规得到全面控制，实现了电子批记录（Electronic Batch Record，EBR），大幅缩短批记录生成的时间，并减少生成批记录所需的人力，有效缓解了合规管理的痛点。

鉴于试剂厂 SAP MES 项目的成功，迈瑞随后将 SAP MES 的实施范围推广到其医疗器械产线。医疗器械属于离散型制造，其生产管理的特性，如"项目型制造""产品选配""单件追溯"等，与流程型制造有较多不同，但 SAP MES 具有功能完善的模块，能够有效支撑离散型制造，其架构如图 7-6 所示。医疗器械产线在上线 SAP MES 之后，实现了对生产过程的有效管控，同样减轻了合规管理的痛点。

第7章 MES典型案例

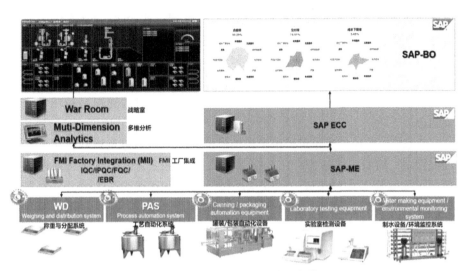

图 7-5　SAP MES 试剂厂实施架构

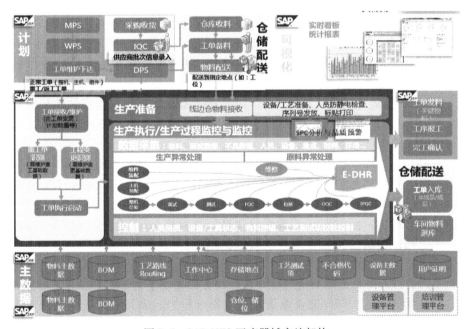

图 7-6　SAP MES 医疗器械实施架构

MES 助力，提升生产制造价值洼地

著名的"微笑曲线"理论认为，研发与营销是附加价值高地，而生产制造则是洼地。但是，迈瑞医疗认为，生产制造是链接价值的重要环节，做好这个环节可以带给客户更大的价值。通过 MES 的建设，迈瑞的生产制造环节管理水

177

平得到明显改善，合规性管理成本显著下降，实现了将更好的价值传递给客户的目标。MES 给迈瑞医疗带来的生产管理改善主要体现在以下几个方面：

1) 实现全过程的自然合规管控医疗产品需要符合 GMP、CFR21 Part11 规范，满足 FDA 认证。通过制造执行 MES，对人、机、料、法、环、测等六大因素进行管控，对生产异常的控制响应及时且不易遗漏细微问题，实现生产过程全程的合规。

2) 全程质量追溯管理完善生产现场质量管控，精确称量过程管制与精确调配过程管制；清场清线管理，防止交叉污染；在制品追踪；不良品管控与质量控制；同时与 ERP 无缝集成，完成从原材料入厂一直到成品入库，以及发货到客户端的追溯，整个形成一个完整的追溯体系。

3) 设备实时状况管理能够实时掌握设备运行状态和数据，并实现设备预防性管理。

4) 管理可视化能够实现物料账目及时更新，实时精准掌握工厂状况，提高在制品管理能力，并实现远程生产管理。

5) 电子批报。电子批报是记载产品质量的报告，是一个多维度层次化的结构。电子批报逐层展现生产各个环节的关键信息。各个环节针对人、机、料、法、环、测六大因素的详细记录都可以展开。通过电子批报，可以缩短审批流程，提高出货速度，进而降低库存成本。

6) 数据收集自动化。通过 MES 与 SCADA 系统集成，可以实现数据的自动采集，减少人工输入，这样一方面是提高了生产效率，另一方面可以防止人工失误而造成的生产异常。

目前，SAP MES 已在迈瑞医疗的不同工厂投入使用，如南京工厂、深圳光明工厂等。MES 的上线运行明显地提升了企业的生产精细化管理水平，提高了数据处理的效率，实现了预防、执行与反馈，保证了信息的及时性、准确性、完整性和可靠性，同时实现了无纸化生产，大幅降低了对于合规所需的人力、物力的消耗，在满足质量管理合规要求的同时，实现了降本增效。此外，SAP MES 与 SAP ERP 系统无缝集成，形成一体化的生产管理信息系统，为企业规范优化生产管理、降低成本、提升客户服务等方面提供了科学的管理方法和工具。

SAP MES 在迈瑞医疗的企业信息化应用过程中，成为生产活动与管理活动信息沟通的桥梁，促进了企业信息化建设的深入发展，使企业的生产现代化管理水平跨上了一个新台阶，极大地提升了生产制造环节的价值，奠定了迈瑞医疗迈向"互联""智能"的智慧企业基础。

7.4 MES 驱动新技电子生产管理变革

东莞新技电子有限公司（简称"新技电子"）成立于 2015 年，隶属于日资

第 7 章　MES 典型案例

企业技研新阳集团，主要从事精密 PCBA 加工、成品组装等业务，长期为兄弟国际、松下、东芝、索尼、爱普生等国际知名品牌提供专业的代加工服务。其总部技研新阳集团于 1993 年在香港注册成立，1994 年 6 月 1 日起，先后在中国（广东东莞、江西赣州、重庆、上海）、日本、越南设立十多家子公司，已从单纯的代工企业发展成为集研发设计、智能制造为一体的集团化企业，从成立时 300 余人发展至如今的职工过万、年产值 200 亿港元以上，主营业务涵盖 PCB、塑胶注塑、电子产品制造、液晶模组组装、汽车电子、机器人/智能设备、软件开发、企业咨询管理等。

生产管理难题催生 MES 需求

新技电子的业务属于典型的多品种小批量生产模式，每年实际服务的客户超过 100 个，产品品种超过 1 万种，工艺流程复杂。新技电子拥有近 100 条表面贴装技术（SMT）生产线、20 条 AI 生产线，以及 60 多条组装生产线。因产品种类繁多、工单数量巨大，每条生产线每天平均需换线 8～10 次，部分线体甚至超过 10 次以上，为生产管理带来巨大的挑战。此外新技电子 70% 的物料具备共用特性，原始的人工核对物料效率低下，且极易错用，为企业带来极大的品质风险。这些问题导致新技电子的生产效率低下，而且极大地影响到客户产品的交付。

为了满足不同客户对生产过程管理、品质追溯和交付周期的不同要求，提升公司的管理水平和生产效率，新技电子急需一套智能制造集成管理系统来改善困境、提升生产效率、保证生产品质。经过系统地评估，新技电子最终选择了盘古 IMS 系统。盘古信息在电子行业深耕多年，有着大量的电子制造业成功案例，对电子行业生产管理的特点与痛点有着深刻理解。盘古 IMS 系统是一套专门针对电子制造业的闭环式智能管理解决方案，其独特之处在于，从生产来料到成品出货整个过程，以模块化的方式提供了一系列的管理工具及方法，提高生产效率和产品品质、缩短生产周期、降低制造成本、全面防错防呆，实现全面科学的可追溯管理，用户可以根据需求自由灵活地配置。

把脉业务瓶颈，对症下药

盘古信息根据新技电子的业务需求，结合其代工（OEM）生产管理特点考量，进行整体布局规划，IMS 项目架构如图 7-7 所示。项目方案主要围绕两方面重点展开：一是通过设备联机平台，自动获取现场生产数据，利用物料唯一码（Reel ID）唯一特性进行虚拟现实结合的物料齐套锁定运用，取消车间中间仓，实现 JIT 供料，实现物管、发料、品管全面受控，有序稳健运行，并基于实时生产数据智能分析报表平台，为营运决策提供依据；二是基于设备联机技术，实时从设备中获取实时数据，监控物料在生产线使用情况，结合数据优化算法，系统提供效率最大化智能转产方案，通过系统对接平台，自动交互物料及工单信息。

针对项目需求，盘古信息为新技电子导入了 IMS-WMS（物料仓库管理）、IMS-SMT（SMT 生产管理）及 IMS-SFI（车间信息管理）等模块，并重点建设以下几方面的功能。

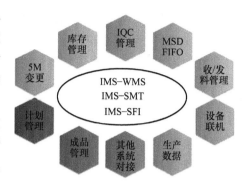

图 7-7　新技电子 IMS 项目架构

（1）仓储及物料管理

新技电子过去主要依据物料编码和数量等信息进行物料的出入库和现场使用管控，为了使物料管理更加精细化，新技电子运用盘古 IMS 系统赋予的最小包装 Reel ID，严格监控每一个最小包装数的使用过程，实现湿敏元件 MSD 管理、FIFO 管理以及超期复检精确管理。

在备料、上料管理方面，IMS 系统对物料储位进行绑定，发料时系统自动推荐拣料路线，未及时上货架物料可使用 IMS 备料的盲扫功能快速备料，使拣料速度从原来的每款 2 分钟左右提高到 1 分钟，大大缩短拣料周期，提升仓库发料速度。针对小批量订单，相似工单使用合并工单功能将多个工单物料一次性备齐，然后利用智能转产功能，实现相似物料在工单之间的转料，减少仓库按工单备料次数。相似机种则使用自动上料核对功能，减少员工上料核对物料时间，提升作业效率。

对于生产现场的物料，取消了原先备料汇总人工核算的方式，使用拣选看板和低位预警备料看板进行管理。利用看板及时掌控现场生产进度和材料剩余状况，急需的物料通过看板用不同颜色示意，使备料更加及时、有效，降低产线因缺料的停机时间。

此外，对仓库物料盘点作业进行优化，开发了在库物料批量盘点功能，通过 Reel ID 扫描，精确盘点到仓库的每一盘物料明细，有差异可迅速定位差异物料 Reel ID，精准、快捷地分析盘点差异数据。

（2）物料齐套分析管理

系统提供强大的物料齐套分析管理功能，及时获取供应商在途物料、公司在库物料和在线物料（已备料到工单未使用），运用计算机的虚拟跟现实双结合的技术，生产前提前将生产物料进行预锁定，实现物料虽然实物在仓库，但生产物料条码属性却已经归属到具体的生产线工单上，以确保生产线在实际生产时绝对不缺料。帮助新技电子取消了在生产过程中的中间仓，实现直接由仓库向生产线配送生产物料的作业模式，减少原材料库存，降低内部生产物料的多次重复搬运。

(3) 生产计划管理

运用 IMS 排程功能，实现周计划、日计划模式的灵活管理，以及订单的追溯。通过导入集控看板，对工单的生产进度实现实时反馈，为计划与物料的灵活调度提供了强有力的参考依据。通过集控看板对生产工单的备料、Feeder 绑定、物料配送、生产换线准备、产线生产进度等关键环节进行实时监控，并将工单的实际生产情况实时反馈给计划排程系统模块，计划排程模块根据实际的生产进度实现前后工单上线计划的自动调整，实现工单计划进度的实时更新，进而取消生产进度制止报工的模式，减少计划人员打印和配送纸质生产计划的工作，提升了计划人员的工作效率。

(4) 质量管理

为了使质量管控做到可防错、可追溯，IMS 系统记录了每一个工单使用的 Reel ID 明细，通过 Reel ID 追溯物料的批次、来料日期、湿敏等级等信息，若后端工序发现前端工序物料有质量问题，可以快速定位使用物料批次信息，提前预防品质问题扩散。

对仓库收、发料过程，产线装料、用料过程进行全流程管控的转料，减少仓库按工单备料次数，通过扫描实物条码核对正确性，实现人、机、料、法四级防错，以提高收、发、用、退料等过程的物料准确性，从而提高物料防错率。

(5) AOI 设备集中控制

原 AOI 设备需 2 人在炉后作业，一人确认设备的检查结果，另一人检板、目视、装箱，受人工作业效率限制，此关键工序成为产线的瓶颈。通过 AOI 集控功能，将 60 条产线上的 AOI 设备的检查结果在一台电脑上集中管控，并在每条线的 AOI 设备后增加自动分板、下板机，代替人工装板的操作，根据人为确认的结果，由自动分板设备对良品及不良品进行归类后装箱。

(6) 全面的全员生产维护管理（TPM 管理）

通过对生产设备数据的实时采集，以及对设备数据的实时分析，实现对生产设备的全面监控、管理、实时分析，进而实现以数据驱动的过程监控、资源调配、持续改善，项目实施后，新技电子的实时数据覆盖面达到 90% 以上。

(7) 设备辅料和治具管理

通过钢网管理功能，实现对钢网正确性的校验，杜绝用错钢网造成的物料损失。通过锡膏管理功能，实现对锡膏回温、搅拌、校验全过程及暴露时间进行管控，严格控制生产辅料的质量。通过设备、Feeder 管理功能，实现对 Feeder 使用次数、抛料异常的监控，及时发现、维修不良 Feeder，降低了因设备故障造成的物料损耗，同时缩短 Feeder 的维修周期。通过与停机装置对接，实现物料异常或者其他异常的设备自动停机功能。

(8) 报表管理

结合新技电子的业务需求，盘古为其设计了多个报表：通过工单材料损耗报表，查询每个工单每个物料的材料损耗情况，为制造技术部门改善工艺和控制材料损耗提供分析数据；工单抛料汇总报表和供料器质量分析报表为设备部门分析设备和供料器的运行状况提供详细的数据分析；品质报表记录每个工单中的不良信息，并按机种、产线、客户类别汇总，品质部门可依此制定有效的改善方案；库存对比查询报表及时比较 IMS 与 ERP 的库存差异数据，针对数据异常材料，可及时分析，找出差异原因；IQC 品质月报记录每一个供应商来料的品质状况，为加强供应商的品质管理提供数据支持。

IMS 系统，完美解决生产管理症结

IMS 系统在新技电子的成功上线运行，完美地解决了新技电子的生产管理难题。JIT 拉动式供料功能的导入，解决多品种少批量订单模式带来的物料管理与换线效率难题，库存积压、原材料周转率也得到了很好的改善。现在，新技电子在工单排产后，系统实时监控生产的生产进度，当工单的计划开始时间小于设定的工单的上线准备预警时，系统自动产生生产工单上线准备预警信息，仓库人员根据预警信息，利用工单首套备料功能，根据系统推荐的最优备料路径和先进先出推荐物料最小包装及储位信息，进行物料拿取备料，物料首套备料完成后，通过自动导引运输车（AGV）或者物料车配送至生产准备组，生产准备组根据预警信息做好首套料离线装料准备，并在工单上线前 1 个小时才配送至生产线。整个备料、上线准备和正式上线全部由生产准备预警看板指导完成，实现各单位和部门的零距离沟通协调，从而提升生产效率，产前准备看板如图 7-8 所示。

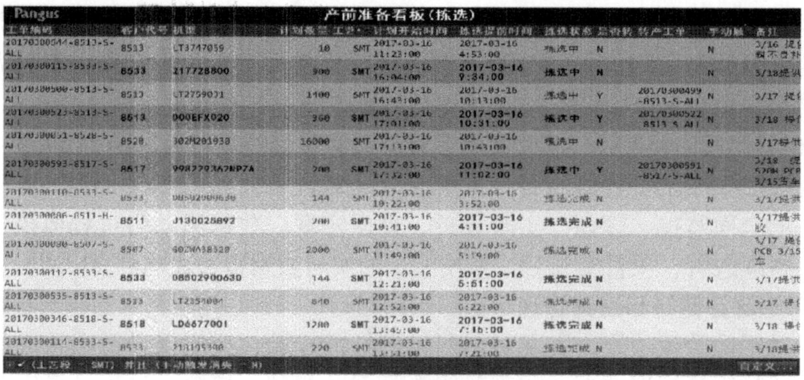

图 7-8　产前准备看板

工单上线生产时，系统通过与设备的联机管理功能，获取设备各站位的物料使用信息与工单的上料表信息自动进行核对，实现物料首套上料的自动核对，如图 7-9 所示。

图 7-9　首套上料自动核对

工单上线生产中，IMS 通过与设备的对接管理功能，系统自动对设备各站位的物料进行扣减，自动计算每个站位的物料剩余可使用时间，当系统运算该站位物料的实际可生产时间低于企业设定的提前预警换线时间时，系统会触发 SMT 低位预警信息，仓库根据预警信息和 JIT 供料模式进行物料准备和配送至产线，取消原有线边仓和线边仓物料的管理，实现仓库与产线的物料直接供应。SMT 低位预警如图 7-10 所示。

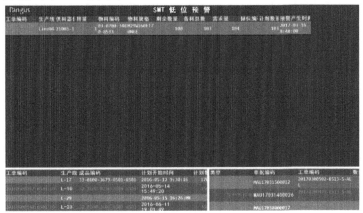

图 7-10　SMT 低位预警

工单生产过程中，系统同步会根据排产计划，将已经排产各工单的机型的生产 BOM 进行比对，分析出两个机种的差异物料和相似物料，差异物料按照工单单独备料，相似工单的相似物料需求自动合并，仓库在备第一个工单时可一次性将共用物料备齐，然后再通过智能转产功能，工单转产后自动将物料转移到相似功能，无须再次备料。换线前后机型 BOM 比对如图 7-11 所示。

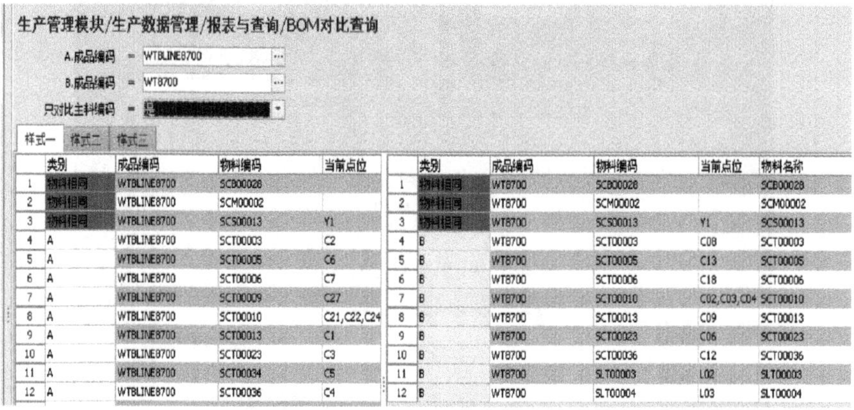

图 7-11　换线前后机型 BOM 比对

管理改善，系统效益价值凸显

新技电子通过该数字化转型升级项目，打通企业物料流、价值流，通过数字化牵引，缩短前置时间（LT），提高生产综合效率 13%，全年新创产值近亿元。

据统计，JIT 的供料模式，新技电子每年降低锁料库存 785 万元左右；线边仓的消除，降低了自购料库存 30%，减少 WIP 近 6000 万元；此外在库物料全部启用 FIFO 管控方式，除了非常规物料，基本不存在呆滞库存，库存周转率较往年提高 65%。令新技电子头疼已久的换线时间问题，也由原来的 30 分钟减少到 10 分钟之内。此外，还优化 70% 共用料重复出入库等作业，降低计划管理工作量 60% 以上，合计减员 180 人，直接降低人力成本 28%，节省人工成本 1630 万元/年；并实现全面防错和 4M 追溯。

AOI 集控的导入，不仅降低了人员的投入，还提高了生产效率。按照以往每两个人负责一条线，改善后 1 个人可以检查 2 条线的产品，生产效率提升了近 4 倍，人力成本降低了近 75%。

全面的全员生产维护管理的实现，降低因设备维护、模治具等关键部件保养不及时而带来对生产效率的影响达到 69% 以上。

多品种、小批量是新技电子生产管理的主要特征，其生产管理特征带来的各类问题，在同类型的制造企业中也普遍存在：工艺流程复杂、换线频率高、物料管理极其繁杂、场内物流混乱、准时交货难、各类变动因素多等。MES 的上线，极大地改善了新技电子的生产管理现状，大幅提升了生产效率，为企业带来经济效益的同时，也为建设智能工厂打下了坚实的基础。

7.5 MES 助推智奇从"制造"走向"智造"

智奇铁路设备有限公司（以下简称智奇）成立于 2007 年，由中国铁道科学研究院、太原重型机械集团有限公司及意大利路奇霓铁路产品集团联合出资，是中国首家高速动车组轮对生产和检修基地。智奇主要为高铁列车、动车组列车、城轨车辆以及其他铁路车辆生产轮对、轮轴零部件及其关联件（包括轴承组装、制动盘组装），现已形成年产 5 万对轮对的新造和检修能力。

多年来，智奇持续推进信息化建设，促进两化深度融合，并积极开展高铁轮轴智能制造建设，其"高铁轮轴智能制造试点示范"已入选工信部 2018 年度智能制造试点示范项目。

战略升级 全面布局智能制造

智奇从几年前就开始思考如何实现从车轮加工业向车轮服务业转型，通过积累轮对从生产到运维的信息，为客户提供增值服务从而强化与客户的关系。近年来，随着国家各项智能制造政策的持续出台，智能制造持续升温，并已成为制造业转型与升级的重要抓手，智奇也关注到了这一趋势。

在智能制造方面，智奇早在 2009 年就开始投入自动化与信息化布建，包含智能制造涉及的 ERP、PLM 等系统，但过去只是单一试点并没有全面推广和整体规划。通过近年来的不断探索，智奇意识到智能制造是一个覆盖整个价值链的系统工程，需要结合公司的发展现状和未来趋势，对智能制造项目进行全面布局与统筹规划。

2017 年，智奇启动了智能制造升级项目，组建了专门的项目团队，并与合作了近八年的鼎捷展开了进一步的深入合作，共同探索从"制造"向"智制"转型的新路径。

对于智能制造升级项目，智奇拥有明确的目标，主要包括：

1) 将智能制造作为驱动力，提升效率，巩固产品质量，提高企业管理水平，保持企业在行业中的竞争力和领先水平。

2) 通过提效率、降成本，从而为用户提供更多的增值服务，充分挖掘客户价值。

3) 为实现产品全生命周期的管理打下基础。

直击痛点 开启智能制造升级新征程

在智奇开展智能制造建设过程中，推动数字化转型，创造新价值服务模式，是其主攻方向。在智奇看来，它正经历从自动化、网络化到数字化阶段的转变。

在数字化转型道路上，只有先打好基础，搭建数据模型，形成自动反馈机制，才能实现智能化。

智奇希望以全业务流程数字化为突破口，通过数字化技术，把业务流程中涉及的各个环节串联起来，让信息传递更流畅，并做到追踪管控、模拟与优化，进而找到转型升级的新商业模式。

在数字化技术应用方面，智奇先后在 2010 年，引进了 HR/工作流/ERP/条码系统并完成上线；2011 年，实现全面预算管理及 BI 上线；2015 年，内控预警与 PDM 系统上线，对系统进行了集成，实现了信息的实时共享，大幅提高了流程运行质量与效率，并形成了以鼎捷 ERP 系统为核心，集成了衡计分卡、运营管理、全面预算、精益生产、6S、项目管理、商业智能以及条码等理念和手段的一体化管理平台，如图 7-12 所示。然而，仅仅只有以上信息化系统，智奇很难完成对从运营到生产现场的精细化管控，造成整体信息化效果大打折扣。

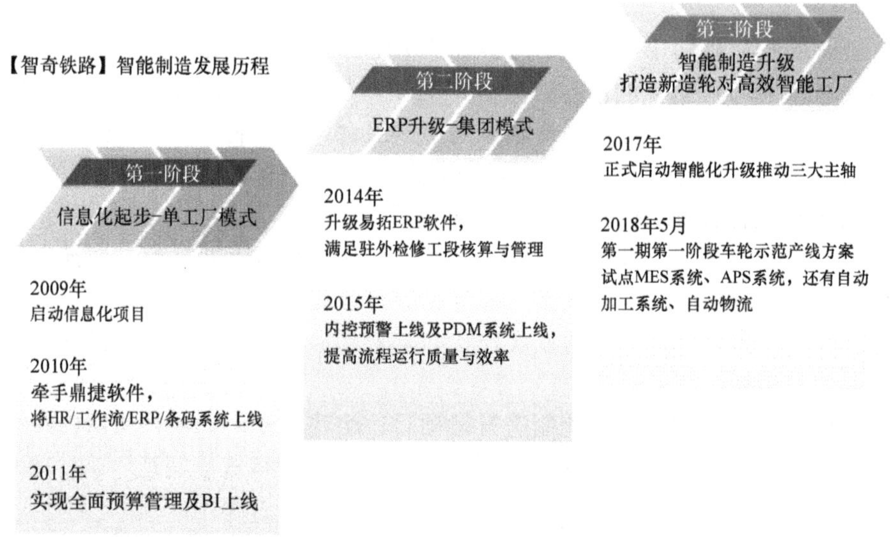

【智奇铁路】智能制造发展历程

第一阶段
信息化起步-单工厂模式

2009年
启动信息化项目

2010年
牵手鼎捷软件，
将HR/工作流/ERP/条码系统上线

2011年
实现全面预算管理及BI上线

第二阶段
ERP升级-集团模式

2014年
升级易拓ERP软件，
满足驻外检修工段核算与管理

2015年
内控预警上线及PDM系统上线，
提高流程运行质量与效率

第三阶段
智能制造升级
打造新造轮对高效智能工厂

2017年
正式启动智能化升级推动三大主轴

2018年5月
第一期第一阶段车轮示范产线方案
试点MES系统、APS系统，还有自动
加工系统、自动物流

图 7-12　智奇智能制造发展历程

基于此，智奇的智能制造升级方案计划以生产管理系统和智能分析系统为依托，建立以自动化设备为驱动力的智能加工中心、以数据采集与监控功能为主的中央集控中心、以 MES 构建的制造执行系统，以及智能物流与仓储系统等，以加快推进生产执行、过程控制及企业管理全面数字化、智能化进程，完成产业和服务的升级，如图 7-13 所示。

鼎捷作为智奇重要的合作伙伴，在"虚拟制造、智能检测及分析、智能生产制造、柔性智能装配、智能物流及仓储、数字化管理系统集成"等环节提供具体方案，协助智奇通过此次智能化转型加速实现自动化及信息化的全流程纵

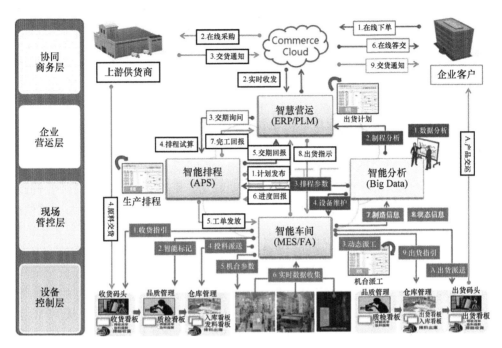

图 7-13 智奇智能制造战略蓝图

向集成,打造高效运营的智能制造工厂;构建检修服务流程一体化的数字化平台,提供优质高效的产品检修服务;整合产品全生命周期的内外部运营数据,开创知识基础的价值营运模式。

量身定制 打造以 MES 为核心的智能制造工厂

为帮助智奇打造真正意义上高铁轮轴及组件生产、装配一体化的智能制造工厂,鼎捷为智奇量身定制了"生产设备网络化,生产数据可视化,生产文档无纸化,生产过程透明化,生产现场少人化,生产环节智能化"的智能制造目标。

基于以上目标,智奇智能制造升级项目第一阶段的工作重点为:以高铁新造轮对产线为试点,打造以 MES 为核心的生产精细化管控指挥平台,实现 IT 与 OT 整合及跨系统集成,再结合 RFID 射频技术应用于仓储与物流管理,实现自动加工、自动物流,达到精益化、可视化与透明化管理。其中,搭建 MES 平台是第一阶段导入的核心。

智奇在构建 MES 平台过程中有以下四大重点工作:

1)实现新造轮对营运流程的全面信息化,贯穿自动化排程与派工,流程作业升级,营运流程与车间流程同步,逐渐架设车间与运营数字战情室。

2）实现新造轮对生产过程全面自动化，包括质检的自动化，生产设备的联动、互锁，在制品的全面追踪，通过 RFID 进行管控。

3）实现整个新造轮对机台的全面联网化，架设完整的制造型平台，将现场数据进行充分集成与连接，采集设备运转过程数据。

4）实现新造轮对的开发与制造一体化，通过工位屏及时更新最新版本的工程段技术文件，通过加工程序的优化和模拟的程式，进行工艺路线的刀具切削空间优化。

围绕以上工作，智奇的 MES 实施主要分为两个阶段来完成。第一阶段：实现物流控制与操作应用，自动加工程序自动调用，引进自动物流、射频管理技术，并实现基础文件版本自动化管理。第二阶段：继续强化 MES 平台，并优化应用界面。

值得一提的是，作为公司的智能制造中台，智奇的 MES 与 MDC、ERP、APS、PDM、DNC 等系统以及底层设备进行集成，通过系统集成保证了数据的有效转换和准确可靠，实现了从运营层到执行层，并最终到控制层数据的闭环管理：首先，MES 接收 APS 生产计划，从 ERP 获取生产订单资料，再从 PDM 系统获得相应产品工艺路线与工艺的信息。然后，在生产线执行阶段，从 MDC 系统获取监控设备状态，根据生产计划去 DNC 系统下载加工程序；根据现场运转情况去分配物流，通知物流什么时候给配料，什么时候运货等；对接自动测量系统，质检数据可以自动传输到 MES。

此外，为了提高物流效率，智奇引入了 RFID 技术。从物料入场开始，即给予唯一 RFID 标签，并对物料调拨、物料出库，以及生产过程每一道工序运转，比如物料何时上机台，何时开始加工，何时结束加工，何时进行测量，何时转移到下道工序等，均通过 RFID 进行监控和记录。

按照以往的作业方式，库管人员、叉车人员需先对物料进行清点，送到库房并在看板上记录。如果人员临时更换或请假，就很难知道车轮的具体摆放位置。而应用射频技术，针对库区进行整体的物流和定位规划之后，即使在办公室，通过 MES 也可以查看和获知物料的存储量、位置等信息，实现仓库的可视化、透明化，使得物料管理和物流效率明显提升。同时，管理人员可以通过物料在生产过程中的监控，对生产流程进行优化，提高生产效率。

通过智能制造项目第一阶段的上线，智奇在智能化升级方面取得了阶段性成果，获得了高度认可。

（1）生产作业智能化

在 MES 实施之前，产品加工之前的工序如核对轮子属于哪种规格的产品、确认设备加工程序是否符合要求、作业指导书是否到位、辅料是否足够等工作都是由人工来盘点，工作效率较低；系统上线后，通过 RFID 芯片自动识别车轮，确认当前加工车轮与设备加工程序是否一致，并通过工位屏查询电子作业指导书、辅料用料申请信息，快速高效且不易出错。

（2）实现可视化、透明化管理

通过现场设立工段电子看板，可以直观了解整个工段每一道工序、每一工位当前的生产加工状态，比如等待加工、加工中、加工完数量，以及加工过程中出现的不合格品情况；现场待定储位、待加工储位、周转储位，物料存放情况也能做到一目了然。

（3）存货刚性管控

在系统上线前，为了满足客户交货期，有时会打破精益生产中物料的三定规则，不仅增加了现场物料管理难度，而且在制品、不合格品、废品、合格品同时存在，也易产生质量问题。应用MES之后，通过RFID射频技术与库位管理相结合，利用定容定质定量去规划库位，比如哪些点可以放，可以放什么等。后台逻辑控制加上前端控制应用，彻底摆脱对人工的依赖，并通过系统做到刚性管控，严格按照生产原则执行。

（4）物流效率提升

通过内部运营流程信息化管控，物流效率得到明显提升。销售订单能够快速转成供货商的补货单，供货商从网上看到供货需求根据订单进行交付，物流人员根据产品上标识的二维码，快速生成物流单据办理入库，同时自动完成库管账务管理工作。下一阶段智奇将通过供应商交货平台管理，进一步提高物料流转效率。

7.6 MES提升百信轴承行业竞争力

人本集团有限公司（以下简称人本集团）创建于1991年，是一家专业轴承生产制造商，同时涉足商业超市、机电贸易等产业。人本集团是中国轴承行业的排头兵，通过投资、并购、技改等方式，现已形成温州、杭州、无锡、上海、南充、芜湖、黄石等七大轴承生产基地，拥有70多家轴承成品及其配件生产企业。集团能生产内径1.0～4000mm范围内各类轴承三万余种，2017年生产轴承12亿套。目前，集团正积极调整产业结构，从产能规模型向质量效益型方向迅速转变，全面增强企业综合竞争力，为把"中国C&U打造成世界级的轴承品牌"而努力奋斗。

人本集团上海百信轴承有限公司（以下简称：百信轴承）是人本集团投资的全资子公司，公司专业生产汽车减振器轴承、汽车摩托车发动机用摇臂滚针轴承、滚针、冲压滚针轴承。经过与富临精工（江淮）、江利（比亚迪）近3年的合作，公司积累了丰富的汽车配套经验。

作为典型的离散制造、设备密集型行业企业，自2004年正式投产以来，百信轴承在设备层达到了较高的自动化和柔性化水平，应用了自动联线、在线测量、自动分选等行业领先装备。在信息化应用上，逐步实施应用了OA系统及人本集团ERP系统等。同时，由于产品主要用于汽车发动机以及减震器等核心零部件中，客户对产品的品质具有极高的要求，百信轴承正在全面推行质量体系基础（Quality System Basics，QSB）不断提升产品品质，提高客户的满意度。

压力剧增，生产管控面临挑战

随着市场竞争的加剧，主机厂对配套企业的品质、成本、交货期提出越来越高的要求，如何缩短产品生命周期、迅速响应需求与供给的变动，如何有效整合及稳定上下游间的供需互动以便降低库存，如何实现生产全过程的有效追溯保证产品品质成为摆在百信轴承面前的难题。在生产管理上，百信轴承面临了巨大挑战：

1）生产排程不够灵活优化。随着订单的碎片化、规模化，公司逐渐形成了订单驱动型和计划驱动型制造并存的混流生产管理模式，以往按照计划驱动型生产管理的传统排程方式已经无法满足企业要求。同时，由于车间生产计划的编制和调整上均采用人工排产的方式，百信轴承的生产调度高度依赖于车间调度员个人的能力，无法保障生产计划的合理化。

2）无法实现生产现场实时监控。由于缺乏有效的管控方式，车间现场作业计划的完成情况及相关异常无法实时反应，人员、设备、物料、质量、效率等各类信息不能共享，不透明。

3）无法实现全过程无纸化的自动追溯。随着百信轴承的产品应用在丰田、大众、沃尔沃、福特、本田等品牌车型中，面对主机厂严格的质量管控要求，百信轴承尚无法满足客户的溯源要求，无法快速精准地查询到每批次产品的所有相关溯源数据，如市场售后质量问题反向追溯，原材料及配件质量问题正向追溯，车间制造质量问题向销售和原材料正反向追溯，加工设备、班次、批次信息追溯，原材料材质、供应商自检、进货检验、制造过程检验及其他关键质量信息追溯等。

携手锐制，打破生产管理痛点

为了解决生产排产、生产过程管控、质量追溯等环节的管理痛点，进一步提升公司的生产管理水平，提升公司行业竞争能力和企业发展速度，百信轴承决定实施MES，逐步打造轴承行业智能制造的先进企业。

在选择MES软件提供商时，为了确保MES的实施应用能最大程度地为百信轴承的生产管控水平带来突破，百信轴承从系统的平台化；MES软件的扩展性，是否具备二次开发能力；MES 与软件系统的集成能力；与生产设备、检测设备的数据采集及集成能力以及是否具有同行业企业实施经验等方面进行了周密的调研与考察。百信轴承希望所选择的 MES 除了满足功能的完整性、需求的实现度，还能真正推进百信轴承数字化工厂的建设。

经过慎重的考察和比较，从多家国内外 MES 供应商中，百信轴承选择了浙江锐制软件技术有限公司（以下简称锐制）。锐制数字工厂系统是面向工位的实时生产控制信息系统，它是企业实现智能制造、实现车间生产数字化的基本技术手段。通过数字化手段实现生产过程的可视化管理、实现高度协同化的智能制造、实时反馈生产现场的生产进度和各种异常、实现智能装备的运行驱动和数据采集、实现产品的双向生产过程溯源、最终实现以实时生产数据作为决策依据。

除了功能上能充分满足百信轴承的需求，锐制的实施服务能力以及锐制总部与百信轴承地理位置较近，能第一时间快速响应百信轴承的需求等，这也成为锐制打动百信轴承的关键。

锐制与百信轴承共同制定了其 MES 实施的目标，通过搭建数字化工厂架构的 MES 制造执行系统平台，涵盖生产制造整个过程，实现生产工厂的全面数字化。通过数字工厂的全面实现，提升产品质量、提高生产效率、提升客户满意度、降低劳动强度，最终提升企业的市场竞争力。

循序渐进，百信轴承迈向"智"造

百信轴承首先在减震器轴承车间以及振臂轴承车间实施了 MES，整个实施过程分为三期，逐步实现以下目标。

1）生产过程全面数字化。通过工厂建模，建立车间工段、工序工步、设备机台、班组人员、工艺路线、设备参数的数字化映射模型，搭建基于离散生产模式的数字生产模型，实现制造过程数字化监控。

2）生产现场数字化控制。实现作业计划、生产工单、制造 BOM、电子图纸、SOP 作业指导书、物料清单、工装模具的电子化定位下发到每个工序工位的控制 PC 或 PDA 上，实现跟踪标签、产品标签的条码化关联发放，并进行打印输出、上线校验和电子核对。

3）自动化排产。通过系统自动排产、并可结合人工调整等状况实现人机结合的排产结果。排程要素中要求根据销售订单、计划库存、插单、原材料到货周期及加工节拍等综合条件自动排产。

4）数据采集。采用条码进行过程产品跟踪，通过布置在生产现场的外置采集设备和智能设备数据接口，对人、机、料、法、环、测六个维度的数据进行实时采集，对产品上下线时点、不合格分项、设备参数、工艺参数、测试数据进行实时采集。采用锐制 DCS 系统和实时历史数据库进行数据中转和存储。

5）产品工艺数据的数字化管理。实现产品开发设计中的编码生成、产品BOM、工艺 BOM、制造 BOM、技术工艺文件、图纸、SOP 作业指导书等技术数据的电子化管理及传递，为产品生产提供精确的技术保证和技术规范。

6）全过程质量监控。实现原料进货检验、过程检验（首检、自检、巡检、抽检）、终检等检验报告无纸化。通过手工、仪器和设备在线检测，采集完整的质量记录，对质量数据和测试数据进行 SPC 分析，实现制程过程中质量的动作控制，及质量各维度统计分析。

7）产品溯源。实现减振器轴承和摇臂轴承产品的全过程溯源，包括正向、反向各角度的溯源。发现问题后可一键完成从材料检验、制造过程检验、产品交付检验的全过程质量信息追溯。

8）生产异常响应。通过系统事件管理功能，将生产异常信息通过 APP 及时推送给归口部门和当班责任人，同时，锐制还为百信轴承定制开发了语音播报系统，出现问题时可通过同步语音播报及时推送，并对处理人员处理进度进行跟进和绩效考核，提高事件响应速度。

9）绩效分析与持续改善。通过产出/效率/品质/库存/周期等数据的统计分析，通过决策和绩效管理实现对制造周期、在制品库存、产品品质等的持续改善。同时，通过监控大屏、PC、移动端等展示手段，来辅助企业管理者做出更快更合理的生产决策。

通过 MES 的实施与应用，百信轴承实现了生产现场的数字化管控，提升了企业的精细化管理能力，提高了产品质量，为企业进一步开展智能制造，提升行业竞争力奠定了坚实的基础。

1）通过优化生产排程模式（APS），生产车间的计划编制更加紧凑合理，能根据现场设备、人员、物料的变化迅速调整，大幅缩短并精准预测生产周期，使原来不确定的生产周期变为精准可控。

2）有效提高对生产现场状态的掌控，提高对质量异常、设备异常、执行异常的反应处理速度，提升设备稼动率、设备综合效率（OEE），使企业效率得以全面提高。

3）有效促进研发、生产、工艺、检测等关联质量的各个环节的技术进步，使产品质量得以全面改善及提高。

4）直接降低库存、优化产能、降低消耗、缩短生产周期、提升产品质量、强化成本管控、提升管理，为企业有效降低了综合成本。

7.7 沈飞集团：MES 助力　追求卓越生产

沈阳飞机工业（集团）有限公司（以下简称沈飞集团）隶属于中国航空工

业集团公司，正式创建于1951年，是以航空产品制造为核心主业，集科研、生产、试验、试飞为一体的大型现代化飞机制造企业，是中国重要歼击机研制生产基地。经过半个多世纪的发展，沈飞集团在航空防务装备及民用航空产品制造领域积累了丰富的经验，拥有完整成熟的研发、生产、销售体系，在工艺、技术、人才培养及储备方面处于国内领先水平。

需求驱动　追求卓越生产管理

沈飞集团属于大型航空制造企业，下辖数十个以专业划分的生产车间和业务主管部门，生产涵盖从原材料采购到整机装配试飞的完整制造过程，产品具有多品种、小批量的生产特点，部分单位加工设备自动化程度不高，产品加工流程较长，且零件大多要经过若干道工序、多个生产车间合作加工才能完成。生产期间如何保证计划按期执行、现场信息实时采集、质量信息精确追溯，是企业迫切需要解决的管理问题。

在实施应用MES之前，沈飞集团已具备一定的信息化基础，实施运行了以生产管理为导向的自研ERP系统，采用MBPP、CAPP等进行工艺设计，并以业务部门为导向建设了多个信息化系统。但各个信息化系统数据孤立，没有实现信息互联互通，各个业务部门之间的业务协调性较差，无法满足精益生产管理的要求。

2009年，沈飞集团以数控加工厂为试点启动了生产管理信息化工作，与北京虎蜥信息技术有限公司合作，开发和实施了"沈飞条码MES系统"，以解决生产计划与现场加工之间的信息流断层和生产过程的数据采集问题。随着双方合作的深入推进，受益于MES应用的沈飞集团决定拓展应用边界，将生产、质量、工艺、成本等厂级生产经营的各个领域都纳入到管理体系中，通过信息技术的深化应用实现厂级生产管理水平的全面提升。

整体布局　打造全面管控新体系

沈飞集团参考航空制造业信息化先进理论和实践经验，充分结合本企业体系规范、管理特点和生产车间实际需求，对飞机制造全过程信息化进行了全面的设计和规划，形成了以MES为核心的生产管理整体规划方案，如图7-14所示。基于实施应用的整体效果考虑，沈飞集团决定按照"顶层规划、分步实施"的战略部署进行循序渐进地推进。

沈飞集团希望通过持续深入的实施、应用、优化，实现企业级MES的全局、体系性应用，实现从传统管理方式到信息化全面管控的转变，并达成以下具体目标：

1）重构生产执行层信息化架构，促进公司信息化总体架构优化。

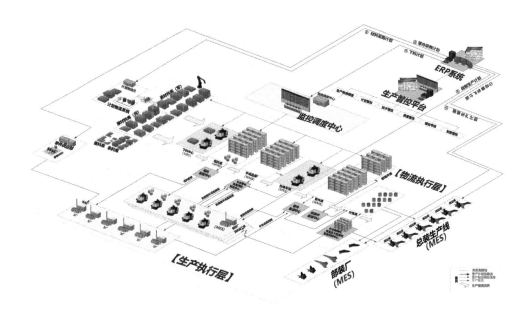

图 7-14　沈飞集团以 MES 为核心的生产管理规划方案

2）采用微服务理念的技术架构,实现业务流程的快速建模和功能实现,并支持快速升级。

3）建立厂级数据中心,以元数据、主数据、编码中心理念重构数据体系。

4）融合制度约束于系统功能,由事后查错转为过程防错;建立车间级问题管理流程,促进公司问题管理体系建设。

5）提升计划编制合理性、提升计划执行力。

6）现场展示看板,实时监控生产计划执行情况,现场异常及变更能及时反馈并柔性调度。

7）实现并优化车间设备维护管理业务流程,实现设备定检、巡检及故障风险预警。

8）产品制造记录无纸化、产量报告无纸化,且自动进行薪酬核算,能进行产能分析。

9）构建单机质量 BOM,实现产品质量快速追溯。

10）实现车间外协项目投产和进度管理。

深化应用　开启智能制造新空间

作为企业实施生产管理信息化建设的核心系统,沈飞集团 MES 涵盖了计划排程管理、调度管理、现场管控、现场工艺、产品检验、工时核算、刀具管理、工装管理、资源配送、管理看板、厂级数据中心等厂级生产经营的各个方面，承接了工艺设计数据、ERP 需求订单、企业级主数据信息，如图 7-15 所示。沈飞集团 MES 体现了企业均衡生产、质量管理的指导思想，以流程实现业务，打破传统 MES 管理范畴，实现车间生产运营管理全方位管控。

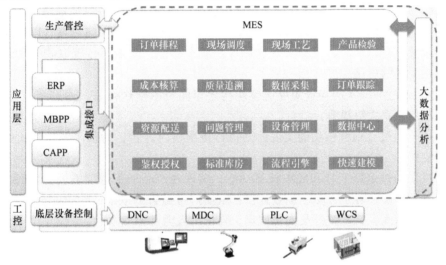

图 7-15　沈飞集团 MES 功能架构

主要实现功能如下：

1）订单排程功能实现了基于 ERP 需求订单的精确排程，生成更具执行性的生产作业计划。通过能力平衡提供了外协项目的建议方案，通过信息采集获取现场加工进度，通过服务接口向 ERP 反馈计划执行情况，打通生产主管部门与车间之间的计划信息流，大幅度提升公司和车间级计划管理水平。

2）快速建模功能实现了各个专业生产车间的快速建模。

3）基于 BOM 与生产资源库存信息，通过齐套分析功能，确保材料、零件、标准件正确使用，并及时提出缺件预警，保证计划派工顺利执行。

4）将制度与规范要求作为系统约束条件融入执行过程管理模块之中，避免人工失误，由事后查错转变为过程防错，以此为基础实现了产品制造记录无纸化，实现制造过程数据的全面管控，同时基于大数据分析技术提炼流程瓶颈步骤，提供优化建议。

5）通过现场数据采集和问题管理功能实现了计划执行过程实时监控，并对突发情况提供快速响应方案，满足车间现场调度需求；通过问题管理功能，促进了"公司级生产管控问题"管理流程优化，沈飞集团还以此为基础建立了生产管控中心问题管理体系。

6）通过与 BPP 系统集成实现了三维工艺模式下的生产制造过程管理，通过装前扫码功能快速验证零件可装正确性并快速匹配装配三维工艺方案。

7）与各工艺设计软件集成实现现场工艺更改贯彻，保证产品工艺正确性；结合工艺和制造数据形成可快速检索的单机质量 BOM，行业内率先实现单机质量快速追溯。

8）通过数据中心实现了厂级主数据管理，同时通过业务提纯构建了飞机制造业务流程引擎，实现了标准库房功能，即以物料编码为存储对象、以库位为存储位置，可以灵活、快速实现仓储库房管理功能，改变了传统以物料种类划分库房类别的思路。

9）通过标准库房与资源配送模块构建车间资源配送体系，通过精准物流，实现产线效率大幅提升。

10）通过计划考核功能实现计划执行情况实时评价，为员工绩效评价提供数据支持。

11）通过定额工时和成本核算功能，实现在产品加工进度推进的同时，系统自动核算操作者工作量、绩效评价；纸质产量报告的取消、薪酬的自动核算，促使部分车间经管室统计员岗位取消，降低了人力资源成本。

12）通过统计分析和现场展示看板，各级管理者可随时查看现场运营情况，并针对风险和问题进行提示。

13）通过 MES 系与 ERP、PDM、CAPP、WMS 的数据集成，打破原有的信息壁垒，实现了生产相关各业务领域之间的信息流。

随着系统不断深化应用，沈飞集团 MES 应用范围已由单一的机械加工冷工艺专业逐步拓展到钣金、焊接、热处理、表面处理、复材加工、锻铸件制造、原材料分割、飞机装配等全门类制造专业，由零件生产拓展到飞机总装的全制造过程，并改变了企业以部门为导向的信息化建设策略，打破了生产、工艺、质量、采购、物流、财务成本之间的信息壁垒，通过业务流程梳理和数据重构提升了厂级生产经营管理水平，开启了智能制造建设的新空间。

技术引领　担当使命再启程

从 2009 年开始的"沈飞条码 MES 系统"，到如今逐步建立起的完整生产管理体系，通过多年的持续性完善和建设，沈飞集团率先在国内飞机制造领域全线贯通了企业级的 ERP、PDM、CAPP、质量管理等关键业务信息流，制造过程沿用了六十余年的《产品制造记录》也完成了向无纸化管理的跨越，实现了制造数据在装配、钣金、机加、热表、焊接、复合材料等各生产车间的流动、采集与精细管控，为企业的生产组织和经营决策提供了及时、准确、完整的信息，为满足客户对产品质量追溯的要求提供了快速、精确的依据。同时，设备状态实时监控、生产过程实时反馈、现场异常及变更及时反馈和柔性调度，也为企业生产的透明、精益、高效奠定了坚实的基础。

沈飞集团积极应用先进技术打造基于智能制造的生产模式，以 MES 为核心，深入开展零件精准制造、装配系统集成等技术的研究和应用，极大地推动了零件制造和装配集成向自动化、智能化发展的进程，为企业核心制造能力、资源平衡能力，以及生产管控能力的提升都做出了巨大贡献。未来，沈飞集团还将基于 AI 增强现实、数字孪生、5G 等新技术的应用与实践展开探索，不断用科学技术推动企业创新，笃行"航空报国"使命，用航空梦托举强军梦、中国梦。

7.8 精益求精，MES 助力龙旗践行工匠精神

上海龙旗科技股份有限公司（以下简称龙旗）是中国最大的手机设计供应商之一，创立于 2002 年，主要从事智能手机、平板电脑、虚拟现实设备等各类智能产品的设计、研发、生产与服务，为客户提供从产品规划、概念设计到产品交付、售后服务的全套移动终端解决方案。总部位于上海，在上海、深圳、惠州等多地设立研发中心，制造产业基地位于惠州，并在世界多地设有分支机构。龙旗致力于成为全球领先的智能产品和服务提供商，为全球知名品牌和互联网企业提供可信赖的优质服务，用科技为社会创造新价值。

奠基·匠心伊始

2002 年龙旗成立之时，正值国内外手机供应商出于效率的考虑开始将手机设计外包，再加上当时国际市场上的手机研发设计也正大量向中国转移，所以整个市场欣欣向荣。龙旗借助市场的这波劲风随风而上，迅速地站稳了脚步，快速地推出了手机设计方案及对应的产品。随着公司规模的扩大，2010 年惠州龙旗产业园建成，公司业务也开始从传统手机设计向 ODM（原始设计制造商）业务全面转型。

转型之初，龙旗在生产过程环节采用了各种单据及稽核手段来确保产品的品质及过程受控性。随着生产规模的扩大、出货量的剧增，以及客户对生产过程的管理要求越来越高，这种管理方式已经不能满足对生产和品质的高标准要求，迫切需要采用新的管理工具与理念来形成新的竞争力，由此龙旗开始打造符合自身发展的精益生产工具。2012 年年底，在龙旗迎来成立 10 周年之际，通过多方选型以及与自身发展的匹配，最终龙旗选择了明基逐鹿作为企业智能制造的合作伙伴，开启了智能工厂落地的匠心之旅。

最初龙旗把精力主要集中在内控与对外服务上。内控主要是从企业内部生产运营的角度从物流到生产进行整合，嵌入质量实时控制体系，打造整个闭环管理流程。对外服务则是提升客户的满意度，包括从销售接单到发货服务，通

过建立起与客户直接对接的通用的通讯标准（EDI）平台，改善了服务的效率和准确度，有效地响应了客户的需求。

与一般的设备工程 Turn Key（交钥匙，一站式方案）交付方式不一样，MES 项目从来都不是一个交钥匙工程，需要根据生产组织模式、管理方式及企业自身的特点进行构建和实施。在合作伙伴明基逐鹿的帮助下，历时半年多，龙旗完成了 MES 的一期建设，初步解决了以下问题：

1）通过快速准确的数据反馈提高决策效率，降低管理成本，为计划制定提供依据，使管理简单化、标准化。包括：现场实时采集，将数字变成数据，实现对生产现场实时监控，为决策提供依据；根据生产执行状况了解生产现场的事务处理及进度，为生产计划的制定及更新提供数据。

2）通过物料管控，实时了解仓库原物料的库存及备料状况。包括：通过用条码收发料等方式，提高仓储备料、发料配送、现场接收等环节的物流运作效率，加快实物信息传递，提高作业效率；实现实时物流监控，按需发料；配合生产节奏，避免现场缺料。

3）通过现场数据实时采集，实时了解现场生产资源的使用状况，及时反馈计划实施状况。包括：通过生产现场数据采集模块，实时采集生产现场各项生产数据，真实地体现现场生产资源的使用状况；根据现场生产资源数据对设备、人员负荷情况进行分析，及时全面了解整个车间设备、人员等运行的总体情况，对设备、人员进行优化调度，提高现场生产资源的利用率。

4）建立全面防错机制，防止人员越权、物料错误、产品错误流转等问题的发生。包括：对物料的正确性、产品是否完工进行验证，防止不正确物料和未完工的半成品流转至现场；人员操作实行授权验证机制，只有通过合法授权，才可以执行岗位的操作，以此防止人员越权操作；建立产品对应的工艺途程，以此作为途程校验的依据；通过制程防错确保产品按照预先设计好的途程流转，减少跳站、漏测等行为，保证产品生产过程完整性；对每个工序的操作步骤做完整性验证，防止操作员作业过程中漏操作；防止产线上产品误流转，如尚在抽检过程中的产品被误入库，不良品未经过维修流转至产线。

5）通过电子看板、报表分析的方式实时了解生产进度，使生产现场透明化。包括：通过看板或报表等工具，实时显示生产现场的汇总数据，使工作人员能快速、直观地了解生产现状，借以分析报表做出正确的处理策略；实时掌握各生产线的产量数据，使班组人员随时获得当前生产任务的进度；通过电子看板对现场异常状况进行及时通报，使现场管理者能及时掌握产线异常状况并快速做出应对策略。

6）生产进度监控。包括：通过对生产现场基础模型的设置，以及生产管理等功能，对线上作业人员的不良现象记录提供了实时录入途径，这些原始数据通过固定的格式存储在后台数据库中,以供相关管理和作业人员随时查询;系统提供预警管理功能,能够实时监控生产现场的异常状况,例如工序良率随时间推移的变化趋势等,当异常发生,系统能够通过手机短信、个人计算机终端以及邮件方式,向不同层级管理人员发送不同的异常状况警示,以便进行及时改正并积累经验持续改进。

7)追溯管理。包括:通过追溯管理功能,可以看到产品的详细生产过程数据,如经过的工序站别及作业人员、测试的结果数据等;还可通过物料信息查询物料用到哪些产品上。

作为智能工厂体系的骨架,MES 整体框架的建立,标志着龙旗生产运营信息化体系开始发挥成效。

塑形·独特匠韵

解决问题是为了更好地发现问题,当掌握得越多,也就意味着改善的空间越大。龙旗在完成 MES 基础模块的构建后,发现还有更多可优化业务。时隔不到一年,龙旗就迈开了持续改善的步伐,查漏补缺,在精细化的道路上继续前行,并由此开始了龙旗二期、三期、四期等持续不断、独特匠韵的 MES 深化应用之旅,如图 7-16 所示。

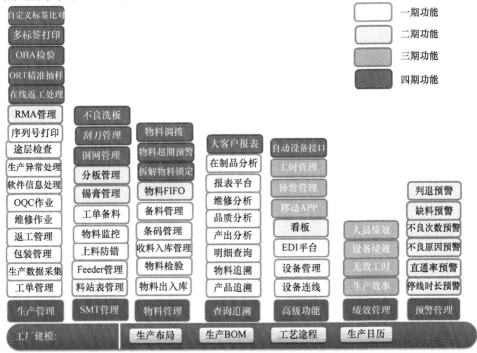

图 7-16 龙旗 MES 实施规划

手机、平板电脑等智能设备产品管控环节及物料众多、包装及附件多样、产品本身各种标识信息繁多。随着信息技术的高速发展，其更新频率越来越快、生命周期越来越短，因此市场对生产供应商的产效能力要求越来越高。龙旗在MES的实施应用中，还把精益生产理念、业务，以及系统相结合，不断提升管理的针对性和效率，做到精益求精。项目实施过程中，有很多例子都体现出了龙旗对工匠精神的追求。

1）为确保物料及标识正确性，生产过程中测试环节的状态、产品流程等都需要独特的处理。结合这种需求，MES对产品IMEI、MEID、入网许可证、MAC、产品序号等号段进行管理，建立过程不良回收体制，确保各种号码的唯一性及符合性。

2）在手机行业，工厂为了防止上错料或附件，会有各种标签比对以达到正确组装目的，通用的方法是每一种比对单独形成方案，不同产品采用不同比对方式，但这种方式易导致生产烦琐，甚至选择错误等问题。针对这一问题，MES把标签比对方案变成可配置的，并将标签比对方式关联产品，生产时根据产品维护的标签实现各种交叉比对。

3）产品量产时，通常通过产品可靠性测试（Ongoing Reliability Test，ORT）来验证产品品质的稳定性与可靠性，龙旗ORT抽检测试中需要对关键定制件物料实现不同厂家、批次的精准覆盖，从物料批次维度实现精准抽样。之前ORT抽样在系统外进行，质量不易受控。为了避免人为因素影响，龙旗从MES层面上对此进行了管控，可配置的ORT抽样方案，以时间为维度，检查工序对应的"关键物料"数量，按照不同数量定义不同抽检比率，确保抽检覆盖度，而且提高了生产效率。

远航·初心不变

项目的终点是下一个改善的起点，龙旗对智能制造改善的追求一直没有改变。从MES的选型到一路上多期功能的改善与升级，从单纯的管理软件到智能制造一体化，通过MES项目的长期实施与改善，龙旗拓展了自身的能力。透过MES，龙旗看到了生产上巨大的变化。

1）产品生产流程标准化，提升生产精益化管理水平。整合企业内部产品流程，以"流程+表单"的模式，将原本零散的产品流程标准化，并制定成统一的流程规范在系统中固化。"唯一性"的标准使得生产更加精准，不仅提升了产品品质，还全面增强了企业生产管理能力。

2）制造过程透明化，满足企业生产内部管理需求。通过从订单接收、物料投放、质量检验、产品追踪等一系列工序的可视化管理，实施生产现场生产数据采集、订单详情分析、全程产品信息掌控、异常问题快速反应处置等，这些都大大提升了生产效率。

3）将标准化质量检验过程落地，全面提升产品质量。通过对产品生产全过程监控，提供给质检人员基准数据和标准工具，指导质检人员完成检验过程，帮助企业进行日常品质分析和周期性的品质持续改进；对工艺过程稳定性、产品良率、不良缺陷分布波动状况进行实时监控并预警，有效提升产品质量。

4）全员信息化意识提升，充分认识标准化的意义。工作效率的大大提升，让由上而下的管理者、员工意识发生了巨大的变化，不但员工的出错率降低，系统的多重防错体系也日渐完善。

目前龙旗 MES 对智能制造的改善已经扩展到了所有与生产相关的软件、硬件、自动化设备、AGV 等方面，柔性智能的生产管理体系不仅为高标准、高精度的产品质量保驾护航，还为龙旗增产增效、深化精益变革奠定了坚实的基础。

7.9　MES 助推科信技术生产运营管理变革

深圳市科信通信技术股份有限公司（以下简称科信技术）成立于 2001 年，是一家国内领先的通信网络基础设施解决方案提供商，主要为国内外电信运营商、主设备商和网络集成商提供网络解决方案和技术服务。科信技术自成立以来，一直把技术研发作为战略重心之一，聚焦 5G、IoT、IDC 等领域，围绕客户需求和基于技术领先的持续创新，开发出光通信网络解决方案、物联网解决方案、通信网络能源解决方案、数据中心解决方案等系列市场领先的产品和解决方案，为客户不断创造价值。

发展途中，面临内外部环境双重挑战

通信行业是典型的技术驱动型行业，技术的演进发展推动了市场需求的增长。客户需求的变化和技术替代的加快，对通信设备制造行业内企业的综合实力、技术创新能力和敏捷高效的市场反应能力提出了更高的要求。越来越激烈的行业竞争、越来越高的产品质量要求、越来越快的产品更新换代速度，以及客户对产品关键物料的可追溯要求等因素，使得科信技术的生产运营面临了前所未有的巨大挑战，如图 7-17 所示。

直面挑战，打造透明化智能化生产空间

基于面临的挑战，科信技术设定了"致力于质量、成本、效率、柔性、敏捷、集成，打造具有综合竞争优势及科信特色的卓越供应链"的战略目标，不断优化组织架构及业务流程，持续变革管理，希望通过信息化系统的落地固化，持续提升供应链响应速度和内部运营效率。

为了有效支撑公司的战略目标，加快产业转型升级，科信技术先后启动了 ERP、PDM、SRM 等信息化项目，同时为了贯通研发、营销、交付三大中心主

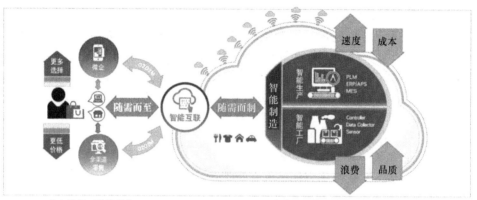

来自外部环境的挑战　　　　　　　　来自内部环境的挑战

- 市场变化快速且难以预测
- 产品生命周期越来越短、少量多样
- 竞争门槛越来越高(ISO/RoHS/精益/缺陷召回……)
- 客户评审越来越苛刻
- 国家的号召、政策的导向
- 您的竞争对手已经开始弯道超车
……

- 工单执行到哪一步?WIP/直通率/品质情况是否正常?
- 能否准时满足交付?紧急插单/撤单可行吗?
- 制程中如何防错、防呆?关键物料使用到哪些订单上?
- 物料来料品质如何?先进先出(FIFO)如何保障?
- 工艺路线是否最优化?生产瓶颈在哪里?
- 人员/班次产量以及标准工时?设备利用率如何?
- 如何向客户提供完整追溯记录?
……

图 7-17　科信技术面临内外部挑战

体业务流程,决定引入制造执行系统 MES,从人、机、料、法、环等多维度,提升仓库管理、生产管理、质量管理、计划管理和设备管理等方面的水平,打造透明化、协同化、智能化的生产环境。

面对市场上众多的 MES 产品和厂家,科信技术经过了一系列的考察,最终选择了摩尔元数作为 MES 供应商。希望将科信技术的需求和摩尔 N2 云智造系统的功能进行融合,实现业务和系统的无缝衔接,打造全程可视、过程可控、结果可溯、精益化与智能化相融合的科信技术智能制造平台,以实现"可视、可追、可控"的运营管理。

经过充分的需求调研,并结合企业自身的情况,科信技术制定了 MES 项目建设的总体目标。

1)集团化企业运筹力。集团内可控的制造和品质、跨工厂和供应链上下游的协调,以及对成本的精准把控。

2)生产信息全面实时可视。对人、机、料、法、环、测、成本等生产要素的动态把握,制造信息的实时与透明化。

3)精准的决策指挥。实时对订单、物料、设备、人员、生产进度的目视化和智能分析报警。

4)高效的执行力。保证质量控制的同时,具备持续稳定的生产执行能力,满足质量、成本和交货期（QCD）的综合要求，及时监管，高效追溯。

5）跨系统的整合信息。系统间信息和流程的无缝集成，可灵活扩展、可持续扩展，成本低、易于维护升级。

以 MES 为推手，实现企业精益变革

根据 MES 项目建设总体目标，科信技术构建了涵盖 ERP 接口、WMS 电子仓库、生产制程管理、质量管理、工艺管理、设备管理、预警平台与看板、APP 移动工厂与设备接口等 9 大范围的业务板块，涉及主业务流程 79 个，相应架构图如图 7-18 所示。

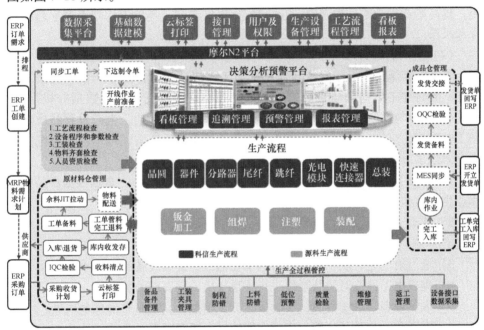

图 7-18 科信技术 MES 构架图

主要实施内容如下：

（1）WMS 电子仓库

通过 WMS 实施，实现少人化，减少仓储面积，提升上架和备料效率。

1）条码化改进。所有来料推行最小包装贴条码标签，从源头建立物料的追溯；推行云标签打印平台，推动主要供应商执行打印，降低标签和打印成本。

2）收料计划。收货计划导入标签打印平台，可以有效指导供应商按照收货计划进行标签打印和交货；减少库存占用，避免库存金额增加、库存周转天数延长。

3）动态货位。通过货架货位管理，以及 PDA 指引物料的上架和取料，缩短传统货位管理找料的时间，提高备料效率；对拣货人员的能力要求降低，可以快速上岗。

4）精细化管理。实现仓库内部精细化管理，提供替代料关系和库存数查询；对长周期呆滞物料、不合格物料、复检物料提供提示预警，减少物料损失，提高库容利用。

5）动态盘点。代替原来的静态盘点，采用动态盘点功能。由仓管查询本月未盘点过的物料，然后利用碎片时间进行盘点，财务每月抽盘复核，减少盘点人天。

6）ERP/MES 账物相符。MES 和 ERP 系统实时对接，物料移动同步 ERP 账务，提高账物相符率；为 MRP 的准确运行提供基础，降低因计划不准导致的库存和呆滞。

（2）生产制程管理

在系统实施前，工序间流转通过纸质工序流转卡，各工序间信息无法及时反馈；实时加工数据和质量数据依赖人工进行记录，无法实现数据分析预警；各工序的生产数据和检验数据都无法和产品一一关联，缺乏生产过程品质数据和工艺数据的追溯；原材料也未与产品进行关联，无法实现可追溯。系统实施后，实现了以下改善：

1）部分关键和柔性岗位建立 ESOP（电子作业指导书），自动根据产品推送作业指导书和相关的质量检验要点、作业要点。

2）建立人、机、料、法和产品的追溯关系，采用批次和序列号相结合的方式。

3）通过对老化、烘干工序进行电子化监控，提高设备利用率。

4）集成电子秤，对包装附件进行称重校验，提高产品品质。

5）测试设备与系统集成，实时采集测试信息，实现品质信息全采集。

6）电子化收集质量数据，实时在线统计分析和预警。

7）建立关键工序、检验计划的防漏防呆，建立员工技能和岗位需求匹配的认证。

最终，产品直通率提升至 95% 以上，实现了零上料错误，大幅减少制程过程中的混料漏件，且物料批次完全可追溯。

（3）计划排程管理

通过系统实施，提升保精准供应、保精准交付的能力；优化排程，提高产能和产能利用率，降低生产成本；优化物料供应，提高物料供应的准时率、库存周转，降低存货金额。主要内容如下：

1）钣金厂实现成套计划快速排程，生产过程管控按套执行，产品生产透明化。

2)装配厂/总装厂建立月计划滚动、周计划稳定计划机制。月计划确保精准供应,确保 MRP 运行准确,有效控制库存;周计划确保精准交付,产能利用最大化。

3)建立可视化的排产模式,通过 MES 动态统计产能负荷,通过甘特图实现可视化的排产,将排产结果同步到 EBS。

4)通过系统齐套,冻结待投产的物料,避免产前挪料、欠料,影响产能利用。

(4)质量管理

通过系统实施,改变了以往手工单送检,用纸本记录检验结果、打印检验规范,人工进行质量统计分析的工作模式,实现完全无纸化、质量数据采集实时性,降低统计分析工作效率,提高统计分析的准确率。

1)构建共享透明的品质防御体系,包括 IQC、IPQC、FQC 的处理,自动触发和报警各类检验单,自动采集检验记录,看板上直接显示直通率、DPPM 等 KPI、SPC、报表和图表,如图 7-19 所示。

2)规范质量管理流程,自动化采集检测数据,自动进行不良分析,自动判断良品率。

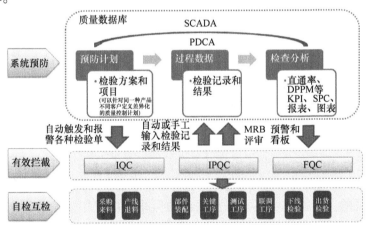

图 7-19 科信技术 MES 的品质防御体系

(5)透明化智能工厂

系统上线前,在生产透明化管理方面,还存在着很多问题,比如:很多部门都配置统计和分析人员负责数据的收集和统计分析,相关信息通过报表、邮件、看板、电话等形式传递;车间和各部门有设置看板,但看板内容依靠人工更新,大多只能起到事后收集和事前警示作用,对过程的实时预警和纠正作用较小,一旦出现问题处理成本高。

MES 的实施,很好地解决了生产管理不透明、不及时问题,信息传递速度提升 50% 以上，通过看板可以实时动态地管控生产现场，如图 7-20 所示，并对现场异常及时做出反应。主要功能如下：

1）业务流与数据流实时同步，数据信息准确可靠。
2）关键指标报表自动生成，主动推送给相关人员，降低人力成本。
3）过程数据自动收集，结果实时输出，信息实时透明，主动预防拦截。

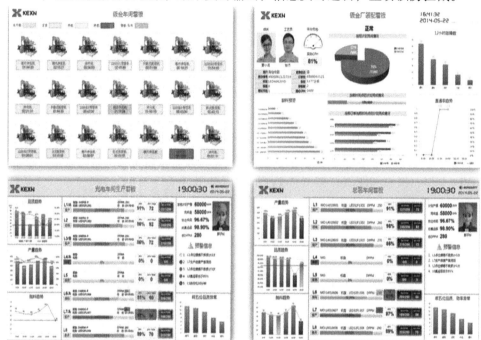

图 7-20　科信技术智能工厂看板

科信技术 MES 于 2018 年 10 月正式上线。实施构建的质量可靠、过程可控、结果可溯的闭环生产管理体系，为企业降低运营成本、提高交付效率做出了重要贡献。目前，科信技术还在进行系统的深化实施应用，不断引入 7S 管理、QCC、TPM、TQM、WSS 等多种先进的管理工具和理念，以持续推进企业精益变革。

7.10　MES 打通橡塑制造企业精细化管理之路

汽车零部件行业作为汽车整车行业的上游，是汽车工业发展的基础，汽车制造业的竞争很大程度上也是其零部件产业水平的竞争。近年来，国内汽车零部件企业通过技术引进、合资合作、自主发展、多元化投资等相关措施，在装备水平、制造技术、产品质量、管理水平等方面均得到了大幅的提升，但仍面临着种种挑战，随着我国汽车行业供给侧改革力度的不断加大，产品结构调整和更新步伐持续加快，对于汽车零部件企业来说，如何快速地适应变化以应对挑战，已成了亟须解决的重要课题。

某橡塑制造企业专注于生产汽车密封件、装饰件、辊压件等汽车零部件。经过二十多年的发展，已形成橡胶密封条、塑胶密封条、辊压件等三大系列，1000多种规格的汽车密封条产品，覆盖车身各个部位，具备整车全套车身密封条的配备供应能力，完全能够满足整车生产厂商整体配备的需求。

在研发上，该企业已具备了强大的模具、工装独立设计开发能力，能够根据汽车厂商提供的车型数据进行全车密封条的同步开发，设计开发匹配优化的密封条产品，并进行性能模拟分析和预测，提高开发工作的技术能级，缩短产品的试制周期，在行业内具有突出的优势。在产品质量控制上，该企业以主流合资汽车整车厂的质量要求为标准，产品的材料性能、成品性能均达到行业领先水平，公司针对生产过程中的各个环节都制定了相应的质量控制程序，建立了完善的质量管理体系，并通过了 ISO/TS16949：2009 质量管理体系认证。

重压之下，生产管理瓶颈凸显

对于汽车零部件企业来说，整个生产及供应链体系必须与整车厂协同，才能够确保品质、交货期的要求。在 2015 年以前，该企业的产品主要配套本土品牌汽车，与国外品牌汽车相比，本土汽车无论在技术还是管理等方面都具有一定的差距。然而，随着传统汽车企业的竞争压力越来越大，国内汽车行业增长率逐年下降，在重重压力之下，企业提出了向高端市场转型的发展战略。

随着竞争的加剧，车企正在不断追求更精益化的管理以应对市场挑战，而高端客户对配套企业在品质、成本、交货期上也提出了更高的要求，如何以合理的价格提供最佳质量的零部件，有效地提升制造交付能力和成本管控能力成为摆在该企业面前的难题。

在成本管控上，企业正面临着人员招聘难、培养难，用工成本逐年增加的问题，并且随着人员的增加，管理成本也快速增长。尤其对于生产车间人员，如何有效地进行绩效考核和管控，以充分发挥人工潜力，给管理者带来了不小的挑战，此外，生产现场信息无法实时共享导致生产运营效率低的问题也会导致综合管理成本居高不下。

为了减少人工成本的增加，该企业已逐步进行自动化改造，通过自动化设备代替人工，以减少人工成本增加的影响。但随着设备的增加，对设备的管控也随之带来压力，尤其在车间设备未联网的情况下，无法准确分析并改进设备利用率低等问题，并且由于不能及时、准确地记录设备工艺参数和品质数据，对产品质量问题无法进行追溯分析。

在产品质量方面，该企业的大部分客户针对产品的品质提出了更严格的要求，尤其对于品质追溯和先进先出，需要快速、精确地追溯产品生产过程，以便在发现问题产品时，快速锁定问题产品范围和质量问题发生的原因，以往仅仅依赖人工手段进行生产过程管控的方式已无法支撑客户的要求。在效率提升方面，该企业的生产工序主要分为炼胶、挤出、后工序三段，生产车间超过 20 条生产线，如何合理调配原材料、人员、设备等生产要素，加快生产节拍，快速响应整车厂随时滚动的要货需求对于企业来说是不小的挑战。作为以流程型生产为主的制造企业，无法准确、快速、科学地制定生产计划，不能及时对订单生产进度、物料使用情况及在制品进行实时跟踪和管理成为制约企业交付能力的最大瓶颈。

可以说，无论从企业自身发展还是满足客户需求的角度，该橡塑制造企业都面临成本、品质、效率等方面的压力和挑战，如果不借助一套完善的生产管理系统，将直接影响公司发展战略的执行。

慎重选型，明晰生产管控突破之道

在长期的发展中，该企业早已认识到信息化对于零部件企业的重大作用，已使用金蝶 K/3 ERP 多年，期间也做了不少二次开发，积累了丰富的应用经验。在决定通过实施应用 MES 来突破管理瓶颈时，为了确保 MES 的实施对原有的开发及 ERP 的流程不造成大的影响，无论是对 MES 需求的确定还是 MES 软件商的选择上，该企业都经过了慎重的考量。

1）MES 必须能够与现有设备互联：在 MES 应用之前，公司已对现有 22 条生产线及设备进行了自动化、数字化改造，各条产线都可通过 PLC 控制，提升了生产品质和生产效率。因此，该企业希望能通过设备联网，实现 MES 与自动化设备间的集成，实现对设备工艺参数、产量、生产速度等数据的实时采集，以便进行分析和考核。

2）MES 能够与 ERP 集成：公司认为，MES 虽然与 ERP 系统从概念到实际使用情况完全不同，但是 ERP 有很多数据是可以供 MES 使用的，包括 BOM、物料、工单等，并且 ERP 的成本核算也需要 MES 提供更加精确翔实的信息，这些数据也会用于公司的绩效考核过程中。因此，集成能力成为 MES 选型的必要条件。

3）MES 供应商必须熟悉 ERP：该公司认为，所选择的 MES 供应商必须对 ERP 系统具备深入的了解，这主要是考虑如果 MES 供应商对 ERP 系统不熟悉，那么在项目实施中设计的方案也很难充分考虑现有 ERP 的使用，并且会增加额外的沟通成本，带来不必要的投入。

4）MES 供应商必须具备信息化整体规划的能力：除了 ERP 系统，该企业内部还经有多套信息系统在运行,包括 HR、OA、SRM、PLM、天然气管理系统、炼胶管理系统等。MES 作为新引入的系统必须考虑到如何与其他现有信息化系统相互协作,以减少数据的重复输入,提升数据的一致性,同时,MES 对管理需求的实现及系统接口的定义也需要规范,因此企业希望 MES 供应商能够站在公司整体信息化的角度进行方案设计,以减少重复投入,提升整体信息化的效益。

5)MES 供应商必须具备汽配行业实施经验:由于 MES 的实施不仅仅需要满足企业内部的需求,还要应对不同客户对企业的各种要求,因此,公司希望 MES 供应商能够具备汽配行业 MES 的应用经验,以方便实现与主机厂的协同。

经过慎重的考察和比较,从多家国内外 MES 供应商中,该公司选择了深圳秦权软件。秦权 MES 在设计之初就考虑 MES 必须建立在 ERP 系统基础之上,与 ERP 系统集成,从制造业信息化整体规划考虑,在遵循 ISA-95 国际标准的前提下,合理设计 MES 及与 ERP 系统的功能分布和接口,最大程度减少用户的投入和应用的复杂度,这成为打动企业的关键。

精细化管理,MES 开启变革之路

该企业的 MES 实施分两期完成,在一期的实施中,主要针对炼胶车间、挤出车间,完成 MES 在两个车间的上线,以及实现原材料及半成品仓库的条码化管理、物流配送管理,并且实现 MES 与 ERP、HR、OA 等系统的集成。

在二期项目中,主要实现后加工工序的 MES 上线以及成品仓的条码应用、RFID 应用、仓库亮灯拣货系统应用。总体系统功能架构如图 7-21 所示。

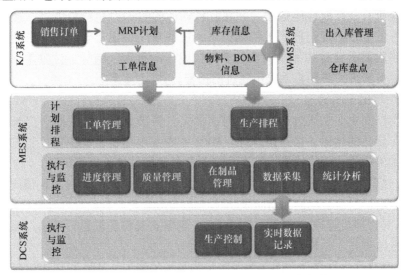

图 7-21 某橡塑制造企业 MES 总体系统功能架构

(1)生产排程

由于该公司的产品分炼胶、挤出、后工序三段生产,半成品保质期短,同时库存空间有限。在制定生产排程时,需要考虑材料的保质期、半成品库存、相同模具的产品合并生产、优先产能的约束、交货期约束、白夜班优先级等因素。MES上线后,系统在排程时首先针对各段的关键工序进行排产,并按照约束要求将排程精确到了5分钟,其他工序则参照关键工序执行。当生产过程发生异常时,生产排程模块能够自动根据设备采集的数据进行判别,并快速调整产能。

(2)炼胶车间管理

炼胶车间属于流程型生产,产品批量大,因此对投料的控制、保质期管理、检验数据的要求非常严格,MES需要实现与设备控制系统、检验设备的集成。

1)投料管理。投料管理能扫码识别物流及批次,做到防呆处理。在具体的应用中,由于物料包装大,搬运困难,所有原料均在来料时粘贴条码,包含物料代码、批次、数量等信息。系统通过无线串口扫描枪扫描物料条码,并根据条码及投料规格要求自动识别物料规格,根据物料批次及先进先出规则判定投料是否正确,如果正确,则通过语音提示"投料正确",同时通过串口发送开盖指令,投料口自动打开,从而满足防呆的要求。

2)保质期管理、检验管理。胶料的保质期很短,通常以小时计,因此在系统中需要精确到每箱产品的生产日期及时间,并在到期前根据不同状态进行预警,确保胶料处于最佳的使用状态,同时每箱胶料必须注明检验结果及质量等级。系统上线后,胶料半成品在装箱前即进行检验,在检验过程中输入对应的批次,系统自动抓取检验数据,并在胶料箱标签打印时将检验数据、质量等级打印到标签上,实现箱标签的精确记录,帮助车间目视化管控。同时通过电子看板等手段展示胶料的保质期及最新需要发出的批次、箱号、位置等,确保防呆的同时也实现发货的自动提示和过期预警。

(3)挤出车间管理

挤出车间主要是通过加热胶料与钢带复合挤出成型,并按照一定长度裁断后形成半成品的过程。在挤出车间,MES主要实现物料自动配送、工艺参数记录、异常停机管控、半成品标签自动打印及自动推送检验单等功能。

1)物料自动配送。MES可以统计线边仓的库存及实时物料消耗情况,达到配送需求后,系统自动通过看板发出配送需求及位置。

2)异常停机管控。产线异常停机时,物料自动停止配送,并通过微信发送异常消息给责任人,超时则自动向上级反馈。

3)半成品标签自动打印。为了防止物料标签错误,MES可以通过与PLC通讯,当产品切换时,只需要在MES中扫码开工,系统会自动发送工单号到PLC,

以自动调整喷码内容并将工艺参数与工单信息关联。同时,为了防止标签打印与实际产品不一致,系统中还设置了自动打印功能,当产量达到标准装箱数后,系统自动打印一张标签,这样即减少了人工操作,又能防止错误的发生。

(4) 仓库管理

仓库管理涉及原材料、半成品及产成品的管控,通过 MES 的实施,实现了仓库货物按箱管控,通过 PDA 扫码进行出入库管理,同时自动生成 ERP 单据,完成记账工作。为了进一步提升效率,该企业还在部分仓库启用了 RFID 自动识别系统及 LED 亮灯系统,代替 PDA 作业,实现无感出入库,同时自动生成 ERP 单据,如图 7-22 所示。

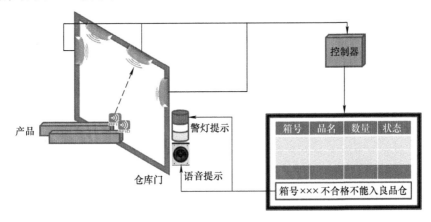

图 7-22 RFID 自动识别系统及 LED 亮灯系统

RFID 识别系统集成了三色报警灯、语音提示、仓库地图指示等手段。当系统感应到货物出入库,会自动核对每箱货物的状态,当发现有不合格品或者不匹配的产品出入库,红色报警闪亮,同时语音提示说明原因;当正确的仓库作业发生,绿色报警灯闪亮,同时语音提示货物箱数、规格等,并通过地图展示相关的货架,同时货架的 LED 等会闪亮。

通过 MES 的实施,给公司诸多方面带来了极大的改善:

1) 提升了生产运营管理水平。在 MES 实施前,该企业的生产运营管理主要依赖员工经验进行,生产信息无法实时沟通,协同性差,在下达工单时,经常出现库存积压和短缺,影响交货的情况。系统上线后,实现了按有限产能排程,并且考虑到成本最优及交货期符合的策略,减少产线切换时间,降低了生产成本,同时半成品库存得到了有效控制。

2) 全程双向追溯,加强品质管控。通过对原材料、半成品、成品的生产全过程中的相关人员、设备、工艺参数、质量数据等的记录与追溯,当产品出现质量问题时,能够快速锁定问题产品范围和质量问题发生的原因。此外,通过条码系统的应用,强化批次管理,强调先进先出,避免了人为错误的发生,加强了对产品品质的管控能力。

3)实现数字化生产管控,提升异常处理效率。在系统上线前,公司在生产过程管控上,依赖手工记录产量、工艺参数、物料用量、废品废料数量,工作量大、不够及时,且难以识别和防呆。系统上线后,现场手工记录和报表减少80%以上,通过设备数据采集,结合 MES 防呆控制,不仅减少填写、统计报表的工作量,更重要的是减少了很多错误的发生。同时,通过安灯系统的应用,实现异常时及时呼叫并记录追踪过程,超时自动反馈到上级,异常处理效率提升了 50% 以上。

总的来说,通过 MES 项目的实施,系统性地提升了该企业精细化管理能力,节省了运营管理成本,生产数据准确率达到 99%,数据及时率达到 100%,为企业进一步实现智能化转型奠定了坚实的基础。

附录 A
MES 相关名词解释

1）AMR（Advanced Manufacturing Research）美国先进制造研究中心
2）APS（Advanced Planning and Scheduling）高级计划与排程
3）AVI（Automatic Vehicle Identification）车辆自动识别
4）B/S（Browser/Server）浏览器和服务器结构
5）C/S（Client/Server）客户机和服务器结构
6）CAPP（Computer Aided Process Planning）计算机辅助工艺过程设计
7）CMMI（Capability Maturity Model Integration）能力成熟度模型集成
8）CPS（Cyber‑Physical Systems）信息物理系统
9）DCS（Distributed Control System）分布式控制系统
10）DNC（Distributed Numerical Control）分布式数控
11）ERP（Enterprise Resource Planning）企业资源计划
12）ETL（Extract，Transformation，Loading）数据提取转换与加载
13）EBOM（Engineering Bill of Material）工程物料清单
14）FCS（Fieldbus Control System）现场总线控制系统
15）HMI（Human Machine Interface）人机界面
16）IIOT（Industrial Internet of Things）工业物联网
17）IPQC（InPut Process Quality Control）制程控制
18）ISA（International Society of Automation）国际自动化学会
19）LIMS（Laboratory Information Management System）实验室信息管理系统
20）JIS（Just in Sequence）精益生产的一种极端状态
21）JIT（Just in Time）精益生产
22）MBOM（Manufacturing Bill of Material）制造物料清单
23）MDC（Manufacturing Data Collection）制造数据采集
24）MES（Manufacturing Execution System）制造执行系统
25）MESA（Manufacturing Enterprise Solutions Association）制造企业解决方案协会
26）MOM（Manufacturing Operations Management）制造运营管理
27）MRP（Material Requirement Planning）物料需求计划
28）OEE（Overall Equipment Effectiveness）设备综合效率
29）OLAP（Online Analytical Processing）联机分析处理
30）PBS（Painted Body Storage）漆后缓冲区
31）PCS（Production Control System）生产控制系统
32）PDI（Panel Data Interface）面板接口数据
33）PDM（Product Data Management）产品数据管理
34）PLC（Programmable Logic Controller）可编程逻辑控制器

35）PLM（Product Lifecycle Management）产品生命周期管理

36）POC（Proof of Concept）验证性测试

37）QLS（Quality Leadership System）质量领导体系

38）QRQC（Quick Response Quality Control）快速反应质量控制

39）SaaS（Software as a Service）软件即服务

40）SCADA（Supervisory Control and Data Acquisition）数据采集与监视控制系统

41）SCM（Supply Chain Management）供应链管理

42）SMT（Surface Mounted Technology）表面贴装技术

43）SPI（Serial Peripheral Interface）串行外围设备接口

44）STA（Supplier Technical Assistance）供应商技术援助

45）VIN（Vehicle Identification Number）车辆识别号码

46）WBS（White Body Storage）白车身缓冲区

47）WMS（Warehouse Management System）仓库管理系统

附录 B
MES 主流供应商（部分）、产品与解决方案介绍

附录 B
MES 主流供应商（部分）、产品与解决方案介绍

B.1　Critical Manufacturing MES 解决方案介绍

1. Critical Manufacturing S. A.（凯睿德制造）公司介绍

Critical Manufacturing S. A. 成立于 2009 年，致力于为半导体、电子和医疗设备等高科技行业提供自动化和制造软件。该公司为复杂的高科技离散产品制造商提供制造执行和智能系统，以帮助他们在行业内成功。凯睿德制造 MES 可以扩展到运营，在任何桌面或移动设备上提供清晰的洞察力和指导，提高整个供应链的生产及成本的可见性，并且易于在现有基础架构上实施。因此，公司为工业 4.0 定制的 MES 及服务能够助力企业降低成本，灵活地满足市场需求，并最终实现更高的灵活性、可视性和可靠性。

凯睿德制造的成功源于经验丰富的国际知名行业专家团队的创造力和经验。总部和主要技术中心位于葡萄牙波尔图，由于增长迅速，目前在德国德累斯顿、中国苏州、美国奥斯汀等多地建有分公司。

2018 年 8 月 1 日，ASMPT 集团宣布对凯睿德制造进行战略投资。ASMPT 为半导体封装行业开发并提供领先的解决方案和材料，是全球技术和市场领导者。通过加入 ASMPT 集团，凯睿德制造可以触及其庞大的资源和客户网络。综合的知识和资源将加速公司的发展，为当前的客户和复杂高科技离散行业的创新制造商带来强大的商业价值和竞争优势。

2. 凯睿德制造 MES 软件产品介绍

凯睿德制造 MES V7 代表着复杂、高科技离散产品制造的全新升级。复杂、高科技离散产品制造商关注的是满足不断增长的客户需求，同时防止错误以确保运营，并积极应对持续的市场和技术变化。凯睿德制造 MES 是最现代和最完整的模块化 MES，包括数字双胞胎、增强现实、高级排产、工厂自动化和工业物联网（Industrial Internet of Things，IIoT）集成、闭环质量等，拥有更好的防错功能，能够满足不断增长的客户需求，以满足未来的运营。凯睿德制造的产品优势图如图 B-1 所示。

工业 4.0 认为现代化的 MES 是一个基础，在此之上制造企业才能够将愿景变为现实并实现全部利益。凯睿德制造 MES V7 具有所有先进的功能和能力，可为创新、复杂的制造行业创造真正的竞争优势。

（1）连接性

1）与工业互联网中的产品和设备连接。

2）管控不受限制的设备。

3）确保物理和数字的资产。

（2）移动

MES 选型与实施指南

 增强现实使MES数据能够以数字方式叠加在实际产品、流程、生产线或设施区域的实时图像上。

 用户可以从任何位置快速学习和完成工作，即使使用移动设备也是如此。

 实时可见性和生产过程控制，甚至跨合作伙伴或远程站点。

 提供车间的动态3D可视化（数字双胞胎）。

 分析、跟踪和执行持续改进。

 支持持续改进分析、跟踪和执行。

 随着运营需求的增长，可轻松扩展。

 能够更快、更可靠、更高质量、更低成本、更高效地进行大规模定制和小批量产品。

 垂直整合物联网和车间，提供企业级信息流。

 提高整个供应链的生产和成本的可见性，以便更好地制定决策。

 单一、综合的生产数据视图，以改善决策制定。

 横向集成更好地与智能供应链同步。

 在现有基础设施上快速实施。

 面对不断变化的业务现实，高级分析可以提供预测性措施。

 通过一键部署，只需一次查看所有自动化工作流程，即可减少设备和物联网设备自动化工作量。

 为智能工厂提供支持IIoT的生产市场。

 提高利用率和吞吐量时间。

图 B-1　凯睿德产品优势图

1）在任何地点工作。

2）有效利用地理位置。

3）在设备和产品中应用增强现实。

（3）云

1）利用主基础设施。

2）任何时间都采用最新版本。

3）注重 IT 策略而不仅仅是 IT 管理。

（4）高级分析

1）实时工厂绩效数据可见。

2）通过预估和规范分析避免错误。

3）提供上下文环境数据至企业大数据。

（5）去中心化

1）从一个复杂的系统中分散工厂车间工艺。

2）在上下文中记录事件以获得完整、准确的谱系。

（6）纵向集成

1）采用动态的基于规则的工作流引擎。

2）无缝集成设备、工业互联网和自动化。

3）和企业级应用系统协作。

（7）横向集成

1）在工厂之间无缝集成。

2）与供应商动态协作。

3）高效安全地与客户分享信息。

凯睿德制造 MES 的主要功能模块如图 B-2 所示。

图 B-2　凯睿德制造 MES 主要功能模块

V7 版的增强现实（AR）模块包含了突破性的制造数字双胞胎和物联网连接，使凯睿德制造 MES 成为最先进的工业 4.0 就绪解决方案。现在，制造商可以通过全新的、沉浸式体验来查看和处理完整的制造数据。这个增强现实是真正内嵌的，充分利用了 MES 的所有数据。

操作员信息——AR 允许操作员访问和查看复杂的装配说明、原理图、材料和产品以及工艺步骤，以简化操作，避免错误和加速生产。

产品信息——将您的 AR 设备指向车间的任何产品，即可查看完整的可追溯性记录，例如：批次或设备历史记录、产品规格、订单详细信息、客户详细信息、质量指标等。

设备信息——将 AR 设备指向任何车间设备，以查看重要的 KPI，包括过程中批次、OEE 性能、MTTR 和 MTBF、产量、周期时间、维护计划等。

3. 凯睿德制造 MES 行业解决方案

基于对特定行业的丰富经验，凯睿德制造开发了行业特定的套件，可以大大加快某些行业的部署并易于维护。

（1）凯睿德制造 MES 半导体行业定制版

凯睿德制造 MES 半导体行业定制版针对半导体行业现在和将来的极端挑战而开发，其具有充分的灵活性，可以轻松地在前端和后端操作中进行设计、建模、部署和监控，从而缩短周期时间和设备利用率，提升质量和生命周期管理功能。凭借增强现实、工厂数字双胞胎、物联网和自动化集成功能等最新智能工厂技术，半导体制造商现在可以以更低的成本进行更加快速的创新，并从工业4.0就绪连接和知识密集型生产中获益。

（2）凯睿德制造 MES 电子行业定制版

凯睿德制造 MES 电子行业定制版解决了 OEM 和合同制造商构建板、子组件和外壳的独特挑战，它使制造商能够保持流程和布线、产品详细信息、组件装配、厂内物流、工程、异常和规格的完全可见性和可追溯性。自动记录保存相比人工手动记录，既降低了错误率，也节约了成本。同时由于凯睿德制造 MES 可以为工业 4.0 环境提供逻辑上分散的视图，还可以帮助指导智能电子产品和设备的生产过程。

（3）凯睿德制造 MES 医疗设备行业定制版

凯睿德制造 MES 医疗设备行业定制版专为该行业制造商采用智能制造技术而开发。利用最先进的工业 4.0 技术，如增强现实、数字双胞胎和物联网设备集成和自动化，专为快速部署而设计，可通过完全集成的模块化方法进行扩展，适用于单一站点的公司全球多站点企业。

4. 凯睿德制造 MES 典型客户

电子/半导体行业：Infineon, Intel, Huawei, ASE, OSRAM, Philips, AT&S, Panasonic, HiSilicon, Topscomm, Vishay, ASM, CTCC, CRRC。

医疗设备制造：B. Braun, GE Healthcare, Elekta。

B.2 Monitor MES 解决方案介绍

1. 莫宁特（Monitor）介绍

莫宁特软件技术（上海）有限公司是 Monitor ERP System AB 的全资上海子公司。Monitor ERP System AB 成立于 1974 年，总部位于瑞典的胡迪克斯瓦儿（Hudiksvall）。目前全球客户分布在 30 多个国家，主要产品是 Monitor ERP System。在芬兰、波兰、中国和马来西亚设有子公司，并在丹麦、挪威、爱沙尼亚、拉脱维亚和立陶宛设有合作伙伴。Monitor 一直致力于帮助制造型企业提高生产效率，从而降低制造成本。如今，Monitor 在瑞典制造业市场份额已经超过 38%。

Monitor 目前拥有 300 多名员工，全流程覆盖软件开发、咨询、销售、售后支持等各方面工作。成立 40 余年以来，Monitor 软件赢得了大量用户友好性、功能性和客户满意度等方面的奖项。

Monitor 具有资深的行业实施经验，可为企业提供专业的咨询诊断服务，为

附录 B
MES 主流供应商（部分）、产品与解决方案介绍

打造智能化企业和数字化工厂改造提供全链条服务；同时，联合体可从企业供应链管理、生产过程管控、质量管理、产品生命周期管理、仓储物流、销售服务、信息技术应用等多个维度评估企业智能化水平现状，并根据企业实际情况，提出智能制造的发展方向、实施要点和规划蓝图。目前在国内有近 100 家客户，并荣获 2018 年度中国智能制造优秀供应商称号，产品荣获 2018 年度中国制造业智能制造优秀推荐产品。

2. Monitor 软件产品介绍

生产管理是 Monitor 的核心，Monitor G5 针对制造和生产计划进行了优化。

（1）BOM 和工艺路线

BOM 和工艺路线是 Monitor 系统中最重要和最基本的功能之一。在此处可以添加和更新零件的操作列表和物料清单。此处输入的数据（如操作时间、数量、交货时间、价格等）是整个系统中应用的重要信息。物料清单和工艺路线中的信息用于需求计算和装载计划。

（2）按标准计算

按标准计算的主要目的是对产品结构的制造成本、成本价格和销售价格进行财务计算。由材料、外包工作和自己的工作组成的成本加在一起形成总成本。这构成了对实际成本进行核对/平衡的按实际计算。

（3）按实际计算

按实际计算的主要目的是在工单完成生产/报告后执行财务跟进。在这里，可以将计划成本与实际成本进行比较，以确定它是否是符合的计划方式。

（4）工单

可以创建新的工单以及重新计划或删除现有工单，可以更改和重新计划主要信息和工单结构，还可以打印链接的工单文档，如图纸。

（5）在列表和图表中加载产能计划

对生产计划进行统筹安排是非常重要的。在判断每天，乃至每周产能是否足够时，可以在列表或图表中轻松处理产能计划，也可以在其中拖放工单。

（6）原材料的领料清单

支持打印原材料清单文档，还可以在使用 App 时查看应从库存中选择哪些材料到工单。如果材料有多个位置，将只看到领取材料所需的位置。如果已经执行了材料预订，将看到这些位置。否则，根据 Monitor 中的库龄分析建议位置。如果组件在同一个领料清单中多次出现，则将根据要求日期进行扣减，以便首先从最早的位置领取首先需要的材料行。当该位置的余额为零时，材料行继续从第二个最早的位置领取，依此类推。

（7）报告工序和物料

通过输入工序操作的报告编号，可以轻松报告一个工序的操作时间和完成数量。如果需要执行部分报工，则会在数量和时间方面对每个报告进行总计。系统预设值将与报告的数量成正比。以同样的方式，可以通过输入物料的报告编号轻松地报告一种物料的数量。如果要对材料进行部分报告，系统将为每个部分报告分别添加数量。剩余数量（保留物料）将由报告的相应数量扣除。

（8）管理外协合同

外协合同用于将工作发送给外协供应商。在工厂不具备必要的设备或知识，以及富裕产能时，可以利用 Monitor，根据需要轻松外包部分产品。在 Monitor 中创建包含外协的工单时，会自动创建外协采购订单。如果现有的工单重新计划或内部操作重新计划并在缺乏产能时运往外协供应商，这也适用。很容易跟进 Monitor 的外协成本和交货时间，方便控制工单流程。

（9）池计划

当工厂中有几台等效的机器时，可能并不总是知道哪台机器将执行工作。此时工作中心池规划可以让用户在创建 BOM 和工艺时，清楚了解到机器的工作执行情况。具体做法为，选择一个池，并将多个等效机器链接到该池。然后，将工作委派给链接到池的其中一台具有执行工作能力的机器。池中的工作委派可以手动进行，也可以在 Monitor 选择最适合工作的机器的情况下自动进行。

（10）协调处理

有时组件可以与其他组件同时制造，并且用户希望同时为它们下订单。在 Monitor 中完全可以实现。例如，如果使用相同的钣金同时冲压两个不同的零件，即 A 和 B。当使用协调处理时，净需求计算将在其中一个发生短缺时立即记录 A 和 B 的工单。如果用户为 A 手动注册订单，系统也会自动注册 B 的工单。协调部分作为工单上的几个主要部分保存在一起，在重新计算和删除时也是如此。

3. Monitor G5 行业解决方案

（1）机械和金属制品产业

机械和金属制品产业领域的竞争非常激烈，客户服务和处理多元化的客户订单的效率尤为关键。生产企业必须满足不断变化的市场需求，调整生产流程来适应逐步变小的批次并提供完整的定制化产品。他们必须专注于生产流程的提升，提供更高的生产率并降低生产成本。同时，持续的质量控制以及对由国际化客户所定义的产业标准和需求的维护对企业来说也是迫在眉睫。

业务需求：

1）生产的灵活性高，需要快速换模并最小化产品发布的时间。

2）满足客户所指定的行业需求及标准。

3）提升生产流程。

4）优化库存水平并降低成本。

附录 B MES 主流供应商（部分）、产品与解决方案介绍

关键流程：

1）持续降低的生产批次，包括单件生产。
2）扩大产品种类以及不同的工作流程。
3）开发设计新产品。
4）产品批次追溯。
5）生产排产以最大可能保障机械设备的效率。

解决方案：

1）车间信息模块（工时的记录）。
2）产品配置工具。
3）工具管理。
4）文件查看。
5）与 CAD 系统的整合。
6）机器集成（MI）。

（2）塑料行业

塑料产品及包装行业的企业极为重视准确定位市场需求，并积极响应买方预期的变化。在对于来自于环境的信号的精准监控的同时，也会非常关注提高生产的盈利能力。这一切可通过例如降低制造成本、消除内部流程损失和优化业务活动管理来实现。塑料行业的最大挑战之一是如何更好地利用生产资源，另一个需要改进的领域是对生产规划、交付流程和库存运营现代化的优化，从而提高服务精度并降低成本。

业务需要：

1）更好响应市场需求的变化。
2）提高生产盈利能力。
3）降低生产运营成本。
4）更好地运用制造资源。
5）交付优化，即准时。
6）库存优化。

关键流程：

1）对制造的管理、计划和监控。
2）库存管理。
3）合作伙伴和客户关系的协作与管理（订单管理）。
4）遵循行业要求。
5）生产灵活性和制造技术的改进。
6）机器设备管理。

解决方案：

1）生产管理。
2）生产计划与排产。
3）库存流程支持。
4）产品生产成本计算。
5）工时计算和记录。
6）条码与标签。
7）产品批次追溯。
8）机器联网。

（3）电子电器行业

电子电器行业的产品升级换代迅速，零部件繁多，组合复杂，且客户订单批量小，交期短，插单频繁。因此，生产企业必须能提供多种配置的产品以满足市场需求，适时调整生产流程来适应逐步变小的批次并提供完整的定制化产品。他们必须专注于生产流程的提升，提供更高的设备稼动率并降低生产成本。同时，提供可追溯性的质量控制以及基于条件的物料替代也非常重要。

业务需要：
1）降低库存水平并优化仓库运营。
2）持续降低成本并提升设备稼动率。
3）机器联网，提升数据采集的效率。
4）菜单式的产品选型。

关键流程：
1）物料管理。
2）生产灵活性和制造技术的改进。
3）遵守行业要求和质量控制。
4）产品设计文档的管理。

解决方案：
1）产品配置器。
2）条码与标签。
3）产品批次追溯。
4）生产计划与排产。
5）MI 机器集成。

（4）汽车及零部件行业

在汽车领域，供应商的竞争优势取决于快速地适应全球化供应链需求的技巧和能力。因此，生产商们必须特别重视与业务伙伴的紧密合作，以及通用的通信标准的必要性。成功的关键是满足在物流和品质控制方面极高的行业标准。生产企业必须持续地优化生产率并降低所生产的零部件成本。客户服务的效率

附录 B MES 主流供应商（部分）、产品与解决方案介绍

是另一个挑战，特别是在报价和准时供货方面，这是供应链有效合作的一个关键因素。

业务需求：
1）降低库存水平并优化仓库运营。
2）持续降低成本并提高生产率。
3）机器联网。
4）降低员工数据录入难度。

关键流程：
1）遵循行业要求和质量控制。
2）生产的灵活性和生产技术的提升。
3）物料管理。
4）机器设备管理。

解决方案：
1）质量管理。
2）生产计划与排产。
3）条码与标签。
4）产品批次追溯。
5）机器集成（MI）。

4. Monitor 典型用户

1）永红散热：航空冷却系统（附件）和热交换器、水冷板的专业化生产企业。
2）AQ Group AB：全球化的工业部件和系统的制造商。
3）LEAX Group：商用车辆的驱动部件和子系统的专业制造商。
4）Koenigsegg AB：跑车制造商。
5）AQ Plast AB：采用注塑成型技术生产定制的、精密的塑料组件及工具生产公司。
6）AMB Industri AB：医疗塑料组件和产品制造商。它还提供包括注塑成型、表面处理和成品组装在内的广泛服务。
7）Sunfab：专注于液压泵和马达的制造商。

B.3 SAP MES 解决方案介绍

1. SAP 供应商介绍

SAP 成立于 1972 年，总部位于德国沃尔多夫市，是全球最大的企业管理和协同化商务解决方案供应商，世界第三大的独立软件供应商，全球第二大云公

司，在全球有 120 多个国家的超过 172000 家用户正在运行 SAP 软件。财富 500 强 80% 以上的企业都正在从 SAP 的管理方案中获益。SAP 在全球 75 个国家拥有分支机构，并在多家证券交易所上市，包括法兰克福证交所和纽约证交所。2019 年 7 月，SAP 公司位列《财富》世界 500 强榜单第 427 位。

SAP 是企业应用软件的市场领导者，可以帮助所有规模和行业的公司达到最佳状态：全球 77% 的交易收入与 SAP 系统有关。SAP 的机器学习、物联网（IoT）和先进的分析技术有助于客户的业务运作，助其打造智能企业。端到端的应用程序和服务套件使客户能够不断适应环境，并做出改变以实现持续盈利运营。SAP 拥有由客户、合作伙伴、员工和思想领袖组成的全球网络，帮助世界更好地运转，改善人们的生活。

2. SAP 制造解决方案

SAP 制造执行套件包括 SAP ME 与 SAP MII，如图 B-3 所示。

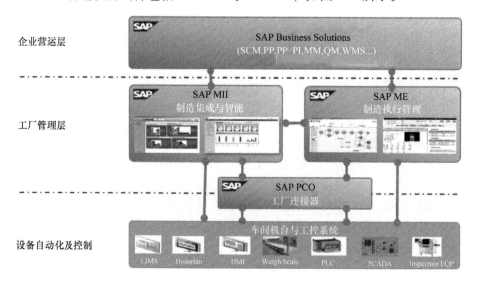

图 B-3　SAP 制造执行套件

（1）SAP Manufacturing Execution（SAP ME）

SAP Manufacturing Execution 是 SAP 的制造执行系统，该制造执行系统与 SAP ERP 系统直接连接，可将企业管理决策快速传达给生产部门，并直接下达至各地的生产工厂，帮助企业更加快速地识别出各种问题和缺点，并作出相应决策。

SAP ME 具备质量管理、维修管理、产品追溯、生产追踪等特定功能，可以自动处理详细的生产运营数据，记录、分发并存储所有相关数据，使得企业能够始终保持生产流程的透明度，能够第一时间发现设计或者产品质量方面的缺

附录 B
MES 主流供应商（部分）、产品与解决方案介绍

陷，使企业从改善的产品质量和削减的生产成本中大获裨益，持续提高生产效率，如图 B-4 所示。

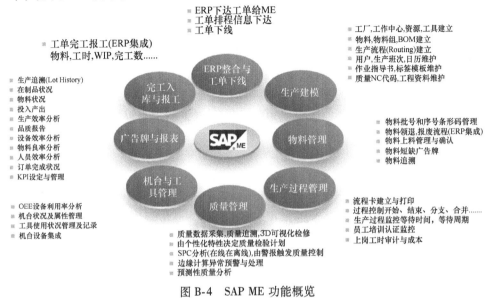

图 B-4　SAP ME 功能概览

其产品功能如下：

1）贯穿整个产品生命周期的可追溯性。通过完整、系统的并涵盖产品 BOM 各个层次信息的永久产品历史记录，每个产品都可以实现从设计、生产直至包装的全周期追溯。SAP ME 同时收集、验证并储存每个产品组件在每一道加工工序上的所有信息，包括加工信息、物料信息、资源信息、质量信息和工艺信息等。

2）自动传输生产运营数据。SAP ME 支持在不同工厂建立连接，为跨多个地域集中控制生产流程创造了先决条件，与生产相关的数据，如工艺路线、设备配置等，都可以在各个工厂间共享和传输。多工厂的企业因此可实现 MES 分布部署下的统一运维。

3）测试和维修管理。借助于全面、可重用的维修管理环境，企业能够快速、可靠地测试产品缺陷并加以维修。系统知识库中会存储维修方法，有助于提高产品质量和交货可靠性。

4）退货和投诉管理。高效的退货和投诉管理系统是实现高品质服务的重要先决条件。SAP ME 使企业能够在整个产品生命周期直至向客户交付退货的过程中跟踪退货的产品或组件。这可为公司提供产品开发、发布、设计和生产方面的宝贵信息。

5）跟踪工时

SAP ME 提供准确记录和跟踪员工工时的功能。并可跟踪花费在特定组件和部件上的时间，有助于改善企业生产成本和其他费用分配。这可简化薪酬和计费流程，并有助于识别和预防生产瓶颈。

6）调整产品规格和生产流程

企业需要持续管理来自众多方面的反馈，才能确保生产计划按时执行。SAP ME 为企业提供了高效、闭环的反馈流程来满足企业的众多需求：设计完整性、成本控制、库存等方面的问题。企业可以在生产过程中实时提出变更申请，而无须等到生产完成。此外，还可以可靠地储存有关单个流程的调整成本以及所有数据。

7）过程控制和生产质量

SAP ME 基于数据的主动过程控制，集中控制产品和过程数据，使企业能够执行实时分析和事件驱动的管理。当某一生产未达到生产或者质量参数时，警报会自动发出提示，这有助于企业及早发现问题，避免浪费。

8）集中控制生产运营

生产企业可以通过利用 SAP ME 收集多个来源的信息，建立集中生产记录，从而为所有活动创建标准、全面的信息数据库。管理层和车间员工均可从中获益：基于角色的功能和直观的界面可以使其随时进行快速的实时访问，有助于改善决策制定流程和提高员工的工作效率。

其产品特点如下：

1）与 ERP、SCM、PLM 系统紧密集成。SAP ME 可通过 SAP NetWeaver 技术平台和 SAP MII 提供的支持，与 SAP ERP、SCM、PLM 等其他系统直接集成，为生产员工提供清晰的生产运营情况概览，提高管理团队的分析能力，从而为企业深化应用 ERP 系统提供及时准确的数据和流程支撑。

2）高效生产过程控制

SAP ME 提供配置灵活的功能和用户友好的界面以及涉及范围全面的辅助工具，可实现高效的生产流程规划、组织和控制。它提供了集中的生产记录，为制定生产相关决策奠定了基础，同时提供了完整的生产历史信息。随时可用的最新数据和报表使管理人员能够时刻了解在制品状态。

3）高效协作

SAP ME 为企业实时控制其生产过程奠定了理想的基础。该系统支持管理层与员工之间的直接协作。企业高管能够随时访问所需的所有关键数据，实现业务流程实时管理，避免工作流的拖延。

（2）SAP Manufacturing Integration & Intelligence（SAP MII）

SAP MII 是一个基于服务的组件环境，利用独特的服务来快速开发生产集成和智能的应用。核心功能包括图形化服务、业务逻辑服务、分析服务、数据服务和 web service，见表 B-1。

表 B-1 SAP MII 服务一览表

核心功能	服 务
图形化服务	各种图表和用户界面控制 仪表盘组件设计
业务逻辑服务	业务逻辑 集成服务 通知/报警服务 数据计算服务 创建业务内容
分析服务	SPC/SQC（six sigma）生产过程/质量分析 各种统计和数据分析
数据服务	双向数据传输 原数据浏览 支持 XML 方式的数据抽取 简单的外部系统链接
Web services	所有服务可包装成 web services（包括用户界面的复合应用服务）

SAP MII 从 SAP ERP 中提取生产订单、BOM、工艺、检验数据、到货单、材料细节、批处理、资源位置、维修工单通知、材料成本等数据，提供实时可视性并分发到工厂车间系统中。同时有能力执行交易到 SAP 中，支持工厂内各种信息的自动创建：包括生产确认、过程信息、材料收据、物料消耗、材料转移、检验结果记录、质量通知、批处理特性记录、工作单及结果记录、维护通知等。其产品架构图如图 B-5 所示。

3. 业务方案优势

1）稳定总线式信息化结构——以 ERP 为中心信息总线，每个 ME 模块通过和 ERP 集成实现信息交互同步，组合成总线式信息一体化结构。

2）局部管理、局部控制——针对工厂层实施 ME 模块，实现系统人员管理、权限维护、服务器维护、ME 业务可配置维护，局部业务控制，保证生产控制系统的实时性。

3）统一规范、统一计划——针对物料编码、生产物料清单进行统一规范；生产计划、供应商、出货进行统一计划，多工厂间协调工作。

4）全局统一，局部个性——实现了管理层 ERP 业务统一管理的同时，满足各个地区，不同产品线，不同工厂的个性化需求，如语言、生产设备、人员管理模式，生产产品行业的不同带来的对 ME 模块的需求差异。

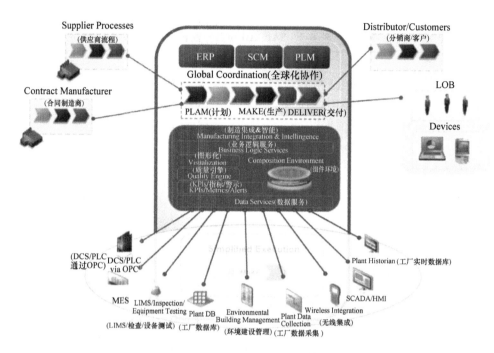

图 B-5　SAP MII 产品架构图

5）逐步分阶段实施——分布式的接口通过总线式接入业务信息，可以逐步一个一个工厂的对 ME 实施，分阶段分步骤地对系统进行提升。

4. 典型客户

遍布离散制造业，从高科技、航空航天、国防到汽车、医疗器械、装备制造业等，包括宁德时代新能源科技股份有限公司、东元电机股份有限公司、深圳迈瑞生物医疗电子股份有限公司、玉柴集团、广西柳工机械股份有限公司、浙江报喜鸟服饰股份有限公司、深圳市赢家服饰有限公司、湖北三环发展股份有限公司、双林集团股份有限公司、力神（青岛）新能源有限公司、宁波金田铜业（集团）股份有限公司、华天科技（昆山）电子有限公司、舜宇光学科技（集团）有限公司、蓝思科技股份有限公司。

B.4　盘古信息 MES 解决方案介绍

1. 广东盘古信息科技股份有限公司介绍

广东盘古信息科技股份有限公司（下称盘古信息）成立于 2005 年，连续多次荣获国家高新技术企业称谓，并凭借其雄厚的技术实力受到市场的广泛认可，是国家级智能制造系统集成解决方案服务商，也是国家 2019 工业互联网创新工

附录 B
MES 主流供应商（部分）、产品与解决方案介绍

程中 CPS 的制造执行系统的重大专项承担单位，荣获多项荣誉或资质：国家中小企业发展基金战略投资单位、广东省工业互联网产业生态供给资源池解决方案商、国家 2019 智能制造系统集成数字化车间中标单位、"面向信息物理系统（CPS）的制造执行系统（MES）"国家重大专项承担单位、VA 中华成就奖、CMMI–5 国际认证、五星售后服务认证、个性化定制优秀解决方案供应商等，并拥有近 60 项技术专利及软件著作权。

盘古信息拥有强大的研发能力、先进的解决方案和卓越的服务能力，专注于为制造企业提供全面的顾问咨询、方案设计、系统集成、建设实施和运维服务，帮助制造企业建设高品质、高效率、低成本的数字化、网络化、智能化、服务化工厂。已成功打造 200 多家初级智能工厂，建设 230 多个数字化车间，管理超过 7000 条设备互联生产线。

盘古信息将持续秉承"客户第一、产品至上、项目为王"的经营理念，砥砺前行，以数字化制造系统领导者为使命，致力于打造未来工业企业数字化智能化营运平台，引导工业 4.0 在中国和世界范围内企业的落地应用，为制造业的数字化、智能化转型升级贡献力量。

2. 盘古信息产品架构

盘古信息主营的业务产品主要有 IMS 数字化制造系统、IMS+生态硬件及系统集成解决方案、Synanet 数垒工业互联网平台三大类（见图 B-6）。

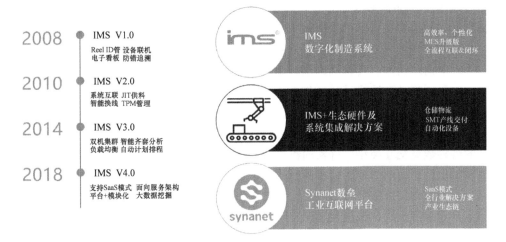

图 B-6　盘古信息主营业务产品

核心产品数字化制造系统 IMS 已成功经历了 V1.0、V2.0、V3.0、V4.0 的迭代升级，如图 B-6 所示，盘古信息正在进行 IMS–V5.0（基于工业互联网平台的 MES 框架）的研发。IMS–V5.0 将采用面向服务架构、大数据分析、分布式部署技术，在不同车间、不同场景中利用工业互联网构建协同服务于全制造

流程的实时感知、智能分析、自主决策、精准执行的数字化系统。

3. 盘古信息 IMS 产品介绍

（1）设计理念

盘古自主研发的 IMS 在传统 MES 的基础上，融合工业 4.0、精益制造、柔性生产等先进制造理念，打通制造企业物料流、信息流及价值流，助力企业实现提质增效、降本减存。

面对中小微企业的碎片化解决方案需求和大中型企业全流程一体化升级的解决方案需求，盘古将以大产品整体化开发为主的传统模式变革为以解耦和耦合为核心的积木式开发模式，将现有的数字化工厂管理系统各功能模块解耦成若干个独立功能系统模块，且支持各系统功能模块间的灵活耦合，并推动部分高度标准化的功能系统模块迁移至自主开发的"数垒"工业互联网平台，支持多租户、多组织、多版本、云化、订阅式授权的 SaaS 化应用。

（2）系统架构与功能

IMS 主要包含有十大管理模块：物料管理模块、ERP 通讯管理模块、计划排程模块、防错/追溯管理模块、IoT 设备联机模块、供应商来料管理模块、生产管理模块、全面生产维护管理模块、品质管理模块、仪表盘报表管理模块等。

物料管理模块：该模块实现从收料、IQC 检验、入库、出库、盘点等全闭环仓库管理，打破传统的仓库管理模式，实现全新的超市管理。通过无线移动数据终端作业、ERP 无缝对接、量化的绩效管理、JIT 拉动式物料供应模式、无纸化作业，轻松实现科学的仓库管理。

➢ 先进先出（批次或者生产日期）管控。

➢ 取消多仓库流转作业，实现 JIT 供料模式。

➢ 采用移动数据终端移动作业，实时数据交互。

➢ 订单结束后自动分析物料剩余数量，计算物料损益率。

ERP 通讯管理模块：与 ERP 系统无缝对接，实现系统集成，由 IMS 处理复杂的各种数据交互类型，并实时准确地与 ERP 进行数据互换，完美解决 ERP 所欠缺的执行层面的管控，大幅降低人员配置、取消线边仓、实现无纸化作业。

➢ 与 SAP、ORACLE、金蝶、用友等 ERP 无缝对接，实现数据实时交互。

计划排程模块：该模块实现工序生产计划自动分解（前加工、SMT、DIP、组装）。自动进行工单物料齐套分析并预警，可灵活进行各产线的工单排程调整（如新增、调整、删减等）。同时与生产线设备联机，实时监控生产进度，自动调整计划排程。

➢ 实时输出甘特图，自动分析计划达成状况。

➢ 实时、准确掌握生产计划达成相关信息，实现工厂透明化管理。

防错/追溯管理模块：自定义工序/工艺路线，通过条码管理，实时采集各工序 4M 信息追溯，实现全面防错及标准工时管理。追溯等级示意图如图 B-7 所示。

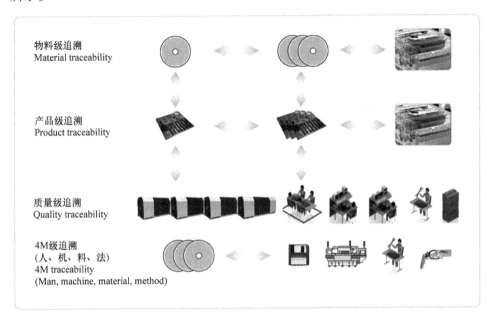

图 B-7　追溯等级示意图

IoT 设备联机模块：该平台实现与制造过程相关设备无缝对接，实时获取设备相关的 OEE、设备抛料、质量数据、设备运行参数、产能等数据。结合实时获取的相关数据，智能输出直观、明确的统计分析报告，为设备 OEE 提升、职责界定、管理决策提供全面的数据分析，同时实现全面的 TPM 管理。

供应商来料管理模块：智能采集物料 P/N、供应商、规格、数量、DC、LOT 等信息，每个最小包装材料自动生成唯一 Reel ID 标签，Reel ID 标签支持一维、二维，内容可以自定义，完善的 ERP 接口，实时同步物料数据。

生产管理模块：通过 IMS 电子看板，实时、准确地了解车间所有产线的 KPI 指标实时达成情况：工单信息、产品型号、产能达成、设备 OEE、品质达标情况、转线时间等数据。下设 PCBA 产线管理、装配产线管理、维修管理、设备总体效率 OEE 及员工管理等子模块。

全面生产维护管理模块：该模块打破传统的人工管理模式，系统、科学地通过条码来实现对设备/备件/治具的全面管理。通过设备联机，自动统计每台设备、核心部件使用次数，实现智能预防保养，实现全面的设备管理。

➢ 采用条码管理设备/备件/治具。

➢ 上线自动核对使用正确性，自动记录使用次数。

➢ 实行日常点检，根据使用次数制定预防性保养。
➢ 实时监控备件安全库存。
➢ 快速换线。

品质管理模块：该模块打破传统的品质管理依赖人员之间的反复确认动作模式，通过设备联机、Reel ID 管理、工艺流程、4M 变异等进行系统化管控，不仅实现了全面的防错管理和全面的可追溯管理，同时优化了大量的品质保障成本。

➢ IQC 来料检验过程系统化管理。
➢ IPQC 抽检、全检、巡检管理。
➢ FQA 检验过程管理。
➢ OQA 流程管控记录。
➢ 物料、半成品、成品红牌管理（禁用、锁定）。
➢ ECN、组合物料管理。
➢ 生产品质数据、品质错误停机机制防呆管理。
➢ 质量报表自动生成，无纸化管理。

仪表盘报表管理模块：IMS 看板上显示实时的数据图表，为管理人员提供实时、准确的生产数据报表，确保管理决策的有效性。

➢ 多样化数据图形统计分析。
➢ 支持 Excel 电子表格类报表设计模式 。
➢ 支持 SQL Oracle 等多种数据库。
➢ 按用户角色定义安全管理模式。
➢ 灵活的个性定制功能。
➢ 跟踪和监控不同生产流程的关键指标引擎。
➢ 互动丰富的展现方式。

4. 盘古 IMS 典型客户

富士康科技集团、京东方科技集团股份有限公司、比亚迪股份有限公司、珠海格力电器股份有限公司、中兴通讯股份有限公司、德尔福派克电气系统有限公司、深南电路股份有限公司、深圳市共进电子股份有限公司、歌尔股份有限公司、深圳市裕同包装科技股份有限公司、深圳欧菲光科技股份有限公司、北京维信诺科技有限公司、天通控股股份有限公司、杭州海兴电力科技股份有限公司、横店集团得邦照明股份有限公司、无锡和晶科技股份有限公司、万通智控科技股份有限公司、天海汽车电子集团公司、天宝集团控股有限公司、高新兴科技集团股份有限公司、珠海英搏尔电气股份有限公司、深圳传音控股股份有限公司、铁将军汽车电子股份有限公司、深圳开立生物医疗科技股份有限公司、深圳市中诺通讯有限公司、惠州市蓝微新源技术有限公司、上汽大通汽车有限公司、智慧海派科技有限公司、佛山市中格威电子有限公司。

B.5 鼎捷软件 MES 解决方案介绍

1. 鼎捷软件股份有限公司介绍

鼎捷软件股份有限公司（以下简称鼎捷）立足中国，辐射亚太，已经发展成为覆盖越南、马来西亚等多个国家与地区，拥有 36 家集团分公司与子公司、33 个国内分支机构的国际化运营集团企业。成立迄今 30 余年，公司员工人数达 3700 多人，其中研发人员超过 1000 人，实施与服务人员超过 1500 人。累积客户超过 50000 家，在我国稳居生产制造型及智能制造产业 ERP 产品本土供应商市场占有率领先位置。公司通过 30 余年的行业深耕经验沉淀，积累汽配、机加工、注塑、金属五金等智能制造成功实施经验，从行业发展及客户应用需求角度出发，为制造企业提供基于制造现场管理的智能车间整合解决方案。

目前鼎捷正以 ERP 产品和解决方案为核心，向外扩充并衍生 ERPII 产品互为补充，构成一体化解决方案体系，整合自动化硬件设备协作，提供软硬件整体整合方案服务，协助企业走向智能化。产品方案架构图如图 B-8 所示。

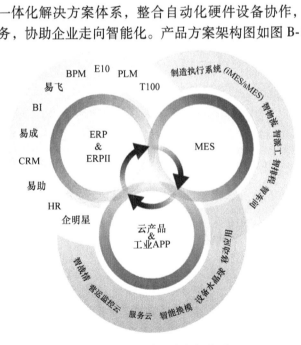

图 B-8 鼎捷产品方案架构图

鼎捷入选上海市首批智能制造系统解决方案供应商推荐目录，入选多省市工业互联网服务供给资源池。专注于制造企业自动化与信息化融合改造，位列智能制造与工业互联网平台及解决方案提供商百强。

2. 鼎捷 MES 产品架构

鼎捷 MES 可以与 ERP 无缝整合，随需搭建智能工厂，承上启下，打造高效、精益、可视化车间，实现集成化车间管理，提高现场生产效率。鼎捷 MES 满足企业在制品管理、质量管控、设备整合与管理、问题追溯分析、生产车间实时数据采集等关键需求，并依照行业特性、管理方式或生产模式等不同，进行阶段性信息化需求整合。

鼎捷 MES 通过 KMI 设备整合标准服务接口，实现流程及作业自动化运作，满足人机料信息收集，实时获得机台信息，并与现场管理层 MES 基础模块及加值模块整合，掌控实时生产进度与状况。从人工作业模式跨到半自动化生产模式，进而缩短产品周期、减少在制品数量、缩短建档时间。产品架构图如图 B-9 所示。

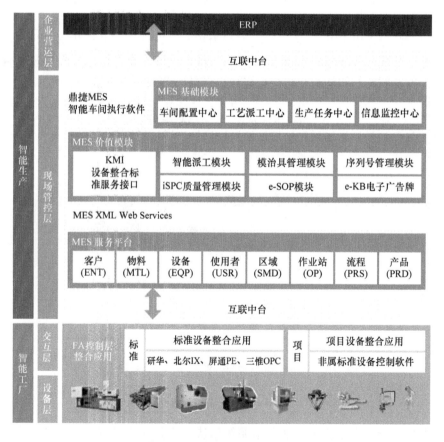

图 B-9　鼎捷 MES 产品架构图

3. 鼎捷 MES 产品功能及特点

（1）MES 基础模块

鼎捷 MES 建立基于车间模型的信息化生产管理平台，通过车间配置中心、工艺派工中心、生产任务中心和信息监控中心这四大中心形成以工艺路线为依据，以生产计划为主体，打通生产管理部门和生产执行部门的信息壁垒，提供准确、完善的可以指导生产组织的决策信息，以指导和有效控制生产加工的各种资源，高效运行，确保各种任务的全面完成。

1）车间配置中心。设定车间基础信息，以系统参数配置为主，支持操作－加工－产品（Operation－Process－Product，OPP）三阶层模式，供企业按照车间管理需求设定作业站配置、流程绘制及产品基础信息设置。

2）工艺派工中心。生产管理人员进行生产计划拟定派工作业，可单批派工或多批派工，可调整派工顺序或修改分派。生产批下线并派工后，生产作业人员即可进行生产及报工。

3）生产任务中心。车间现场作业人员进行生产任务回报，包括生产现状、质量检验（首检、巡检等）、设备管控等相关作业。此外，还提供生产批开立、流程卡打印、部分报工、批次报工、暂停生产、解除暂停、调整数量、成品入库等功能。

4）信息监控中心。提供报表查询功能，包含指令查询、机台生产现状查询、现场派工查询、报工历程查询、暂停记录查询、不良原因分析、OEE 分析、生产日报表、稼动分析表、良率分析表等。

（2）智能派工模块

制造企业在现场派工方面常常会遇到以下问题：

1）现场计划制定困难。无法支持原先产销排程的规划目标；人工作业为主，作业繁重且无效率。

2）计划执行存在偏差。现场生产作业衔接不顺畅，导致等待，执行效率不高；现场状况频发，沟通不顺畅。

3）缺少高效、敏捷资源调度。针对现场动态，无法快速反应及调整；必须了解每天进度和问题，才能保证计划有效性。

针对以上管理难题，智能派工模块根据车间班组、人员、设备情况进行资源整合与优化配置，为一线操作人员制定派工方案。在应用前，进行任务智能安排、物料齐套检视、设备/刀模具检视；在生产过程中，进行进度/异常提醒、插单/抽单辅助、资源快速调整；在完成后，进行完成状况分析，形成派工经验。

1）车间主任可通过自动化派工程序与直观的任务调整画面，辅以物料、刀模具计划与使用状况，降低派工难度，简化工作。

2)班组长可通过调度平台,将现场生产信息透明化、可视化呈现,当发生异常时,系统通过移动终端设备主动通知相关人员,方便现场直接调度处理。

3)移动端与后台融合呈现报表,例如当月派工单量、目前完成量、已审核量等,灵活直观地展示完成情况报表分析、人员绩效分析、业务整体情况。

通过智能派工模块的应用,能够支持高效有序的现场生产工作的调度及安排,提高生产资源利用率;自动捕获异常状况,提高现场反应能力;实现移动办公、现场调度。提升工作效率、资源利用率;降低生产成本,缩短生产周期;生产现场透明化,提升制造柔性。

(3)生产作业形态

鼎捷 MES 提供情境式引导,支持客户单一工厂中的不同作业情境,包括离散型作业一人多机(生产线工作平台)、多人多机(作业区工作平台)及批量装配的流水线(生产线工作平台)三种形式。通过不同种类的工作平台,车间作业人员都可以实时接收到生产管理人员或调度人员指派的生产任务,并借由工位机检视该区域的生产信息、管理机台、物料、生产任务、生产履历等现状信息,也可进行报工、上下工、上料、首检、eSOP 检视等操作,如图 B-10 和图 B-11 所示。

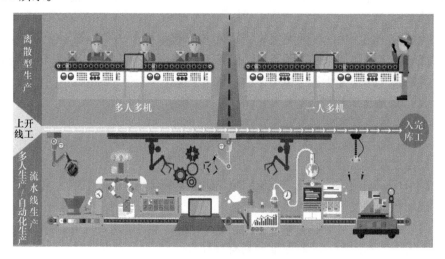

图 B-10　鼎捷 MES 支持的生产作业形态

4. 鼎捷 MES 典型客户

鼎捷 MES 的典型客户有:智奇铁路设备有限公司、江苏骅盛车用电子股份有限公司、辉煌三联工具实业有限公司、苏州工业园区敏华科技有限公司、卓远实业有限公司、浙江白马实业有限公司、万泰机电工业(昆山)有限公司、昆山上达精密配件有限公司、昆山维开安电子科技有限公司、浙江华工汽车零

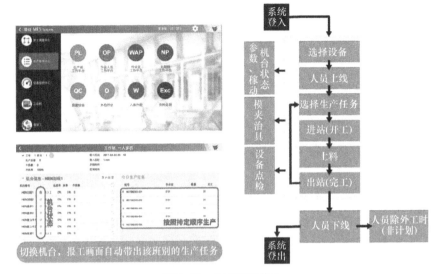

图 B-11　生产报工作业

部件有限公司、江苏艾思飞精密零部件有限公司、浙江百达精工股份有限公司、苏州众捷汽车零部件股份有限公司、浙江雅虎汽车部件有限公司、宁波立强机械有限公司、上海万卡信实业有限公司、福州明芳汽车部件工业有限公司、福州福光橡塑有限公司、台州市百达电器有限公司、福耀玻璃工业集团股份有限公司、浙江长城换向器有限公司、上海汽车空调配件股份有限公司等。

B.6　元工国际 MES 解决方案介绍

1. 北京元工国际科技股份有限公司介绍

北京元工国际科技股份有限公司（以下简称元工国际），为国家双软企业、高新技术企业和新三板企业。元工国际专注于智能制造，为智慧工厂提供自动化/智能化咨询、规划、设计和集成、实施服务。元工国际产品目前包含 APS、MES、SCM、QMS、CPS 五大产品和 SAW（配置开发平台）、VPS（现场管控平台）、MQX（信息总线平台）三大平台，如图 B-12 所示。产品广泛应用于汽车、机械、轨道装备、电力装备、电子、半导体、化工等行业。

元工高级排产排程 APS，支持优化排产、项目排程、离散排程和流水排序，易用、稳定、高效。可与各家 ERP、生产管理系统和 MES 无缝集成。纯离散排程支持：滚动优化设备并行、工序关联、工组耦合、前置订单、资源耦合、指定班次、穿插、同班完成等。

元工制造执行系统 MES，是精益生产、数字化工厂、智慧工厂的支撑平台。

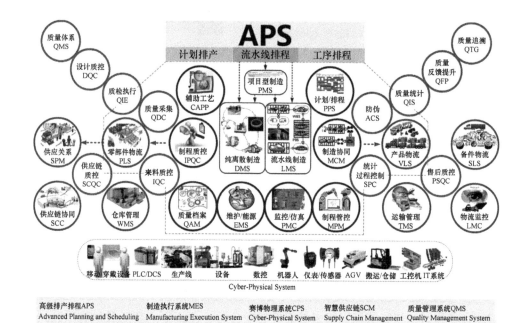

图 B-12　元工智造产品谱系图

　　元工智慧供应链 SCM，是精益供应链支撑平台、工业 4.0 横向整合平台。元工智慧供应链 SCM，支持采购物流、制造物流、成品物流和备件物流、供应商关系管理和客户关系管理。实现企业从上游供应商到制造到客户的全过程物流价值链协同透明管控，经销商/代表处/各职能部门信息共享，快速响应。备件物流实现销售预测等前瞻化管理，业务高效协同。

　　元工质量管理系统 QMS，立足于质量管理本身的精细化管理，包含质量体系管理、全制程质控、防伪、质量反馈和提升、SPC/质量统计、追溯、TOP 分析、质量档案等。可以同检验/检测设备联网，同 MES/ERP/WMS/CRM/SRM 系统实现互动互联。

　　元工赛博物理系统 CPS，支持人、机、物融合联网，统一指挥。在精益、优化和智慧思想的指导下，从 CPS 的"全面掌控、精准执行"，到制造执行、供应链和设计工艺三个维度的"科学指挥"，元工智造为企业提供"指挥科学、执行得力"的智慧工厂解决方案。

　　东风汽车、徐工集团、宇通客车和中航力源是元工国际的典范客户。"自主软件，源于清华，献身智造"的元工国际，2013 年实现新三板挂牌，专注智能制造。

　　元工国际是全国智能制造发展联盟副理事长单位、中国智能制造百人会副理事长单位、中国科技自动化联盟副理事长单位和中国装备维修与改造技术协会理事单位。

元工国际 献身智造：

2004 年起，元工国际为东风日产开发物流系统和制造执行系统，从日产全球一流的精益生产实战经验中起步，并长期持续合作，斩获东风优秀供应商称号。

2008 年起，元工国际为徐工集团开发制造执行系统，步入工程机械行业，在向国际巨头的学习中提高，并将产品进一步提炼完善，形成机械行业标准产品。

2013 年，新三板挂牌，专注智能智造。

2016 年起，为剑桥科技实施制造执行系统，步入电子行业，联手剑桥科技开创电子制造新时代。

2017 年起，为杭汽轮机实施制造执行系统，步入装备行业，携手杭汽轮机打造智能工厂。

2018 年起，为东方雨虹实施 APS 系统，步入化工行业。

2019 年起，为路达集团实施 WMS 系统，步入五金行业，与路达集团共同规划智能物流，一起建设科学、高效、精益、先进的物流体系。

成熟产品应用于新行业，创新产品衍生于老客户，新产品与新行业、新客户激情碰撞。马不停蹄，元工国际每一年都有新突破！成熟行业深得客户信赖，产品不断夯实，稳定成熟；新行业在原有产品的基础上，不断推陈出新，日趋完备完善。在与各行业翘楚的共同学习和成长中，元工国际智能制造产品历经 10 多年的实践锤炼和精益求精，已经成为国际一流的成熟产品，实现了产品的标准化、参数化、配置化和平台化。同时，行业的快速扩展也从侧面印证了元工国际产品的高度普适性和平台的强大定制能力。伴随东风沃尔沃、中集集瑞、东风风神、郑州日产、东风雷诺、中航力源、宇通客车、合力、杭叉等优质客户的管理提升而不断进步。

2. 元工国际制造执行系统 MES 介绍

元工国际制造执行系统 MES 是精益生产、数字化工厂、智慧工厂的支撑平台，支持汽车、发动机、工程机械和轨道车辆等的流水制造，支持下料、焊接、锻铸、机加和热表等的离散制造，支持飞机、船舶和大型装备等的项目制造。支持计划排程、协同制造、辅助工艺、质量控制、设备维护和能源管理，包括产品档案和大数据智能。

元工国际 MES 的理念是：

数字化工位：现场指示、人工采集、设备采集、设备自控、现场呼叫。

数字化指挥：保证生产协同高效，包括调度和同步。

数字化保障：计划准确、工艺精准、物流准时、设备高效、质控全面。

系统特点如下：

（1）精益生产管理

围绕精益生产展开，解决生产什么（计划、调度）、如何生产（工艺、现场指示、设备控制）、用什么生产（要货、拉料、投料和设备管理）、质量控制和完成情况的实时获取（同步采集）。其核心目标是"保质保量低成本"地完成生产目标。MES 适合大批量生产，更适合多品种小批量生产，尤其是配置化/订单化/定制化生产。品种变化越频繁，定制项目越多，MES 的作用越突出。

（2）协调优化的生产管理

当生产异常、零件质量异常、设备异常等问题发生时，MES 通过调度和同步两个层次，完成详细进度计划的更新，使进度计划重新回到"协调"状态。调度是管理人员进行的实际生产计划的调整，同步是计算机根据规则自动完成的投料、指示及自控等与实际生产进度的协同。

（3）强大的同步（期）物流体系

拥有业界最强大的物流体系，不但包括各种物料上线调达方式、在线库管理，而且支持从要货预告、要货计划、拉料指示、协配库管理，直至成品库、成品物流和运输管理的全方位物流管理，并与生产实绩关联实现同步（期）物流。

（4）智能化生产线

MES 不但能够对工人和供料进行同步指示，而且能够对自控设备进行集中控制和采集，实现生产线的智能化。MES 负责把采集到的信息传递给需要这些信息的其他系统。MES 实现的智能化，在单个设备智能化之上，是设备联网以及设备与生产计划/进度的协同。

3. 元工国际典型客户

东风汽车集团有限公司、徐州工程机械集团有限公司、卡特彼勒（中国）投资有限公司、上海剑桥科技股份有限公司、北京七星华创电子股份有限公司、安捷利实业有限公司、中集车辆（集团）股份有限公司、中国航空工业集团有限公司、中国西电集团有限公司、郑州宇通客车股份有限公司、杭州汽轮机股份有限公司、安徽合力股份有限公司、杭叉集团股份有限公司、北京东方雨虹防水技术股份有限公司、河南速达电动汽车科技有限公司、众泰汽车股份有限公司、广西玉柴机器集团有限公司、上海柴油机股份有限公司、河南柴油机重工有限责任公司、路达（厦门）工业有限公司等。如图 B-13 所示为元工国际的典型客户。

4. 元工国际资质

元工国际拥有多项软件著作权，自主的配置开发平台，专业的技术团队。

附录 B
MES 主流供应商（部分）、产品与解决方案介绍

图 B-13　元工国际典型客户

元工国际陆续开拓了东风汽车（包括东风日产、东风沃尔沃、郑州日产、东风雷诺、东风风神和东风特商等）、徐工集团、宇通客车和中航力源等行业标杆客户，客户对元工国际的产品和服务给予了高度评价，印证了元工国际过硬的技术实力，当然元工国际产品的积累也是与客户共同进步的结果。

元工国际经过多年努力，在行业有一流的口碑，是公认的智能制造领域技术实力领先的软件公司之一，而且有较强的标杆客户阵容。

B.7　锐制软件 MES 解决方案介绍

1. 浙江锐制软件技术有限公司介绍

浙江锐制软件技术有限公司（以下简称锐制软件）成立于1999 年，是为离散型企业提供智能工厂全面解决方案、行业化管理软件产品、软件项目实施、运行支持服务的专业管理软件供应商。锐制软件拥有 MES、WMS、ERP、COA 等数字工厂软件产品，致力于以专业、有效、实用的管理软件解决方案，帮助成长型企业用先进的管理方法来满足自己的业务需求，提升运营效率，完善业务流程，实现各项工作流程化和协同化，使企业的管理更便捷、更深入、更有成效，从而增强企业的核心竞争力。

锐制软件拥有管理咨询、软件研发、实施服务三大专业能力，多年来在行业解决方案和行业软件平台的基础上，以丰富的行业实施经验和 100% 的项目实

施成功率,独特的项目实施模式和使用推动方法,快速灵敏的软件适应能力,贴近应用的运行支持服务模式,成为众多企业进行运营管理、智能制造、物联网、互联网+等工厂信息化建设的优秀合作伙伴。

2. 锐制软件数字化工厂系统架构

锐制软件数字工厂系统是面向离散型制造业的数字化生产制造执行系统,是基于先进管理模式和工业4.0软硬件技术构建的,集合了工厂建模、计划物控、制造BOM、APS高级排程、现场控制、智能物流、数据采集、现场可视、SCADA、异常预警、产品溯源、生产大数据、生产监控、WMS电子仓储等功能模块,与PLM、ERP、SCM等软件进行数据交互,与传感器、PLC、数控机床、加工中心、机器人、AGV等智能装备进行工业互联,并采用触摸屏、PDA、工业相机、条码二维码、RFID、液晶看板等多种交互手段的一体化、可视化数字制造系统,如图B-14所示。

图B-14 锐制软件数字工厂系统架构

3. 锐制软件MES主要功能

锐制软件MES由一组共享数据的程序,通过布置在生产现场的专用设备,对生产计划、任务下达、文件传送、拉动供料、产量、质量、人员、产线异常、设备状态及参数、在制品流转、成品入库、质量分析、生产分析等整个生产过程实现数据实时采集、控制和跟踪。通过控制指令、人员、设备、物料、仓库、品质、工艺、异常、流程和其他设施等工厂资源来提高生产效率;使用通信接口下发生产指令,用LED智能平板实现车间生产现场实时看板,用图形化监控界面监控车间生产状况和现场异常,从而实现制造过程全程智能化和可视化。

锐制软件MES主要功能包括:

（1）高可用物理信息系统 CPS

工业高可用网络，有效地提高网络的实时性和可靠性、安全性、完整性、互联性和可扩展性；服务器高可用，采用服务器虚拟化或超融合方案，保证服务器利用率的最大化，同时满足多个应用的实时在线，并提供具有负载均衡、动态迁移、故障自动隔离、系统自动重构的高可靠服务器应用环境。

（2）设备互联和工业物联网

支持多种自动化设备数据接口及多种工业协议。设备联网技术方案分为硬件解析转换方案及软件解析转换方案；锐制 DCS 数据集中管控系统可通过工业物联网，自动按预设模型采集生产设备中的工艺参数、设备参数，以及检测数据，从而建立生产数据仓库，为异常预警、现场监控、SCADA、产品溯源、统计分析、大数据分析提供数据源。

（3）上位系统数据接口

PLM、ERP、MES、WMS 一起构成设计、计划、物流、生产、控制、反馈、调整的完整闭环系统，通过数据接口进行主数据、销售计划或生产计划、产品及材料库存的数据传递，使设计工艺部门、PMC 部门、采购部门、物资部门的实时信息在整个生产体系中透明、及时、顺畅地交互传递。

（4）平台化的数字工厂建模

采用平台化的自定义离散型工厂建模，能够适应零部件半成品生产、流水线装配、流转卡生产、产品固定点位装配等模式的多种生产模式，能够自由搭建各种类型生产模式的数字化生产车间，能够对车间的"人""机""料""法""环""测"六个方面建立数字化映射工厂模型。

（5）技术工艺管理和技术文件

主要包含产品物料编码管理、产品物料清单（即产品 BOM 表）及设计变更管理（ECN）、产品数据管理、文件图档管理四个方面的管理内容，可与 PDM、ERP 系统进行数据同步和互联互通。

（6）高级计划与排程 APS

基于优先级等规则、线性规划、启发式规则等算法，侧重于交货期承诺、计划与排产、加工顺序调度、物料准时配送等的优化，在不同的供应链与生产瓶颈阶段给出最优的生产计划与排程，实现快速计划排程及应对需求变化。

（7）计划物控 PMC 和生产调度

实现生产计划管理、生产 BOM 校准、物料需求计划、采购计划管理、生产计划关联校验、上线物料动态追催、上线产品动态齐套、车间作业计划编制等功能。

（8）电子仓储和智能物流

以 WMS 系统标准操作流程为指导，提供操作指令，降低对人员经验的依赖性；数据采集实时无纸化、业务过程精准管理、全自动智能导向；货位精确定位管理、货品状态全面监控，充分利用有限仓库空间；提供推式智能拣货集货通知和拉动式供料上线通知，采用可视化方式实现材料的不间断精准供应到工位。

（9）生产现场控制

实现生产工单的工位电子下发和定位接收，多种采集设备下的产线换型；实现工序所需材料的拉动配送；实现工序各参数及其工艺标准参数、检验标准值、上下限要求的电子化下发，采集数据后的修正校验；实现工装模具信息的电子化下发，工装模具条码化管理，可进行工装模具的防错扫描，并可进行定位及使用寿命的跟踪处理；支持按工单、按单个产品等模式生成跟踪标签，为产品溯源提供依据；通过在产线末端的快速包装标签生成功能或远程标签功能，实现全过程的完整追溯。

（10）现场数据采集

通过多种数据采集设备（触摸屏 PC、PDA、工位器、光电计数器；条码、二维码、RFID；电子秤、数字卡尺、三维测量仪），以及设备联网，为人、机、料、法、环、测六个环节实时监控和统计分析提供基础数据。

（11）现场可视及实时监控

提供机台和产线现场的实时滚动广播看板，使每个产线或机台的生产状况、质量状况、设备状况、人员状况、异常状况一目了然；使用 SCADA 看板，实时监控单台设备或整条产线设备的实时参数；提供车间整体状况看板，实时查看车间所有产线或设备的开停、生产、质量等状况；使用产量、质量、效率看板，展示车间日周月的指标统计报表。

（12）产品溯源

以系统收集的产品全生命周期数据为基础，进行精确溯源或模糊溯源，提供按产品批号、订单号/计划号/工单号、产品+时间类型正向追溯；提供按物料批次、设备、模具、人员等维度的反向追溯。实现生产过程可追溯、生产人员可追溯、生产设备可追溯、生产材料可追溯、工艺参数可追溯、检测数据可追溯、检验记录可追溯、异常记录可追溯。

（13）员工资质管理

完整的人员资质体系设置，根据工作岗位不同，可设置不同管控级别的资质要求。提供生产班组、生产小组与设备产线可以相互临时匹配的对应模式，方便进行轮班换线；支持节拍制生产模式，也支持个人计件或小组计件制的生产模式，并内置多种计件算法；对于企业特殊的计件模式和算法，提供定制开发技术服务。

（14）质量管理

附录 B MES 主流供应商（部分）、产品与解决方案介绍

提供抽样方案维护、检验项目维护，还可提供 IQC 材料入库检、FQC 成品入库检、OQC 成品出货检的质检体系；提供 PQC 过程首检、工位自检、过程巡检、工序全检的完整生产过程质量作业体系；支持实验室管理，以及质量数据统计分析，提供质量活动处理流程，可进行质量异常处理、质量改进、客户质量投诉及分析；提供质量溯源记录查询。

（15）设备管理

通过设备管理台账、设备运行记录、周期检修计划、检修鉴定报告、维修保养记录等设备管理过程数据集，可以对设备的状况进行精确监控，对设备的完好率、设备运转率、开机停机率、检修完成率、维修费用率等指标进行精确统计，并按月份进行波动趋势分析，从而对设备的管理达到精细化的程度。

（16）能源管理和环境管理

建立能源计划和能源管理体系，建立能源综合管理监测系统以及车间环境实时智能监控，实现能源消耗的智能监控，降低能耗，提高效率，减少运营成本。

（17）数据分析

对 MES 和实时数据库中的数据进行数据提取转换与加载（Extract，Transformation，Loading，ETL）的数据清洗，并整理到数据仓库数据库中，并以标准的联机分析处理（Online Analytical Processing，OLAP）模型建立数据立方体和多维数据集，构建灵活多变的生产大数据统计分析系统，从而满足不同企业个性化的统计分析查询需求，并可实现生产数据的云端储存及分析。

4. 锐制软件 MES 典型客户

锐制软件可为电子制造、电子元器件、汽配、机械、工具、电力、商业设备、家具户外、包装、印刷、纺织、服装等行业客户提供解决方案，典型客户包括人本集团上海百信轴承有限公司、深圳麦捷微电子科技股份有限公司、佛山欣源电子股份有限公司、浙江恒锋工具股份有限公司、嘉兴佳利电子有限公司、倍加洁集团股份有限公司、上海三枪（集团）江苏纺织有限公司、浙江罗奇泰克科技股份有限公司等。

B.8 秦权软件 MES 解决方案介绍

1. 深圳市秦权软件有限公司介绍

深圳市秦权软件有限公司（以下简称秦权）成立于 2012 年，是一家专注于制造业生产及物流管理软件研发的高新技术企业。公司拥有一支在制造业信息化领域超过 15 年以上丰富经验的高级顾问团队。目前，公司在天津、上海、深圳等地设有办事机构。

经过上百家不同行业、不同类型客户验证，秦权帮助制造业企业实现了生产过程的精细化、透明化、智能化管理，在品质、效率、成本方面均有显著改善。部分应用案例得到了宝马、华为、大众等大型企业的认可。

2. 秦权软件产品架构

秦权基于自身对中国制造业多年管理及信息化的理解，自主研发出跨行业、集成的智能制造执行系统（iMES）、智能高级排程系统（iAPS）、智能仓库管理系统（iWMS）产品、智能供应商协同平台（iSCM）等产品。通过四个产品的组合，实现制造业从供应商到客户全程物流、生产管控与追溯。核心产品 iMES 广泛适用于机械、五金、塑胶、印刷、电子、汽配等以加工、装配为主的离散制造企业。如图 B-15 所示为秦权软件产品架构图。

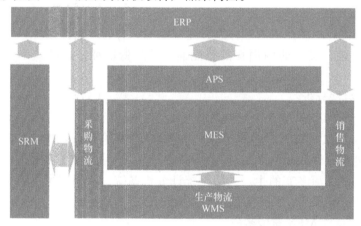

图 B-15　秦权软件产品架构图

3. 秦权 MES 产品介绍

（1）设计理念

由于绝大部分制造企业在使用 MES 之前都应用了 ERP 系统，因此，秦权 MES 在设计之初便考虑 MES 必须建立在 ERP 系统基础之上，需要与 ERP 系统集成。围绕该理念，秦权基于制造业信息化整体规划考虑，在遵循 ISA-95 国际标准的前提下，合理设计 MES 及其与 ERP 系统的功能分布和接口，最大化减少客户投入和应用复杂性。

（2）功能架构

秦权 MES 依据 ERP 或手工输入的生产任务，结合工艺路线，得到可执行的工序级生产计划；通过对生产执行过程的详细进度、用料、用时、质量等信息实时跟踪统计，以数字化的方式，透明化、智能化展现生产全过程，帮助制造企业及时发现生产过程中的问题并快速解决；同时可以通过统计分析的手段提升排产效率，加强产品质量追溯，从而降低生产成本，提升市场反应速度。

附录 B
MES 主流供应商（部分）、产品与解决方案介绍

秦权 MES 的核心功能主要分为四大模块：基础数据、业务管控、实时预警和业务分析。每个模块下面细分多个子功能，如图 B-16 所示。

业务分析	质量追溯	直通率分析	OEE分析	绩效分析
	SPC分析	日成本分析	电子看板	报表平台
实时预警	设备异常预警	材料异常预警	工程异常预警	安灯系统
	工模具异常预警	品质异常预警	人员异常预警	设备联网
业务管控	工单管理	检验方案	设备点检	工模具维修
	作业调度	首件检验	设备保养	工模具校验
	批次管控报工	末件检验	设备维修	工模具借用/归还
	单件管控报工	巡检	设备运行预警	工模具寿命管控
	生产过程防呆	成品检验	E-SOP	E-SIP
基础数据	工艺管理	人员档案管理	设备档案管理	工模具档案管理
	物料管理	工厂日历	作息时间	

图 B-16 秦权 MES 产品功能架构

（3）核心功能

1）全程双向追溯。秦权 MES 提供生产过程中人、机、料、法、环、测的全过程管控记录，以及原材料到产成品的追溯记录。通过追溯，当产品出现质量问题时，能够根据追溯记录快速分析原因。并根据分析结果，快速定位问题范围，以便快速响应，将影响降低到最小。

批次追溯：针对基于批次管控的物料，在物料收料、IQC 检验、生产领料到上料的全过程中，精确记录每批次物料的使用及生产过程相关人员、设备、工艺参数、测试结果等信息。系统提供智能记忆功能，确保在正确记录的同时，减少作业人员的重复输入。

单件追溯：针对基于单件管控的物料，在产品开始即赋予唯一码进行生产过程记录。系统支持多级单件及批次混合追溯。为方便操作，系统通过智能识别技术、单件整箱操作等方式实现数据的快速输入。

2）过程防呆、防漏、防错。面对多品种、小批量的生产模式，材料、人员、工艺参数、加工要求等千变万化。针对这种情况，秦权 MES 基于详细的工艺及 BOM 定义、控制计划实现过程防呆，提示作业者正确的操作方式，防止错误操作，减少因操作错误带来的质量和效率损失，最大化减少对人的依赖。

3）实时异常反馈与跟踪处理。生产过程异常对制造企业意味着巨大的损

失,实时精确的异常反馈、快速处理与原因分析十分关键。针对生产异常管控,秦权 MES 通过设备监控、SPC 分析、人工异常报告等方式及时反馈生产异常,并通过流程追踪,记录处理过程,提升处理效率,为异常的预防提供分析依据。

4）设备联网。秦权 MES 系统提供多种接口方式,以实现设备互联,包括文件、数据库、PLC、串口、以太网等。同时,系统通过内置的协议分析工具,对无协议的设备辅助分析,快速实现互联,进一步实现对设备运行状况的监控以及追溯信息的自动生成。

5）生产维护管控。为保证生产运作正常,秦权 MES 系统提供设备、工模具、检具、治具、人员的管控功能,通过及时提醒和预警,确保企业的维护制度和规范能够执行到位。

（4）系统特点

基于工艺树的工艺路线设计使 BOM 扁平化:与传统的直线型工艺路线设计不同,秦权 MES 采用工艺树模式,将工艺路线进行树形化设计,从而减少生产过程中不必要的出入库作业及 ERP 单据处理,简化业务操作的同时提升工作效率。

丰富的系统接口促进整体信息化实现:秦权 MES 提供灵活、可配置的数据交换服务平台,支持多种数据库、多方向数据的转换和同步,可快速实现异构系统之间的集成,减少数据重复录入,避免信息孤岛的形成。

内置跨行业应用模式,产品的行业适应性高:秦权 MES 通过一套标准化的系统,基于自身多年行业经验和研究成果,将不同行业、不同类型的产品生产过程总结为了一套架构、两大模型、12 种防呆方式、6 种预警类型。通过组合应用,结合部分行业插件,可以支撑跨行业的应用。

全面支持条码、RFID 等数据采集技术:秦权 MES 在设计时即考虑物料识别的不同方式,实现了对多种识别方式的支持,例如一维码、二维码、ID 卡、IC 卡、RFID 标签、第三方接口等,以适应不同的应用场景。

完善的 ERP 接口,使 MES 与主流 ERP 融为一体:秦权 MES 能够与 ERP 双向集成。基础数据、工单、BOM 等来自 ERP,执行结果的完工数据、成本数据、工单状态、出入库数据等回写至 ERP。

（5）技术特点

平台化开发:基于 B/S 架构,平台化开发。

支持多设备应用:支持手机端与 PC 端应用。

丰富的数据交换平台:秦权 MES 提供灵活、可配置的数据交换服务平台,支持多种数据库、多方向数据的转换和同步,可快速实现异构系统之间的集成。

4. 秦权 MES 行业解决方案

1）汽配行业解决方案。提供基于单件和批次管控的过程追溯及防呆。特别在物料先进先出管控方面，实现批次分配、预警、控制全过程指导作业。基于汽配行业对生产过程精细化管控要求，提供分层审核和快速反应模块，确保各层管理人员主动、及时发现生产过程异常，并及时处理。

2）电子行业解决方案。对 SMT、DIP、装配、包装等工艺过程进行全面管控，并提供上料防错、锡膏管控、湿敏器件管控方案。同时，支持各种 SMT 设备、SPI 设备、AOI 设备、测试设备的联网数据采集。

3）印刷行业解决方案。提供标准 MES 功能的同时，支持印刷行业的 BOM 及工艺定义，支持拼版印刷、有限能力排程、样品生产、实时报价、计时计件工资核算。

5. 秦权 MES 典型客户

汽配行业：天津德盛镁汽车部件有限公司、大悍（天津）汽车部件有限公司、浙江仙通橡塑股份有限公司、天津鹏翎胶管股份有限公司、深圳市大地和电气股份有限公司、深圳雄韬电源科技股份有限公司。

通信行业：深圳市翔通光电技术有限公司、深圳市合泰精工科技有限公司、深圳市博硕科技股份有限公司。

电子行业：深圳市通茂电子有限公司、东莞冠智电子有限公司、新辉开科技（深圳）有限公司、东莞市协顺电子科技有限公司。

机械五金行业：中车戚墅堰机车车辆工艺研究所有限公司、深圳市诚发弹簧有限公司。

印刷行业：广东高义包装印刷有限公司、竹林伟业科技发展（天津）股份有限公司、浙江爱迪尔包装股份有限公司。

B.9 摩尔元数 MES 解决方案介绍

1. 摩尔元数（厦门）科技有限公司介绍

摩尔元数（厦门）科技有限公司（以下简称摩尔）下设福建摩尔软件有限公司、摩尔元数（厦门）科技有限公司苏州分公司，在华北、华东、华南、华中、西南设立五大研发和营销中心，是国家高新技术企业、省科技型技术企业、福建省"专精特新"企业及福建省科技小巨人领军企业。公司拥有先进的智能制造整体解决方案的专业团队和工业互联网平台的研发中心，已通过国际资质 CMMI 3 认证，拥有发明专利、软件著作权等 80 余项。

公司产品和服务主要包含开源工业软件开发平台和摩尔云生态服务、制造核心平台（MC）、云智造系统（N2）、摩尔云（WisCloud）等 MES 相关产品，为客户提供基于云端协同的智能工厂规划、数据驱动智造及智能决策和智能运营的专业解决方案，为工业软件（如 MES）供应商和制造企业提供开源的快速开发平台及方案支持。拥有生态伙伴百余家，在云端服务企业近万家。

MES 相关行业解决方案涵盖领域包括：能源、电子、航空航天、汽车配件、机械设备、电力设施等离散行业以及涂料、冶炼等流程行业。摩尔云平台为生态伙伴和企业用户提供开放的工业知识、行业经验、云 MES 等多行业解决方案开源套件，大中型客户可以在线下私有化部署，小微企业可以在线上订阅，实现生态的"共创、共享、共赢"。

公司成立至今始终坚持以市场为导向、为顾客创造价值为目标，现已为中国百余家大型集团企业提供制造数字化升级的工业软件产品和咨询交付服务，如：海尔、浪潮、长虹、海信、康佳、许继、航天信息、中航工业、福耀、宇通、欣旺达等。

2. 摩尔云介绍

摩尔云定位为开源的工业软件开发及应用生态。其通过行业知识、技术与经验的积累、迭代与复用，帮助 MES 等工业软件服务商降低 MES 与工业软件的综合成本和门槛，帮助企业提高项目的掌握能力，解决企业上云的应用个性化问题，解决企业多应用数据融通的问题。

通过摩尔云的 MC 制造核心平台，构建工业互联网的 PaaS 层，让企业能够用更低的成本、更低的技术门槛、更快速敏捷的方式构建平台化 MES、WMS、工业 APP，帮助企业实现信息系统和业务流程的深度融合，确保企业业务的柔性和竞争力，解决非平台化 MES 行业标准化低、定制难、成本高、应用难、柔性不足等痛点。

3. 摩尔元数 MES 产品介绍

N2 云智造系统（又称新一代平台 MES 系统）是基于摩尔自主知识产权的 MC 高效能云开发平台，由统一的工厂建模和可定制的业务流程来驱动引擎的智能制造运营管理解决方案与企业信息整合平台。系统将大数据、全方位追溯、制造现场可视化、智能物流、商业智慧、精益思想等技术理念与企业的制造管理相结合，既兼顾系统的灵活性与运行效能，又能有效降低用户的总体拥有成本，帮助客户改善整体质量、成本、效率，从而驱动企业提升核心竞争力，实现智能制造升级转型。

（1）N2 云智造系统架构

N2 云智造系统架构如图 B-17 所示。

（2）N2 云智造系统主要功能

基于智能制造的 MES 运营管理，涵盖企业全业务价值链管理：

1）较早实现从无开发平台的 MES 向开发平台的平台化云 MES 转型。

2）支持私有云、公有云和混合云部署的智造系统。

3）拥有行业套件较多、跨行业应用案例较丰富的 MES 产品，具备丰富的

附录 B
MES 主流供应商（部分）、产品与解决方案介绍

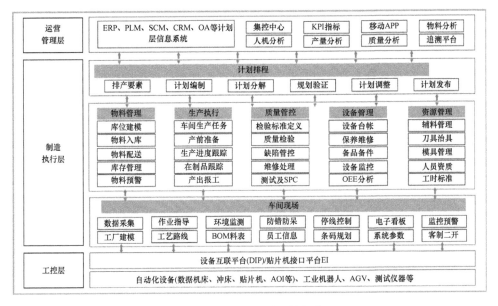

图 B-17　N2 云智造系统架构

行业经验。

4）拥有较多高端客户和上市公司成功应用的商业化 MES 产品，吸收并积累了成功企业的经验和基因。

产品功能特点有以下几点：

1）运营可视化。N2 云智造系统的运营可视化是基于制造数据管理理念、透过采集生产现场的数据以及结合制造运营逻辑加以分析的，可呈现实时运营信息，为企业决策与快速响应提供决策依据。

2）全方位追溯体系。N2 云智造系统的全面追溯体系可针对不同层面的企业追溯颗粒诉求进行追踪与分析，在各个制程质控点进行信息采集，确保企业在发生召回风险时，能够透过各种维度的分析迅速过滤出有效范围，并且借由层层深入、穿透式的分析能力，找到异常及缺陷发生的真正原因，快速厘定责任边界。

3）智能物流。智能物流涵盖从进料至使用的物料全生命周期，可管理整个仓储、车间的物料库存，具体到每个库位、每个工位的物料，且可与企业 ERP 系统进行深度联动，精准掌握库存水位。同时，为适应不同生产模式，系统还支持工单备料及 JIT 拉动的发料模式。

4）全面质量管控。质量管理模块根据多方位的数据采集能力来管控人员、设备、物料、工艺、环境等质量信息，并进行数据分析，以协助快速定位缺陷根源。管理符合国际质量标准、国标 GB 2828 体系，及 ISO 9001：2000、IATF

16949 等规范，在生产过程中能进行有效的预警联动控制，有效提升质量。

5）集成接口标准。集成接口标准模块以数据管理平台为中心，将企业上层计划资源系统、底层自动化控制设备及系统与制造执行层无缝衔接，通过开放的工业设备互联平台 DIP，帮助工业领域各行各业的设备快速接入平台，实现设备的网络化和智能化，帮助用户降低成本、提高运营效率，实现商业模式创新。

6）可靠性架构。系统基于成熟先进的 SOA、分布式集群技术架构，在上百家集团型客户、上千个工位的不同制造环境中应用，可达到毫秒级的快速响应，且适应企业 7×24 小时的不间断运作。同时，系统还提供服务性能监控组件，实时监控内存、性能、服务等各项指标，并进行预警。

7）行业规范无缝对接。N2 云智造系统基于 ISA-95 标准原则设计，结合制造企业行业特性的同时融入了精益思想，助力企业不断优化运营以及提升制造及业务竞争力。产品已帮助众多客户通过了行业或高端客户严苛规范的审核体系，例如湿敏器件规范（MSL）、汽车电子产品追溯要求（IATF 16949）、医疗电子产品追溯要求（FDA）、整体设备效率评估（SEMI E10 OEE）等。

4. 摩尔元数 MES 典型客户

MES 产品典型客户有航天信息股份有限公司、许继集团有限公司、中国航空工业集团有限公司、浪潮电子信息产业股份有限公司、福耀玻璃工业集团股份有限公司、郑州宇通客车股份有限公司、深圳市科信通信技术股份有限公司、冠捷电子（福建）有限公司、四川长虹电子控股集团有限公司、长虹美菱股份有限公司、海信集团有限公司、康佳集团股份有限公司、青岛东软载波科技股份有限公司、欣旺达电子股份有限公司、浙江南都电源动力股份有限公司等，涉及电子、电力电网、通信、汽车及零部件、机械装备、新能源等行业领域。

B.10 北京虎蜥 MES 解决方案介绍

1. 北京虎蜥信息技术有限公司

北京虎蜥信息技术有限公司（以下简称虎蜥），是最早致力于新一代管理软件体系架构研究的技术领导型组织。基于自主业务基础软件平台，公司面向航空、航天、船舶、军工装备制造等领域，为企业生产全过程业务管控提供信息化及智能制造体系业务规划、开发及实施服务。在军工装备制造复杂离散型业务场景的制造执行系统（MES）、车间作业智能协同与调度、基于数据自驱动的制造物流优化控制等方面具备丰富实践经验与能力。

2. 虎蜥 ABP - MES 产品介绍

（1）产品演化史

虎蜥最早基于 ABP_ J2EE 敏捷业务平台系统，聚焦多品种、小批量、工艺过程复杂、多样的离散型制造业典型管理特点,实现产品制造全过程无缝管控,达到车间生产进度、过程问题全透明,形成了离散型机加车间 ABP – MES 的初级版本。之后不断拓展并完善升级,至今已覆盖钣金、热表、标准件、复合材料及装配等各类型车间,全面集成质量管理系统、物料流转系统、生产排产系统等信息化系统,形成离散型生产全业务类型的企业级制造执行系统。

(2)产品体系结构

ABP – MES 具有跨平台、开放、灵活扩展的技术结构,在 ABP – MES 应用层,通过 ABP_ J2EE 平台灵活配置、开发各种扩展服务组件来实现 MES 在业务逻辑上的需求,这些构件覆盖 MES 各个功能层次上的全部功能设计。表现层负责产生 MES 的用户视图,并为浏览器客户提供相应的页面显示、定制和用户交互。图 B-18 所示为 APS – MES 软件体系架构图。

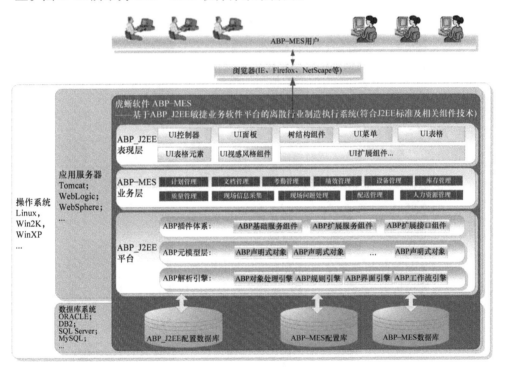

图 B-18　ABP – MES 软件体系架构图

(3)产品功能与特点

虎蜥软件基于在离散型行业 MES 领域较为丰富的成功经验,坚持为每一个新客户进行个性化的定制开发,确保 MES 在客户现场能够落地成功,更加贴合用户的实际管理特点,使系统实现良好的应用。相比传统的 MES 标准 11 个功能模块,ABP – MES 具有覆盖从生产建模到生产执行与跟踪的较为全面的 19 个特色功能模块：生产基础模型管理、生产工艺管理、MBOM 管理、计划管理、车间作业管理、检验管理、现场进度采集、现场问题反馈及升级处理、现场可视化管理、生产资源（毛料、原材料、工装、样板、成品半成品、备品备件、工具等）管理、资源配送管理、设备管理、刀具管理、文档管理、人力资源管理、经营管理、通知公告管理、系统管理、集成管理。图 B-19 所示为 ABP－MFS 功能模块模型图。

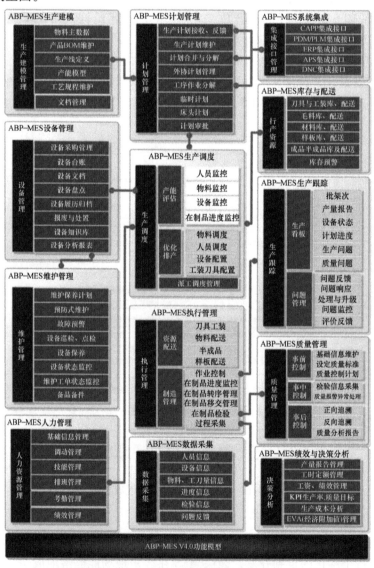

图 B-19　ABP－MES 功能模块模型图

ABS 作为离散制造业 MES 解决方案，具有如下应用特点。

1）平台化。ABP-MES 及相关基础信息系统全面基于 ABP_J2EE 敏捷平台，平台开放、灵活、敏捷开发特性为 ABP-MES 在用户现场打通各类信息孤岛并成功应用奠定关键基础。

2）个性化。采用 ABP_J2EE 敏捷业务平台，可实现系统快速开发和客户需求的随需应变，技术人员劳动强度大幅降低的同时，可以将更多精力用于企业个性化需求的梳理、设计实现及服务，这也是 MES 在企业成功落地的关键。

3）无纸化。ABP-MES 可实现企业生产车间计划导入及管理、排产派工、进度采集、资源配送、进度监控、问题警示及处理、质量检验、完工交付及绩效考核等全过程无纸化管理，在车间取消了传统生产管理的各类纸质媒介：制造记录（生产流转卡）、产量报告、零件图纸、检验单据及报告、工艺目录等。

4）可视化。ABP-MES 基于分布在车间的大型 LED 屏、液晶看板、工控机、桌面终端、移动终端可随时随地展示生产进度、车间问题及处理状态、生产报表、通知公告等生产信息，实现了生产过程全程可视化。

5）透明化。基于车间生产全过程的条码（Barcode）进行工序级生产进度实时采集、资源配送及车间生产过程问题反馈及处理过程，使计划部门获得有效的生产决策支持信息，实现了透明车间。

6）集成化。开放的软件平台确保了 ABP-MES 可有效集成包括 ERP、PDM、CAPP、供应链/物流、质量管理、设备管理、成本核算、DNC/MDC 等各类车间管理的信息孤岛，确保实现生产数据实时交互，形成统一的智能制造信息化平台。

3. 分行业解决方案

（1）航空航天业解决方案

虎蜥应用在沈阳飞机工业（集团）有限公司的 MES 案例，覆盖了从机加、数控、钣金、热表、复材、标准件、部总装等各类生产车间的管理，实现了制造全过程的无纸化、可视化管控，具有极强的行业代表性。

（2）船舶制造业解决方案

2018 年，虎蜥软件与渤海造船厂集团有限公司达成"管加工智能生产车间制造执行系统"项目合作，目前已顺利实施并验收，项目成果获得客户高度评价，成为行业领先的 MES 应用案例。

4. MES 典型客户

航空工业沈阳飞机工业（集团）有限公司、航天科工沈阳航天新光集团有限公司、中国商飞上海飞机制造有限公司、渤海造船厂集团有限公司、沈阳沈飞民品工业有限公司、长城电工天水电气传动研究所、浙江飞航控股集团、沈阳沈飞国际商用飞机有限公司、沈阳航空制造有限公司等。

B.11 明基逐鹿 MES 解决方案介绍

1. 明基逐鹿软件（苏州）有限公司介绍

明基逐鹿（BenQ Guru）出身于全球 IT 百强集团。明基逐鹿软件（苏州）有限公司是 IT 技术、顾问服务、业务流程外包解决方案暨综合智慧解决方案提供商，旨在将明基集团 30 多年全球管理运营经验与在数百家知名企业累计的管理真知，透过 Smart Office、Smart Factory、Smart Education、Smart Store、Smart Hospital 等五大智慧解决方案规划实施分享给国内快速成长的企业客户。

明基逐鹿以资讯化经验为基石，以普及中国企业资讯化应用为使命，致力于在管理软体及资讯技术服务领域推动中国企业管理的变革，推动中国企业走向世界，同时帮助跨国企业在中国本土实现更好的发展。

明基逐鹿自成立以来，斩获多项殊荣。2012 年 12 月，明基逐鹿荣膺畅享网"制造执行系统领域领先企业奖"；2018 年 03 月，明基逐鹿荣获 e-works 颁发的"2017 中国智能管理杰出供应商"及"2017 年度中国智能制造优秀推荐产品暨解决方案"殊荣；2019 年 03 月，明基逐鹿荣获"2018 年度中国智能制造优秀产品和优秀供应商奖项"。

明基逐鹿产品涵盖智慧工厂及智慧企业两大系列，智慧工厂系列产品有：MES、WMS、AGV、SESM、SCADA 及机械手臂等；智慧企业系列产品有 HCM、SRM、BPM 等。

2. 明基逐鹿 MES 产品设计理念

1）明基逐鹿 MES 采用多层式结构设计，数据采集服务处理来自各采集工作站的零部件、生产、质量等数据，进而可以将该服务独立运行在一台服务器上，并充分利用内存以达到快速处理目的。

2）报表处理服务用于后台预处理各种管理报表以保障报表查询处理时的即时性。另外，在数据量不断增加的状况下可以将交易数据库、历史数据库、报表数据库分散到不同的服务器上以有效保障系统性能。

3）系统提供快速模块化选配能力，采用层次化、模块化、可插拔的体系架构，可通过现有模块的选配、替换和扩展开发满足提供快速满足需求的能力，而且在需求调整后可灵活调整。基础平台提供了非常好的复用性，并为功能扩展提供插槽，可以非常低的价格获得升级带来的好处。

4）基于其上提供的个性化定制层，通过基于平台之上可复用资源库的组件选配、系统建模、二次开发扩展，提供满足个性需求的能力。

5）明基逐鹿 MES 基于.NET 平台，采用 C#编程语言进行编写，为提高系统性能，采用了边采集边计算技术、存储过程、Application/Session 的合理利用、分布式计算、中间数据机制等方式来保障系统不至于随着数据量的增加而使得系统的反应速度变慢。

3. 明基逐鹿 MES 产品介绍

明基逐鹿 MES 源自自身业务实践，2003 年整合集团企业内的 MES 应用并重新架构形成了明基逐鹿 MES1.0 版本，后续通过功能的迭代及行业解决方案包的可配置性扩展等方式逐步推出到目前的明基逐鹿 MES V6.4 版本。

明基逐鹿 MES 融合了国际国内顶级制造型企业的优秀管理经验，将人员、机器、物料、方法等制造要素以精益生产的理念整合到供应链平台上，为企业提供了生产计划执行和控制、库存管理、全过程的质量管理和全程追溯的一体化方案。图 B-20 所示为智能制造执行协调示意。

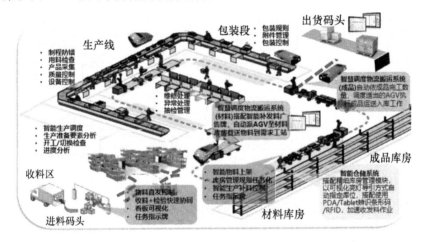

图 B-20　智能制造执行协调示意

明基逐鹿 MES 提供灵活可配置的功能模块满足不同行业与规模的企业应用。

（1）灵活工厂建模

满足企业快速导入及未来扩展自行处理，应对企业各种组织及产品制造过程变更。对工厂布局、产品途程、采集点定义等提供灵活的设置方式。

（2）进度控制及生产准备

依据生产计划与实际执行情况反馈生产进度。在生产作业前指导并确认各种要素的完备性，包括文档、软件、工具及设备检查等。

（3）生产执行及物料配送

执行过程的生产防错体系确保用料、加工、装配等环节的正确性，内建 JIT 配送模型拉动物料的及时供应，形成物料追溯体系与过程控制体系。

（4）质量标准落地化

基于质量控制要求建立的多种管控标准，在生产与物流过程中自动触发质量控制的执行步骤，依据质检结果管控后续业务流程，形成质量管理执行的真正落地，并将质量数据应用到多维度报表，形成全方位的质量管理系统。

（5）高效地利用设备

将产品与设备信息结合增加产品的可追溯性，并与设备进行通信掌握设备的生产信息，更有效地分析设备性能与利用率。结合设备的保养维护等信息，形成完善的设备档案及运维信息。

（6）管理执行移动化

管理平台化，强化经理人监控与汇总移动执行快捷便利化，零散执行任务移动处理事务预警与处理实时化，异常可视化。

4. 明基逐鹿 MES 典型客户

明基逐鹿 MES 的典型客户有上海龙旗科技股份有限公司、北京四方继保自动化股份有限公司、鼎桥通信技术有限公司、杭州老板电器股份有限公司、日本兄弟工业株式会社、TDK 株式会社、上海科勒电子科技有限公司、和成（中国）有限公司、上海安费诺永亿通讯电子有限公司、青岛海信电器股份有限公司。

B.12 福州汉思 MES 解决方案介绍

1. 福州汉思信息技术有限公司介绍

福州汉思信息技术有限公司（HanThink，以下简称汉思）2008 年成立，是一家从事 MES 行业的软件企业，致力于为企业用户提供全面、量身订制的 MES 管理软件和应用解决方案。汉思提供的服务包括：行业性 MES 管理软件、行业性 MES 应用解决方案的设计及实施、行业性 MES 的业务咨询等。服务的领域主要有：汽车行业、医药行业、食品行业、机加工制造行业、电子行业、物流行业等。目前，汉思已分别在重庆、济南、广州、杭州和西安设立了工程中心，加强本地化服务，分区域服务全国市场。

2. 汉思 MES 产品介绍

汉思成立至今，专注于 MES 已经有 10 年，形成了一套基于公司产品体系、拥有完整架构的 Hanthink MES 平台，如图 B-21 所示。针对 MES 平台构建，形成了一套集成良好的产品体系。

1）Smart Work——MES 平台构建核心产品。

2）Smart ESB——MES 与第三方企业系统交互中间件。

3）SDTM——高效稳定的设备数据采集器。

4）Smart ETL——高效的数据抽取和转移工具，用于构建企业数据仓库。

5）Hanthink H5——H5 开发平台，用于构建 MES 瘦客户端。

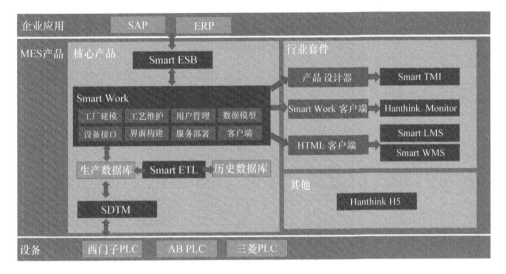

图 B-21　Hanthink 产品架构图

6）Hanthink Monitor——MES 产品监控平台，内置消息告警组件，支持短信、邮件、微信等多种告警方式。

其中，Smart Work 为符合 S95 标准的企业应用平台，提供了生产排程、物料谱系和跟踪、工厂建模、资源管理、工艺管理、数据采集、数据整合和同步、实时生产状态监控等功能。它是面向服务的架构，可以轻松地与其他相关应用整合；支持多数据库，后台服务基于标准的协议实现，能够方便地为各种企业应用提供服务；支持瘦客户端及富客户端的访问，满足企业级应用的要求，是一套专门为制造企业应用打造的企业工厂级应用系统平台。

Hanthink MES 平台架构如图 B-22 所示，该平台有以下几个特点。

1）企业接口集成：采用 Smart ESB 作为中间件处理数据，Smart ESB 与各个平台之间均是双向数据交互，支持 JMS、Web Service、IDoc 等接口类型。Smart ESB 提供接口监控和管理界面，并集成了 MES 行业常用的标准接口，如实现订单、物料等基础数据同步。

2）设备接口继承：采用 OPC Server 从底层设备采集数据，然后通过 STDM 从 OPC Server 获取数据。对于实时性要求不高的数据，STDM 支持将获取的数据直接存到数据库。对于实时在 Smart Work 客户端展现的数据，STDM 可以通过 IO Server 发送到 Smart Work 的客户端，同时写入数据库。

3）数据存储方案：生产数据库与历史数据库独立部署，由 Smart Work ETL 代理数据迁移和生产数据库数据删除，确保 MES 平台生产数据库的高效性。

4）应用服务部署方案：Smart Work 应用支持 JBoss 或 WebSphere 集群部署，瘦客户端支持采用 Nginx 发布 HTML5 应用。Smart Work 包含许多工厂套件，可

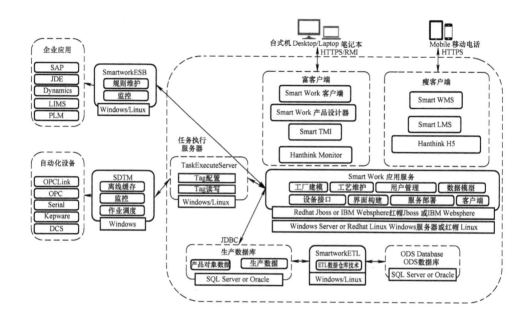

图 B-22 Hanthink MES 平台架构图

以根据需求选择适合的套件优化开放模式。

3. 汉思 MES 分行业解决方案

（1）汽车行业解决方案

在汽车行业，汉思拥有汽车主机厂、冲压车间、焊装车间、涂装车间、总装车间、发动机车间等 MES 解决方案，汉思汽车行业 MES 主要包括系统集成、生产管理、物料配送、质量管理、监控管理等模块。

（2）生命科学行业解决方案

汉思自 2010 年进入生命科学行业以来，已为国内知名医药企业、保健品企业提供 MES 应用解决方案的设计及系统实施。汉思生命科学行业 MES 覆盖生产线从车间生产领料、处方管理、车间生产、产品包装的管理流程。通过对生产过程中各种物料进行动态管理和记录，以防物料差错、混淆，及时进行质量追踪。MES 具备数据采集及展示的功能，提供实时的流程画面，对设备异常进行报警。

（3）消费品行业解决方案

汉思消费品行业 MES 涵盖排产与订单管理、物料跟踪和追溯、质量和配方管理、物料库存管理、生产信息采集和分析、公共设施管理、系统集成等功能，有助于优化企业已有的人力、财力和物力，减小浪费并满足消费者和零售商的需求，并使企业可以专心处理贯穿整个生命周期的成本、质量以及灵活性、规范性的挑战。

4. 汉思 MES 针对企业瓶颈的解决方案

针对当前大多数企业的主要瓶颈，汉思能够进行需求分析，并提供相应的解决方案。

1）对生产过程管控能力较弱。Hanthink MES 平台提供 Andon、SCADA、大屏技术实现生产实施跟踪；提供成熟的 ETL TES 服务，对生产执行过程数据进行加工、处理、分析，并生成分析报告，以提升管理绩效。

2）计划编制和执行效率低。Hanthink MES 平台提供 Smart TMI 产品，用于管理整个订单生成过程。TMI 组件基于 Route 的工艺任务维护，可以灵活地定义整个生产过程的任务。

3）对在制品管理能力薄弱。Hanthink MES 平台提供任务管理接口（TMI），可通过配置化实现各个工序的追溯和防错需求，灵活地实现产品质量控制。平台封装了质量管理套件，包括自动质量数据采集（SDTM）、手动质量数据采集（SIP 标准功能）、质量分析（FTT/FPV 系列报表）等整个过程，能够提供一套标准的解决方案。

4）设备利用率与产能最大化的协调能力。Hanthink MES 平台封装了设备管理套件，包含设备数据采集（SDTM）、设备监控（SCADA）、设备管理（基于 H5 的设备管理系统），是一套相对独立的设备管理体系。

5）企业接口多样性。Hanthink MES 平台提供 Smart ESB 产品，专门用于管理企业数据交互，是一个高效易用的小型 ESB 系统，比 ESB 更具针对性。

5. 汉思信息 MES 典型客户

东南（福建）汽车工业有限公司、东风汽车集团股份有限公司乘用车公司、北京汽车股份有限公司、大运汽车股份有限公司、广汽乘用车有限公司、长安福特汽车有限公司、奇瑞捷豹路虎汽车有限公司、陕西汉德车桥有限公司、天津一汽夏利汽车股份有限公司、厦门 ABB 开关有限公司、雷沃重工股份有限公司、上汽菲亚特红岩动力总成有限公司、浙江吉利控股集团有限公司、徐州徐工斗山发动机有限公司、山东中车风电有限公司、浙江医药股份有限公司、成都康弘药业集团股份有限公司、华润双鹤药业股份有限公司、青岛华仁医疗用品有限公司、丽珠医药集团股份有限公司、贝因美股份有限公司、劲牌有限公司、北人印刷机械股份有限公司、上海家化联合股份有限公司等。

B.13 成翰科技 MES 解决方案介绍

1. 深圳市成翰科技有限公司介绍

深圳市成翰科技有限公司（以下简称成翰）是国内领先的智能制造整体解

决方案提供商。10多年来一直专注MES/WMS系统的研发,有效帮助制造企业建设高品质、高效率、低成本的数字化、网络化、智能化、服务化于一体智能工厂。

2010年起面向全国高端制造业,成翰分别设立西南、华中、华东销售渠道和技术支持中心,与当地信息化行业优秀企业达成长期战略合作。目前,公司已吸纳了多名高校教授博士,作为高层次智力和即时资源支撑。组建并重用经验丰富的专业顾问团队,技术团队占70%,服务优质客户200多家。

目前,成翰以MES为中心研发了十大功能模块,在电子、日用化妆品、汽车、新能源、食品等行业拥有丰富的项目实践经验,在同行业中处于领先水平。

2. 成翰MES产品介绍

成翰MES旨在帮助制造企业提升制造生产管理能力、解决生产黑洞问题、降低生产成本、提升产品品质、提高生产效率以及重塑生产方式,解决企业当下需求的同时,支撑企业未来的多元化业务扩张。为此,成翰研发了一套以工厂虚拟仿真建模为核心的工厂级MOM运营平台,如图B-23所示。

图B-23 成翰MES总体架构图

该平台具有高开放性和高可扩展性,支持客户快速二次开发。经过十多年的迭代与沉淀,平台版本从V1.0升级到了V4.0,实现了对集团业务、多工厂、多组织的应用。产品从最初单一化到现在多元化,逐渐形成以MES为中心的十大产品:MES制造执行系统、WMS仓库管理系统、QMS质量管理系统、SPC过程预警和监控、APS高级计划与排程、EMS设备管理系统、Andon预警系统、E-SOP电子作业指导书管理系统、SCADA工业物联网系统、互联网工厂。能够满足制造企业不同业务的应用需求,全面帮助制造企业构建智能化、数字化、透明化为一体的智慧工厂。

成翰 MES 的主要技术特点有 B/S + C/S 混合架构、模块式组件开发、系统扩展性强、软件接口灵活、硬件接口弹性大、支持跨平台访问、二次开发平台强大、报表开发平台灵活、支持多语言版本、符合欧盟标准等，如图 B-24 所示。

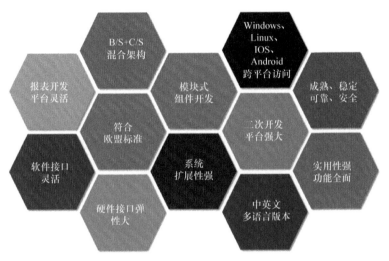

图 B-24　成翰 MES 技术特点

以上技术特点赋予成翰 MES 以下几个独特优势。

（1）前瞻性的技术架构

充分吸收国内最先进的技术，结合本土制造企业的需求和信息化现状，在国内首个实现以工厂虚拟建模、制造工艺仿真为核心理念构架的 MES 解决方案。立足于解决企业当下的业务实现，支撑集团多元化的产业链扩张，满足企业可预见性的工艺调整和变化。

（2）实现产品内嵌套二次开发平台

结合物联网的数据库架构、SOA 的 IT 架构，应用 B/S + C/S 混合架构技术，率先在 MES 内嵌二次开发平台，实现技术与业务的脱离，大幅度提升平台对不同业务的适用性，快速实现生产工业调整的能力。实现产品平台化、成熟化、标准化，应用案例接近百家。向客户开放所有业务源代码，逐步让客户与成翰在一个平台上实现技术共享。

（3）实现产品标准化

实现上下游企业间 MES 数据的无缝衔接，满足市场环境的变化和现代化生产管理理念不断更新对"消除断层"的需求，由上而下实时掌握生产现场状态，实现数据之间的互通、实时、准确、连贯。拥有标准的电子和日化行业 MES 软件开发平台，产品可以即需即用。实现企业业务流程重组与再造、工厂标准建模。实现 MES 各功能模块与各类软硬件无缝对接。

(4) 实现行业应用化

针对电子行业，实现从供应链协同、来料检验、仓储、SMT、DIP、装配、老化、测试、包装、成品至售后的全流程管理、数据追溯、防错防呆，真正实现提效降本。针对日化企业从工艺配方、原料自动精准称、投料过程精准控制、生产过程关键工艺参数实时监控、批次进度透明化等方面满足 GMP 标准，同时提升产品品质和企业形象。

3. 成翰 MES 分行业解决方案

(1) 成翰日化行业 MES 解决方案

成翰针对当前日化行业生产管理存在的问题，设计出了一种适用日化行业的 MES。成翰运用先进的 MES 软硬件系统实现对日化企业的生产全过程管理，能够实现日化生产现场的全局可视化，质量流程控制自动化和无纸化，精准自动称重，工艺配方自动上传，上料防错防呆，精准配料，智能退料和扣料，全过程自动化设备数据自动采集，系统控制消毒程序和过程。系统支持通过 PDA、平板、电脑等多载体进行作业操作，并由系统自动复核，大大提高工作效率。同时，通过批次追溯对生产过程各环节进行严格管控，满足 GMP 规范。

成翰日化行业 MES 重点应用模块有订单管理、工艺配方管理、供应链协同、仓储 WMS、来料 IQC 抽样检验、原料预称防错、预配防错、主配（乳化）防错、灌装防错、管道清洗、设备消毒、清场管理、SCADA 集成、实验室测试集成、自动扣留与放行以及审计追踪与信息验证等。

(2) 成翰电子行业 MES 解决方案

成翰 MES 利用条码技术、数字连接终端、设备芯片存储、RFID 等自动化数据采集手段，实时获取生产现场在制品、物料与制造过程中的品质信息。建立集成的生产现场控制与品质管理平台、完善的生产过程数据库，从而满足电子行业企业对生产过程实时监控与全面追溯的需求，并通过质量管理和售后服务，帮助企业不断改善产品品质，从而达到企业持续提升客户满意度的目标。

成翰电子行业 MES 重点应用模块有供应链协同、WMS 仓储管理、IQC 来料检验、SMT 生产管控、DIP 生产管控、质量管控、维修管理、现场异常预警处理、现场目视化电子看板（可定制）、可视化报表管理（可定制）、移动工厂管理。

针对其他行业，成翰提供医疗电子/汽车电子/消费电子 MES 解决方案、半导体/晶硅 MES 解决方案、动力电池 MES 解决方案和机械加工 MES 解决方案等。

附录 B MES 主流供应商（部分）、产品与解决方案介绍

4. 成翰 MES 典型客户

披荆斩棘 14 余年，成翰为这些客户保驾护航：GE 医疗、广州安通林汽车配件有限公司、云南力帆骏马车辆有限公司、上海西西艾尔启东日用化学品有限公司、珠海伊斯佳科技股份有限公司、东莞蓝创捷特佳电子有限公司、湖北光安伦科技有限公司、深圳麦克韦尔科技有限公司、高桥电机（东莞）有限公司、深圳市高斯宝电气技术有限公司、广东汕头超声电子股份有限公司、深圳市美深威科技有限公司、深圳市合正汽车电子有限公司等。

B.14 简睿捷 MES 解决方案介绍

1. 南京简睿捷软件开发有限公司介绍

南京简睿捷软件开发有限公司（以下简称简睿捷）是一家以智能制造为核心业务的高科技公司，致力于通过一体化的软硬件整合方案，为广大中小企业提供接入工业互联网的整体解决方案。公司秉承多年信息系统开发经验，在PDM、MES 等领域拥有多项核心专利技术，是国内 PDM 的主要供应商和新一代MES 的核心开发商，可在执行层和业务管理层为汽车、食品药品、家电等行业提供一体化解决方案。

简睿捷目前已构建较为完善的研发和技术体系，拥有软件产品 16 项，已申请专利 8 项。简睿捷开发的智能制造技术平台架构具有良好的开放性和扩展性，车间制造执行系统（MES）和产品数据管理系统（PDM）已经在国内多家企业得到成功应用。目前，简睿捷在全国拥有多家产品合作伙伴，覆盖江苏、上海、广东、福建、湖北、湖南、河北、山西、北京、天津等各省市，为广大制造企业提供软件的咨询、开发、安装、培训等专业化服务。

2. 简睿捷 MES 产品介绍

简睿捷 MES（包括简睿捷快速工艺、电子工单、数据采集等模块）可以根据订单、BOM 和工艺路线，结合订单交货日期快速生成面向班组和工位的电子工单，电子工单发放到工位后，操作人员完成当前操作，当日在智能终端上进行报工，及时反馈生产现场数据，形成闭环反馈机制，如图 B-25 所示。

电子工单报工后，后台数据统计分析模块可以生成计划进度表、质量反馈表、工时结算表等各类报表，为计划、质量和财务等部门提供决策依据。

简睿捷电子工单系统采用 C/S 和 B/S 的混合架构模式，支持应用客户端、网页客户端、手持设备客户端等多种形式。客户可根据自身需求，灵活选择 C/S或 B/S 的客户端应用，客户端程序可以自动升级。系统采用模型驱动方式，可以灵活适应业务需求的升级和调整。同时模块化的功能设计，能通过统一的工作流引擎实现各个功能模块之间的有效协同。

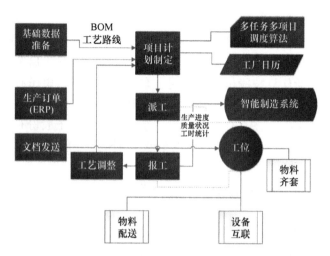

图 B-25 简睿捷 MES 总体业务流程

总体架构方面，系统采用 SOA 技术，分为数据访问层（模型服务）、公共服务层（文件服务、工作流服务、应用服务等）、模型定义工具、应用解释器、客户端工具等五个层次，并最终通过客户端与终端用户进行交互操作。客户端可以是 PC 机、智能手机或平板电脑，客户端形式包括应用程序、浏览器页面或 APP 应用。各层之间采用标准信息集成技术，用于实现企业内部各系统的数据交换与融合，在遵循相关国际规范的基础上，实现外部接口的 Web Service 封装，并按照 JSON 和 XML 等格式提供数据集合。

3. 产线级 MES 解决方案

产线级 MES 比较适用于食品、药品、汽车零部件、建材和管道加工、电子电器、农化等行业，在此类产品线中，通常有大量的自动化专业加工设备和物流输送设备，且通过 PLC 总线实现了产线的统一控制。

简睿捷在大量项目实践的基础上，形成了标准的产线级 MES 解决方案。

（1）计划管理模块

MES 系统通过接口获取 ERP 系统生产主计划，制定班组计划。针对没有实施 ERP 系统或 ERP 系统中无生产主计划的客户，简睿捷 MES 支持生产计划的录入，支持 Excel 计划的导入。系统支持年度、季度、月、周、日等不同颗粒度的计划排程；支持按自定义条件（按订单、班组等）进行计划合并，按线体进行计划发布。

（2）车间物流管理

MES 支持分批次领料（按时间、班组等），系统根据 BOM 标准配比及计划任务，给出建议领料量，出具领料单。支持与第三方系统（ERP、WMS 等）的集成，自动生成领料单。能够通过平板电脑、智能手机等实现物料的现场交接。

生产完毕以后，可以通过与设备的集成，采集生产数量后自动进行报工，并与第三方系统集成，自动形成入库单。

（3）质量管理

针对产线的在线检测设备，通过设备联网方式，采集质检设备的质检信息，并进行质量分析，质量管理数据可以和工单进行绑定。针对关键质检工序的非在线检测设备，采用人工在报工单上输入质检结果，并填写不良现象和原因、不合格数量以及处理措施，线下质检报告可以通过拍照上传的形式，与工单、产品进行关联绑定。系统自动判定质量异常，进行多维度的质量分析，可以形成废品率统计、废品原因统计等多类报表。

（4）设备管理

设备台账：通过 MES 记录所有设备台账，记录设备编号、设备名称、供应商、技术参数、购置日期等参数信息。

预防性维护：用于建立周期性（年度、季度、月、周、日）设备维护计划。

安灯系统：

1）报警管理，针对不同的报警级别，分类定义报警流程。

2）报警流程，硬安灯，通过按钮安灯终端，操作人员在设备工位处直接点击相应报警按钮，系统收到信号后，自动触发报警流程；软安灯，通过智能手机或平板电脑 APP，操作人员进入安灯报警页面，选择设备及报警内容后，自动触发报警流程。

3）设备报警，当现场采集的数据和故障信息超出正常范围时，MES 自动报警，通过邮件、即时通信工具、大屏展示的方式，及时将报警信息推送给相关人员。

（5）设备联网采集

针对自动化设备类（具备 PLC 和控制器），采集设备运行状态、生产节拍、上下料情况、质量情况、产线各工序生产产量、报警信息及部分工艺参数（如伺服、传感器、变频器等）。针对仪器仪表，采集关键工序的数据，如温度、速度、扭矩等工艺参数，监控产品的生产状态，辅助工艺的升级优化。简睿捷数据采集盒支持蓝牙、Modbus、TCP 等多种通信方式，与传感器或检测设备进行数据通信。

（6）追溯管理

1）物料追溯，通过物料的出入库系统，实现对物料流转过程的追溯。

2）质量追溯，通过记录产品在整个生产周期内与质量检测相关的所有数据，实现对产品质量的追溯。

3）人员追溯，通过记录各环节人员报工以及权限情况，实现对操作人员的追溯。

4）设备工艺，通过设备集成，采集设备加工工艺参数，实现对设备操作过程的追溯。

（7）报表模块

MES 提供常见的通用报表，如生产进度报表、质量分析报表、生产日报等，并提供报表自定义工具，方便用户依据实际需求定制报表。所有报表均支持报表的导出功能。此外，系统提供大屏展示的定义工具，可以配合车间硬件（拼接大屏、电脑、电视、平板、手机等）进行页面的设计展示，实时动态地展示生产数据。

4. 简睿捷 MES 典型客户

汽车零部件行业：南京汽车锻造有限公司、天津天海精密锻造有限公司、武汉华工新高理电子有限公司等。

建材和零部件行业：秦皇岛市泰德管业科技有限公司、浙江伟星新型建材股份有限公司等。

食品行业：安徽青松食品有限公司、河北衡水老白干酒业股份有限公司等。

B.15 力控科技 MES 解决方案介绍

1. 北京力控元通科技有限公司介绍

北京力控元通科技有限公司（以下简称力控科技）是"互联网+"产业的行业解决方案及相关工业软件产品提供商及服务商，以 HMI/SCADA 自动化软件、企业级实时历史数据库、工业能源管理信息平台、企业 MES 管理平台、工业物联网平台、移动智能监控平台、智能优化及工控信息安全等产品为核心，为客户提供从自动化到信息化的工业软硬件平台服务及行业解决方案。

2. 力控 FC–MES 制造执行系统介绍

（1）产品架构

FC–MES 系统功能架构如图 B-26 所示。

（2）主要功能

FC–MES 系统平台采用 B/S 架构，按人员角色分为管理端和操作端。管理端可对系统功能菜单、按钮、权限、用户等信息进行操作，操作端可对生产、质量等业务数据进行录入。

1）工厂建模。为各类制造型企业提供工厂建模，即基础数据设置，主要包含组织机构管理、资源管理、班组管理、工种技能管理、工作时间模板、工厂日历等功能。

2）产品建模。包括基础物料管理、BOM 管理、工序管理、工艺路线管理。

3）计划管理。系统将计划分成三级，计划订单→生产订单→作业订单。主要功能模块包括计划订单管理、生产订单管理、外协管理、变更单管理。

附录 B
MES 主流供应商（部分）、产品与解决方案介绍

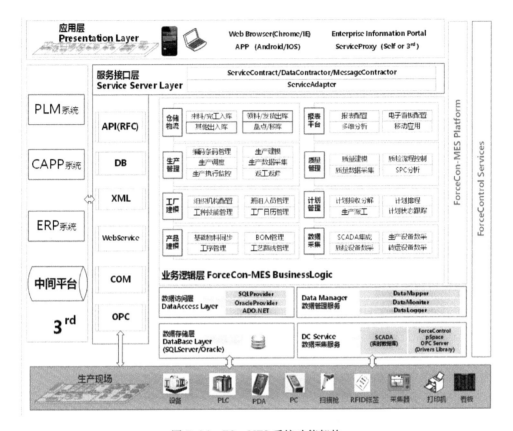

图 B-26　FC – MES 系统功能架构

4）生产管理。通过合理组织生产过程，有效利用生产资源，经济合理地进行生产活动，以达到预期的生产目标。主要包括作业订单管理、生产数据建模、生产数据采集。

5）质量管理。包括质量建模、产品/工序检验关联、来料检验、巡检/抽检、工序检验、SPC 统计过程分析、出入库检验等。

6）设备管理。监控设备综合效率，包括设备台账、工装夹具/模具台账、设备监控预警、设备维修/保养项目配置、设备维修/保养计划管理、设备报修管理、设备备品配件管理。

7）仓储物流管理。以生产制造执行为核心，覆盖原材料收货入库、库存管理、物料配送，以及产成品完工入库、库存管理、发货等环节，形成相对独立的仓储物流系统解决方案。

8）系统管理。FC – MES 系统拥有完善的操作者权限管理机制，以及企业的基础信息维护和管理。主要包括：企业的基本信息管理、消息提醒配置、编码规则、用户角色管理。

9）报表平台。可自定义数据源、数据连接、查询条件、图表类型、报表布局，满足用户个性化需求。管理员可以控制报表数据的查看权限，可配置数据库的连接，维护数据源，也可对数据报表的各类参数进行管理，为各业务部门提供数据查询和报表支撑。

10）电子看板平台。提供独立的电子看板平台，为企业各类 LED、LCD、电视机等电子屏幕提供报表定制化配置服务。主要包括表管理、模块管理、电子看板数据源配置。

（3）主要特点

FC-MES 特点：平台化系统架构；支持多层部署；强大的数据采集能力；无缝系统集成能力；强大的统计分析能力；界面功能、角色权限灵活配置；模块化、低耦合，便于实施。

（4）核心应用价值

FC-MES 系统能实时反映信息，透析生产环节，避免黑箱操作；实时数据全局共享，最大程度优化生产流程，提升自动化水平，缩短产品周期，降低成本，提升交付能力；完整的质量检验全过程信息记录，支持质量数据的信息化和动态可跟踪性，便于质量分析、质量改进和明确质量责任，帮助企业提高产品质量，提高客户满意度；提升企业生产的应变能力，动态把握，敏捷制造；先进的报表分析、数据打印、可视平台等无纸化办公体验，省时省力。

3. MES 分行业解决方案

力控科技离散制造业解决方案以工业设备互联、柔性生产线监控为目标解决生产现场"信息孤岛"的问题，并逐步形成以 MES 为核心的信息化管理平台，实现拉动式物料配送方式和供应链体系的监控管理、构建质量问题快速处理和预警机制、对生产过程中"人、机、料、法"全过程进行全面追溯和控制，使得生产监控实时化、生产工艺结构化、现场作业电子化、计划排产均衡化、生产过程透明化、异常事件可控化、质量管理标准化。其系统架构图如图 B-27 所示。

力控科技流程制造业解决方案以实时数据库为基础、生产制造行系统为核心、工控安全为保障实现系统建设。生产制造执行平台实现生产现场过程数据与管理信息的有机整合，综合可视化将企业核心业务系统的各项关键数据通过大屏幕进行综合可视化展现，工业网络安全防护网关及工业防火墙保障生产控制系统及网络的安全。其系统架构图如图 B-28 所示。

4. 典型用户

中国石油天然气集团公司、酒泉钢铁（集团）有限责任公司、淄博齐翔腾达化工股份有限公司、江西金世纪新材料股份有限公司、鞍山矿山机械股份有限公司、中盐吉兰泰盐化集团有限公司、湖北金盛兰冶金科技有限公司、宝钛

附录 B
MES 主流供应商（部分）、产品与解决方案介绍

图 B-27　离散制造业解决方案系统架构图

图 B-28　流程制造业解决方案系统架构图

集团有限公司、山东泰山钢铁集团有限公司。

B.16　金航数码 MES 解决方案介绍

1. 金航数码科技有限责任公司介绍

金航数码科技有限责任公司（即航空工业信息技术中心，以下简称金航数

码）是航空工业信息化专业支撑机构，肩负着"推进产业数字化，实现数字产业化"的使命，致力于做数字技术驱动工业转型的集大成者。

在服务于航空工业的过程中，金航数码历练出全方位的业务与信息化深度融合的咨询服务能力，在管理与 IT 咨询、系统工程、综合管理、生产制造、客户服务、IT 基础设施与信息安全等业务领域提供覆盖产品全生命周期、管理全业务流程和产业全价值链的"三全"解决方案。

针对离散制造业特点，面向未来智能系统和智能制造的发展特征，金航数码率先设计提出了包括企业联盟层、企业管理层、生产管理层和控制执行层的智能制造架构。并基于此，为企业构建生产指挥管控中心，对计划流、物流、信息流进行全局掌控与闭环跟踪，形成覆盖企业智能排产、智能物流、智能仓储、智能检测等全面、系统的智能制造解决方案，帮助企业实现制造全过程的数字化和网络化，全面打通从计划到物流、从制造执行到生产保障两条线，促进生产精益化的落地实现，为企业由数字化向智能化转型提供策略支持与实施服务。

2. 金航数码产品介绍

金航数码制造执行系统（以下简称金航 MES）是金航数码公司自主研发的、面向离散制造业的企业级现场综合管理系统。它充分吸收了国内高端制造业数十年来生产管理信息化的经验教训与研究成果，向上集成企业运营层系统，向下集成车间底层控制系统，完整覆盖 ISA-95 国际标准制造运行层的生产、设备、质量、物流四大主支，是面向赛博物理生产系统的新一代智能 MES。

（1）金航 MES 基础平台及技术架构

金航 MES 技术架构基于金航业务基础平台，是采用 Java EE 开源领域成熟技术和面向组件技术实现企业级应用开发、运行、管理、监控、维护的基础平台，业务层在业务基础平台的基础上，基于组件开发独立的业务组件系统。平台采用目前主流的微服务架构，支持前后端分离、基于 API 网关交互，同时满足容器化、应用上云。平台采用微内核、插件化的体系结构，组件的设计原则是自包含的、可重用的、可管理的。平台底层架构基于服务无状态化设计，支持平台软件可以横向任意扩展部署，提升单机性能，同时平台的基础服务组件可以任意拆装部署，最终实现应用和数据的集群分布式部署。在多终端时代，平台还支持 Web 浏览器、移动 APP、微信及其他智能终端应用。

（2）产品/解决方案功能和性能指标

主要功能：产品围绕车间生产计划与控制管理，覆盖车间生产订单接收、计划排程与生产调度、班产任务派发、生产进度采集、完工检验、车间交接、交付入库的核心流程，管理生产过程所需工装、设备等资源及其准备计划，控制过程质量和相关文档，采集制造过程产生的各项数据，提供适用于车间的生产可视化监控功能。

性能效率：系统事务查询响应时间小于 2 秒，事务处理响应平均时间小于 3 秒，平均故障间隔时间（MTBF）大于 3000 小时，Web 页面访问并发数量支持 1000 人以上，数据库访问并发数量支持 200 人以上。

可扩展性：支持企业内多部门、多种生产业务应用模式，同时提供强大的模型自定义扩展机制，支持参数配置和二次开发等形式，满足客户针对不同业务场景的功能需求。

与上下游工业软件产品的兼容性：系统提供包括 Web service、DBlink 在内的主流数据接口，集成接口稳定，系统之间数据传递准确。系统能够与上游的 PLM、ERP 系统以及下游的 SCADA（数据采集与监视控制系统）以及其他智能设备全面集成，通过全要素建模、智能监测与控制实现车间数字孪生，成为驱动智能车间运行的核心。

（3）金航 MES 五大特点

1）覆盖多生产模式的业务模型：包括机加、铸造、钣金、热表等，通过业务参数配置支持不同生产特点制造企业的现场执行管理。

2）适应复杂生产环境的柔性策略：能够适应多品种、小批量、科研批产混线等复杂生产环境。

3）适应不同业务场景的参数配置：通过灵活的参数配置支持不同的业务场景，构建出满足客户需求的业务流程。

4）高级排产驱动的计划控制体系：基于高级计划 AP 的投产管理，基于高级排产 AS 进行生产准备配送和现场派工反馈执行。

5）与工厂底层设备的无缝集成：与底层设备实现互联互通，支持标准的 OPC/UA、MQTT 等多种协议，准确下达工艺指令给数控机床、机器人等，实时采集各类设备反馈数据。

3. MES 分行业解决方案

（1）航空航天 MES 解决方案

航空航天等大型装备企业属于高离散制造类型，生产具有多品种小批量、非稳定不均衡、科研批产一体化等特点，金航数码推出了针对其装配与机加生产的智能 MES 方案。

针对其装配生产特点，金航数码推出脉动 MES 方案。金航数码为加快脉动生产模式推广应用，充分融入先进数字化、信息化和智能化技术，研发了脉动管控系统。金航脉动 MES 通过建模与仿真，协助企业进行脉动生产线规划设计与资源配置；通过智能装配计划与调度，保障脉动生产节拍；通过三维可视技术实现生产过程透明化；通过一体化智能生产协同，保障脉动生产资源准时配套；通过智能分析与预警，实现数据驱动的脉动生产决策。金航脉动 MES 是离散制造业脉动生产线的有力支撑工具，能真正协助企业建立符合"动态感知、实时分析、自主决策、精准执行"的智能脉动生产线。

针对机加生产特性，金航数码推出智能单元 MES 解决方案。单元 MES 支持基于混合比的排产方案对比，可实现多类型零件在同一生产单元内的混线生产；生产线管控系统能够与机器人、数控机床、三坐标测量仪等设备控制系统（上位机系统、PLC、数控系统等）通过工业网络建立通讯，实现设备实时数据的采集，控制设备执行不同加工任务；根据实时采集的设备运行状态，实时分析已下达任务执行情况，实时预测待执行生产任务的排产情况，并根据设备故障信息实时调整生产任务的排产情况，保证生产任务的顺利进行；通过可视化的方式展现现场零件加工的进度、设备状态、生产预测结果、统计数据等。

（2）电子行业 MES 解决方案

电子行业具有产品配置性强、生产周期短、产品更新换代快等特点，金航数码针对这些特性推出了集成计划与调度的一体化 MES 解决方案，包括如下三个典型特性。

1）车间计划能力平衡。通过加入车间计划的智能平衡功能，辅助车间计划员制定合理可行的物料需求计划。

2）自动化工序排产。采用工序计划的自动生成模式，增加工序任务的辅助能力平衡，辅助车间调度和班组长更加方便地组织现场各时间段的生产作业。

3）设备数据采集的实现。通过与生产现场设备控制计算机的集成，实现程序数据下载和生产数据上传，实现制造执行系统数据采集、版本控制的核心功能。通过设备数据采集，将模块、整机、总装、调试等过程的随件单无缝融合到 MES 的作业、检验流程中，实现作业与质量控制记录的同步。

金航 MES 将协助电子行业客户实现如下三个目标：

1）数据采集自动化。获得真实且颗粒度更细的生产进度信息，开工、完工、检测、实验数据实现基于物联网的自动采集。

2）生产过程透明化。通过工位、单元看板能够实时掌握当前、过去及未来的作业情况。

3）生产决策智能化。基于物联网实时数据、与其他系统进行广泛深入的集成，实现智能生产计划、智能派工、生产准备自动检查、AR 作业指导、物料识别与追溯、现场问题快速响应等。

4. 典型用户

金航数码在离散制造业信息化建设领域深耕多年，对高端离散制造业信息化有非常深刻的理解，为多家厂所提供产品和服务，获得客户高度认可，具有丰富的信息化经验积累，拥有专业、优秀的系统实施与售后服务团队，产品属于完全自主开发，实施风险低。

B.17 数码大方 MES 解决方案介绍

1. 北京数码大方科技股份有限公司介绍

北京数码大方科技股份有限公司（以下简称数码大方）是中国领先的工业软件和工业互联网公司。公司主要面向装备、汽车、电子电器、航空航天、教育等行业，提供以 CAD、PLM 和 MES 软件为基础的智能制造解决方案，实现企业营销、研发、生产、供应、管理、服务等核心业务板块的数字化、网络化、智能化，全面提升工业企业的创新设计能力、先进制造能力以及人才保障能力，推进企业智能制造。面向制造行业，以及省市、工业园区、特色小镇等区域，提供以设计制造和物联为基础的工业互联网平台服务，为企业上云提供设计和制造等 SaaS 和工业 APP 服务，支持企业之间协作，推进网络化协同设计和制造，促进社会资源的优化配置，通过打造全新的制造业生态圈，提升区域创新创业能力，推动区域新旧动能转换和高质量发展。

数码大方是"智能化协同制造技术及应用国家工程实验室"承担单位、国家"2018 年工业强基工程"中标单位、工信部首批智能制造供应商、工信部"制造业与工业互联网融合发展工业云平台试点示范企业"、国家规划布局重点软件企业。目前在北京、南京和美国亚特兰大设有三个研发中心，在中国及海外已拥有超过 330 项专利、著作权等知识产权。

公司服务的中国企业超过 3 万家，海外用户遍及欧洲、美洲等 24 个国家和地区，在工业互联网方面，大方工业云的注册用户超过 35 万，并建立和运营了北京、德阳、常州等 19 个区域工业云，以及阀门、地能装备、模具等 10 个行业工业云。

2. 数码大方 MES 产品介绍

（1）CAXA MES 整体应用平台

CAXA MES 制造过程管理是数码大方"智能制造"解决方案下，针对企业生产制造过程管理信息化、智能化的软件平台。MES 定位解决企业生产现场、加工设备与企业运行管理层的对接，解决生产制造指令的下达和现场实时生产数据的分析处理与共享。CAXA MES 基于 CAXA 统一的"智能制造"企业数据与模型平台，实现了企业设计、工艺、制造的一体化应用，适合离散制造企业作为生产过程监控和实现自动化、智能化制造的数据管理和信息共享平台。

CAXA MES 系统通过系统集成在企业层面打通生产订单和库房之间壁垒形成一体化管理系统，在车间内部以生产工单为线索，以精益生产的理念，通过计划管理、工单管理、质量管理、制造看板等多种方式实现车间有序化管理、车间生产透明化。

（2）CAXA MES 总体框架

结合企业的生产管理需求，CAXA MES 系统共分为 MES 业务层、数据展现层、系统平台层、数据库层、数据采集层 5 个层次。CAXA MES 系统前端可与企业供应链管理系统、人力资源系统、PDM 系统以及生产管理系统集成，如图 B-29 所示。

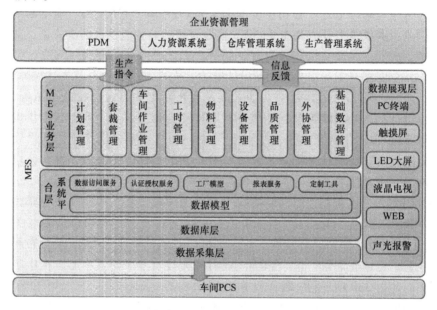

图 B-29　CAXA MES 总体框架

系统业务层：负责处理用户与系统的交互工作，包括基础数据管理、计划管理、套裁管理、车间作业管理、工时管理、设备管理、品质管理、外协管理、物料管理。

数据展现层：给生产车间现场操作人员提供的功能，包括：给操作岗位提供的各功能，触摸屏操作、现场声光报警、LED 大屏显示、液晶电视显示等。

系统平台层：包括信息平台管理，如身份认证、权限分配、报警服务、外部接口、数据库模型、报表服务等。

数据库层：保存 MES 的业务数据以及采集数据，供查询趋势分析以及分类统计。

数据采集层：通过 MDC 采集和 DNC 对车间设备的生产信息和运行状态进行实时采集和监控。

（3）CAXA MES 系统主要功能说明

1）基础数据管理。重点完成 MES 的基础数据定义工作，包括人员管理、部门管理、系统用户、工序配置、ERP 系统接口规则、条码打印规则和数据初始化等。实现基础数据的标准化管理，为 MES 的正常运行提供数据保障，为相关的数据统计（如质量缺陷统计、工时统计等）提供支持。

2）计划管理。实现任务计划的编制、变更、下发、撤销、批次拆分、批次暂停等操作。任务计划支持通过数据接口接收 ERP 系统下发的生产任务，也支持通过 Excel 模板直接导入或手动在 MES 中录入。任务计划变更支持根据紧急程度设置准备计划的优先级别、项目计划交货期和零件计划交货期。

3）车间作业管理。主要涵盖生产计划下发、工艺信息维护、齐套性检查、车间配料申请/库房审核、车间领料申请、生产任务派工、车间现场领工、车间现场报工、质量问题处理、车间外协等。

4）决策分析。从不同维度进行汇总、分析业务过程数据，向各业务部门提供实时的决策数据。提供各种统计报表，包括计划进度统计、工序进度统计、人员生产汇总、工时汇总、生产状况汇总、设备生产汇总、质量问题汇总、设备监控看板、综合看板等。支持以柱状图、折线图、饼状图等多种形式呈现，支持 Excel 格式文件导出。

5）质量管理。MES 利用工位上的采集设备（触摸屏、条码枪等）实时记录生产质量信息和质量状态，并由调度和专检员判定检验结果。通过质量检验结果控制工序完工和产品入库，从而达到车间生产质量控制的目的。

6）设备管理。设备信息管理（静态）：设备信息包括基本属性（设备编号、设备类型、设备名称、控制系统、生产厂商、供应商）、设备参数、运动参数、成本参数、显示参数、条件设置、文档、备件、油品、履历、备注等（设备信息可以导出到本地，从本地导入或者直接打印，方便筛查统计）。设备实时管理（动态）：设备管理软件可与 CAXA MES 的采集和统计分析无缝集成。CAXA MES 设备实时管理包含设备地图功能，可实时展示设备运行状态（开机、关机、待机、运行、报警）；可实时监控设备运行状态，查看设备历史数据、报警统计，并及时短信通知相关人员；可实现对设备维护保养流程的管控，提供保养提醒，监控维修过程。

7）物料管理。物料管理模块主要包含物料台账、物料配送/出库、物料看板、物料履历及信息汇总等功能。

3. 数码大方 MES 产品特点

支持自动和手工两种方式反馈现场数据，保证现场数据实时性；具有很强的适用性，支持各种应用场景下车间管理；具有多样化的看板管理，向企业多个角度反映现场情况；适合离散制造企业作为生产过程监控和实现自动化、智能化制造的数据管理和信息共享。

4. 数码大方 MES 产品优势

专业性和可持续发展能力的优势：数码大方是国内制造业信息化专业供应

商，具有很强的可持续发展能力。

统一平台一体化解决方案的优势：基于统一的数据模型，数码大方提供全面、完整的一体化解决方案，实现从需求、订单、设计、工艺、生产、维护等各个环节分阶段实施。

本地化实施和服务的优势：本地化的贴身服务，专业的开发和实施团队能最大程度降低项目实施的风险。

5. 数码大方 MES 典型客户

北京康斯特仪表科技股份有限公司、华鼎集团控股有限公司、四川宏华石油设备有限公司、兰州兰石集团有限公司、昌河飞机工业（集团）有限责任公司、徐工集团工程机械股份有限公司、中航工业西安飞机工业（集团）有限责任公司、中电集团41所、东北电气发展股份有限公司、中国西电集团有限公司、东方汽轮机有限公司、郑州宇通客车股份有限公司、重庆铁马工业集团有限公司、无锡市蠡湖叶轮制造有限公司等。

B.18 艾克信控 MES 解决方案介绍

1. 北京艾克信控科技有限公司介绍

北京艾克信控科技有限公司（以下简称艾克信控）成立于2011年，专注于生产制造执行系统 MES 软件研发，公司最新开发的"数字化工厂制造执行平台"能够对制造过程的工艺、物料、设备、质量和人员等要素进行全面管理，实现透明化、无纸化、精细化、柔性生产，为构建数字化工厂、车间，加快推进制造业数字化，进而向智能化转型升级提供重要支撑。

2. 艾克信控"数字化工厂制造执行平台"介绍

艾克信控最新研发的"数字化工厂制造执行平台"能够快速搭建工厂模型，快速实现业务逻辑，快速完成表单设计，能够与自动化系统紧密集成。平台由一系列软件构成，包括 AicMES（制造执行系统）、AicPPA（工厂绩效分析）、AicDatahub（实时数据库）和 AicPAI（工厂应用集成）。

（1）AicMES——制造执行系统

AicMES 采用混合架构，同一套服务端，支持 C/S、B/S、手机 APP 等不同客户端同时访问。系统采用双数据库，即关系数据库加实时数据库，能够确保系统的实时性，实现与自动化系统的紧密集成。AicMES 系统架构如图 B-30 所示。

1）提供完全可配置的工厂模型。遵循 ISA-95 标准，实现从设备、物料、工艺到质量的工厂模型配置。其中，设备配置可以定义从工厂、车间、产线到单体设备的物理模型；物料配置可以定义物料、BOM 和配方；工艺配置可以定

附录 B
MES 主流供应商（部分）、产品与解决方案介绍

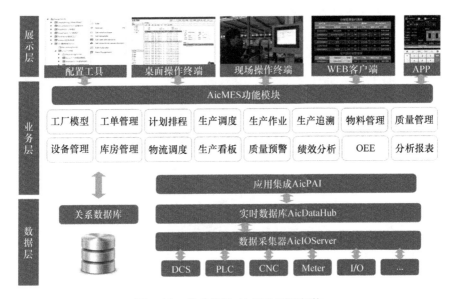

图 B-30　艾克信控 AicMES 系统架构

义工序的人、机、料、法、环，定义工艺路径；质量配置可以定义各种检验内容和处置规则。

2）能够与自动化系统紧密集成。内置实时库和专门的工厂应用集成组件 AicPAI，可以与第三方系统，尤其是自动化系统紧密集成。不仅能从自动化系统采集数据，还能对自动化系统进行反向控制，实现柔性生产，充分发挥 MES 效能。

3）提供标准的功能模块及行业方案。AicMES 提炼了标准的计划、工单、物料、设备和质量功能模块，同时针对行业推出了标准的作业站。通过标准化，AicMES 能大幅缩短项目实施周期，降低实施难度，支持系统集成商等第三方团队实施。

4）提供自定义表单设计工具。支持用户快速设计自定义表单，实现各种定制化的生产记录和生产报告。

（2）AicPPA——工厂绩效分析

AicPPA 通过自动收集生产线停机时间、故障原因、产量、质量、消耗等各类数据，提供设备绩效、生产绩效的统计和分析，并自动生成各种报表。

基于 AicPPA 的产线管理系统（LMS）实现生产监控、绩效分析、设备运维等功能，能够让生产管理人员实时掌握生产状况，了解各种生产指标，及时发现问题，并不断改进。AicPPA 还能进一步扩展，提供产线管理功能，替代纸质运行记录，实现无纸化生产，如图 B-31 所示。

AicPPA 可以为自动化产线设备配套，实现产线自监测、自分析、自维护、

快速换产，打造高效智能化产线。

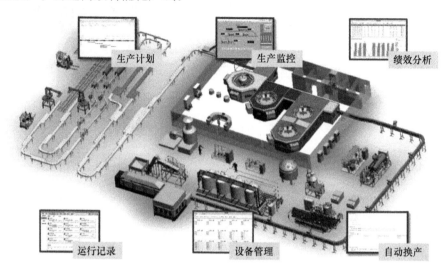

图 B-31　艾克信控 AicPPA 工厂绩效分析

（3）AicDatahub——实时数据库

AicDatahub 实时数据库是国内唯一全面支持 OPC UA 通信标准的实时库产品，它实现了基于对象模型的设备建模，能完美地与 MES 等上层信息系统整合，并为工业互联网应用提供良好支持。（OPC UA 是实时通信国际标准，具有实时性、安全性、跨网络、跨平台的优势，适合于工业互联网应用）。

配套的 AicIOServer 数据采集器负责采集设备数据，内置百余种设备驱动，支持断点续传，支持跨平台。系统内置包括西门子、施耐德、ABB、三菱、欧姆龙等常见 PLC 驱动，通过简单配置即可实现数据采集。

（4）AicPAI——工厂应用集成

AicPAI 是专门用来实现系统集成的组件，无须复杂编程，通过一套可以灵活配置的"管道"连接任何两个"端点"。"端点"包括数据库表、Web Service 接口、文件、电文或 OPC UA 对象。

3. 艾克信控 MES 行业解决方案

（1）食品饮料行业 MES 解决方案

AicMES 的食品饮料行业解决方案能够实现无纸化生产记录、生产过程管控、防呆和防错；实现生产可追溯，自动生成批次记录；实现准确的生产统计，快速统计生产成本。方案接地气，见效快，能够有效地提高企业生产管理水平。

（2）机械加工行业 MES 解决方案

机械加工产品结构复杂，零部件多，生产周期长。AicMES 的机械加工行业解决方案能够实现从计划、准备、派工、加工、报工等各环节信息的无纸化传递，实现工时和工件的准确汇报，实现机加工生产精细化管理。AicMES 还能和先进的自动化加工单元以及物流系统整合，打造先进的数字化加工车间。

（3）汽车零部件行业 MES 解决方案

主机厂精准生产的要求越来越高，对零部件生产管理的要求也越来越高。AicMES 的汽配解决方案能够实现快速、科学地计划排程和生产调度，实现生产过程透明化，实现和主机厂 EDI 对接，满足汽配生产管理提升的需要。

（4）动力电池行业 MES 解决方案

针对锂电池企业生产特点，艾克信控提供双数据库架构的解决方案，有效地解决动力电池生产管理大规模设备数据集成、高节拍生产追踪、大数据存储和处理的难题。

4. 艾克信控 MES 典型客户

蒙牛乳业（集团）股份有限公司、内蒙古伊利实业集团股份有限公司、中粮长城酒业有限公司、山东乖宝宠物食品集团、广州贝奇饮料、上海信谊药厂；长春吉文汽车零配件、上海联谷汽车配件有限公司、航天科工某机械厂、航天科技某精密加工中心、郑州轻工学院精密加工实验室；国轩高科合肥三厂、中科信电子装备、温多利遮阳科技（德州）有限公司、包头钢铁（集团）有限责任公司、太原钢铁（集团）有限公司、唐山钢铁集团有限责任公司、日照钢铁控股集团有限公司。

B.19　新络软件 MES 解决方案介绍

1. 东莞新络软件技术有限公司介绍

东莞新络软件技术有限公司（以下简称新络）成立于 2015 年，以技研新阳集团（东莞纳税大户、出口前 10，2018 年产值 200 亿）和成都布络软件技术有限公司（成都电子政务龙头企业）共同发起成立，协同技研新阳集团旗下的新阳咨询公司（精益文化）和新友智能公司（自动化），打造中国领先的"精益化+自动化+透明化"的数字化工厂，为中国制造贡献一份力量。新络团队源自于制造业，积累了 10 余年开发实施 ERP、MES 的成熟经验。目前，新络软件已形成新络数字化车间系统和新络经营管理系统两大类产品，包括 MES、ERP、SCRM、CSM 等系统。

2. 新络 MES 解决方案介绍

针对电子生产企业的痛点，新络提出了围绕计划、物流、质量、生产、设备五大体系的 MES 解决思路，以实现物流数据的准确实时，强化 PMC 统筹调度能力，缩短生产周期，建立质量预防机制，降低质量成本，强化数据利用，促进管理创新。

(1) 物流体系

通过精益物流，减少物料查找浪费，减少搬运移动，实现准确配送，减少盲目配料。

1) 追溯体系。实现来料、检验、发料、投料、下线等全程条码化作业，全流程 PDA 作业或自动扫描，收料时就把供应商条码转化成内部流通的条码。也可以使用云条码，让供应商提前打印。

2) 精益物流布局。以精益布局流程的改善来驱动物流功能区的改善。支持一个流的布局规划，导入动态库位管理，通过信息驱动实现物流相关职能的联动，实现整体效益的提升。

3) 信息驱动物流流程。以信息驱动来优化物料流程，例如，将产前物料准备分为拣选、齐套、编组、始发、配送到岗等五个时区，进行时间轴的信息规划和管理，实现最优的拉式物流配送。

4) 自动化仓储技术的采用。采用成熟的物流技术来实现降本增效。例如，针对小批量多品种，有大量小件物品，可用智能存取立柜，节约65%空间及70%的人工操作；托盘管理也有很好的解决方案，可以使用自动化立库。同样减少仓库面积，提高效率。

(2) 制造体系

通过生产管控，控制产线平衡，实现人员、设备、品质、生产过程等数据的实时采集，并通过看板管理实现生产进度的实时可视化。

1) 实时的生产和品质的数据采集。根据优化的车间物流动线，设置拉动看板、上岗人脸识别、投料、检验、维修等采集点，以及流水线停机装置，并在投料点实现产品条码发行。

2) 防错工作系统化。通过新络 MES，可以实现材料的防错漏、加工防呆功能，防止不良品流转到后工序。例如，针对生产过程中在线检测的不良品，既可以通过接口从机器自动采集，也支持通过人工点选录入系统、取消不良记录纸张；针对产品线外维修的不良品，支持人工点选录入系统，取消不良记录纸张；同步记录修理需要用到的材料，并及时更新仓库备料看板。

3) 人员岗位和工时的数据采集。通过新络 MES，产线组长可以维护岗位人员。通过上岗人脸识别，MES 可采集人员工时、计件等数据。实现对生产力 KPI 指标的运用，并通过对生产力指标的比较分析，比如单个产线每个小时的生产力、每天的生产力，多条产线的生产力，提前发现和预测问题，促进相互学习和改善。

4) 为加强现场管理提供数据支撑。通过线头看板，组长可及时掌握当前工单的生产进度、品质状态，同时跟进下一工单的准备情况；通过产前齐套看板，可以提前发现材料问题；通过车间级异常看板，能够及时处理现场问题；通过

附录 B
MES 主流供应商（部分）、产品与解决方案介绍

车间级品质看板，可以直观了解品质状况；通过成品出货看板，可以及时发现出货异常。

（3）品质体系

通过质量管控，实现产前、产中、产后全流程的物料正确性验证，进行品质分级预警，提供质量追溯，通过品质数据分析改善问题根源。

1）实现质量齐套的管控。在产前引入质量齐套概念，包括物料和技术物资两个齐套，实现与机种一一对应。物料在收料、存储、拣选、送料、投料、生产等环节，可以实现物料正确、数量正确、有效期正确；技术物资方面，可以实现作业指导书、工装治具、程序文件等一致。

2）标准化异常处理流程。系统建立了标准化异常处理流程，例如：建立安灯系统，实现异常触发、逐级上报、分析对策、恒久改善、问题关闭的闭环处理机制。

3）建立分级预警机制。系统建立了分级预警机制，支持逐级上报的机制。

4）实现正向和反向追溯。实现从工单或成品编号开始的正反向品质追溯，能够快速定位原料、在制品、成品对应的批次周期及生产履历。

5）强化品质数据应用。新络 MES 品质管理强化了品质数据的应用。通过对品质数据的分析，找出待提升点，反过来优化质量管控机制。

6）标准化快速验厂工作。利用 OA 和二次接口开发，使验厂工作标准化，提高客户的信任度和满意度。

（4）计划体系

新络 MES 通过加强统筹调度、材料跟进、供应商送料三方面的实时、准确的数据服务，来降低 PMC 的工作负担，提高排产效率和准确性。

1）构建 PMC 统筹调度平台。新络 MES 建立了快速反应的资源调度平台，通过这一平台，PMC 可以实时了解订单的生产进度，了解标准产能、实际产能及人、机、料等资源的情况，了解订单的材料状况，了解具体工单的生产进度，了解产线的放假日历。

2）建立统一的物料跟进平台。新络 MES 建立了一体化物料跟进平台，通过集成 ERP、MES、SRM、计划排程的所有数据，让 PMC→采购→仓库在一个平台上跟进物料。

3）实现供应商送货统筹规划。新络 MES 在同一个平台直接为指令分配材料，处理替代料，安排供应商送货，并跟踪供应商送货状态。

（5）设备管理体系

新络 MES 支持设备的统筹及保养管理，使设备管理计划透明，与生产有效结合。

1）提前规划设备保养计划。依计划实施保养，确保设备不影响生产计划。PMC 进行计划排程时，当工单计划时间与设备保养计划时间相冲突时，MES 报

错并做出提示，计划将无法在冲突时间段继续下达。

2) 设备易损件寿命管理。维护易损件寿命标准，提前掌握更换计划。支持易损件清单、寿命基础信息维护、计划性更换易损件，确保品质。

(6) 新络 MES 数据的应用方案

1) 分层提供个性化数据服务。新络 MES 可以为各级管理者提供个性化的数据服务。为领导提供集控中心看板，把握全局；为生产管理者提供管理中心看板，把握车间进度、品质、产线运转、人员绩效情况；为组长、工程师、访客分别提供不同的看板和分析报告。

2) MES 数据在现场驱动改善。在生产现场，可以将物料拣选、齐套、进度等七大看板链接起来，实现计划与品质的实时管控，实现以出货拉动生产、以生产拉动备料、以备料拉动拣选的联动机制，如图 B-32 所示。

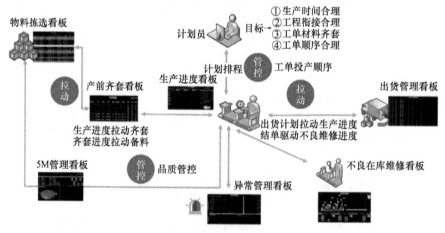

图 B-32　MES 数据现场驱动图

3. 典型用户

东莞市雅思电子有限公司、东莞市珏烁电子有限公司、东莞技研新阳电子有限公司、旺荣电子（深圳）有限公司、珠海元盛电子科技股份有限公司、东莞爱电电子有限公司、东莞恒扬光电有限公司、深圳市桐欣浩科技有限责任公司、东莞新技电子有限公司、东莞嘉曜兴包装制品有限公司、浙江凯迪仕实业有限公司、深圳市建滔科技有限公司、宁波祈禧电器有限公司、AIDEN（越南）责任有限公司、AIDEN（日本）责任有限公司等。

B.20　讯鹏科技 MES 解决方案介绍

1. 深圳市讯鹏科技有限公司简介

深圳市讯鹏科技有限公司（以下简称讯鹏）成立于 2007 年，10 多年来深耕于企业信息化领域，为制造企业提供一站式 MES 软硬件解决方案。讯鹏非常重视自主创新与研发投入，累计获得专利及软件著作权近百项，并且于 2017 年通过国家高新技术企业认定。

10 多年来，讯鹏累计实施项目超 500 个，对生产企业的痛点非常熟悉，并针对各个生产环节积累了大量解决方案。讯鹏实施"云 – 管 – 端"战略，从软件层、通讯层到设备采集层核心部件实现自主研发与生产，并实现协议与接口的标准化、规范化，使项目的合理性与交付的可控性得到保障，让甲方相对省钱省心。

讯鹏的 MOM 级系统 OKMES 成功应用于自身企业，有效提升讯鹏自身综合管理水平的同时，也让讯鹏的 OKMES 系统得到更好的打磨与完善，产品架构与用户体验更加成熟，广受客户好评。

2. 讯鹏产品特色

产品特色如图 B-33 所示。

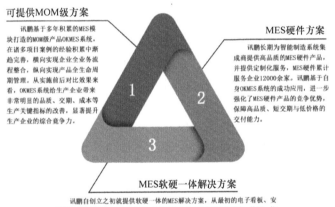

图 B-33　讯鹏产品特色

3. 讯鹏 OKMES 系统简介

讯鹏 OKMES 平台集成了生产计划系统、SOP + 系统、安灯呼叫系统、条码追溯系统、设备管理系统、电子看板系统、仓库管理系统、质量管理系统、售后管理系统等，如图 B-34 所示。讯鹏 OKMES 平台以快速、灵活、敏捷的开发思维模式，使各个子系统之间既可独立部署，也可无缝集成，保证数据能够有效互通，防止信息断层，同时也能快速完成数字化车间的构建。同时讯鹏 OKMES 平台采取智能工站的思维理念，把多个子系统集成在一台 Android 一体机上，从而真正做到操作简单、灵活，实施的门槛低、难度小。

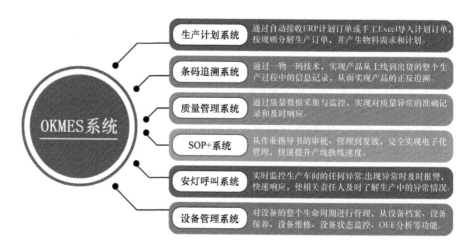

图 B-34　OKMES 系统简介

（1）条码追溯系统流程

条码追溯系统是基于物联网条形码技术的制造执行质量追溯系统，主要用于制造型企业。系统通过在生产现场布置专用设备（RFID、条码采集器、PDA、扫描枪等硬件）配合软件系统实现从原材料上线到成品下线入库的整个生产过程实时的数据采集、跟踪、防错、监控和控制，通过控制包括物料、仓库、设备、人员、品质、工艺、流程指令和设施在内的工厂资源，提升产品生产水平，保证产品质量，提高企业竞争力。同时在产品产生质量问题时实现快速追溯，维护消费者利益和企业形象。条码追溯系统示意如图 B-35 所示。

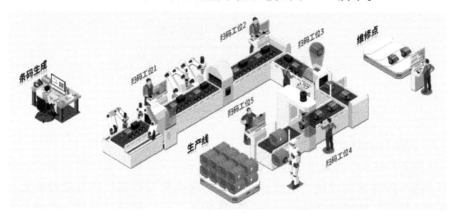

图 B-35　条码追溯系统

（2）安灯呼叫系统流程

安灯系统是一个面向制造业生产现场，快速联络生产、物料、维修、主管等部门以满足生产线需求,实时掌控生产现场状况的应用软硬件系统,帮助企业建立生产管理及时响应机制。安灯系统实时了解机台与工位状态,让异常信息得到快速、高效传递,同时记录每次异常报警的种类、响应时间和处理问题用时,提供生产管理改善和人员考核的数据参考,具有看板、语音、短信、邮件、微信等多种呼叫方式及逐级上报通知功能,实现透明、快速的生产管理体制,提升部门协调能力,加快响应速度,节省企业资源。安灯呼叫系统如图B-36所示。

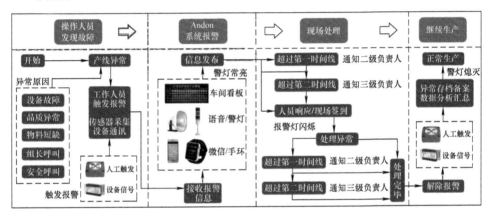

图 B-36 安灯呼叫系统

(3) SOP + 系统

SOP + 系统是专门为生产现场工艺卡电子化管理而开发的一套系统,其设计的核心理念是无纸化作业,支持电子作业指导书的审批、管理与发放,可播放图片、Word、Excel、PPT、视频动画等文件,电子化管理大大提升了生产的换线速度和公司的企业形象。除此之外,讯鹏 SOP + 系统还集成了安灯呼叫、生产实时数据管理、设备点检和 ESD 防静电监控的功能,多方面优化生产过程,从而提升生产效率、提高生产品质、降低人员成本,提升企业管理水平和行业竞争力,帮客户实现高效率、高品质低成本的智能工厂。SOP + 系统如图 B-37 所示。

4. 讯鹏科技典型客户

广东松下环境系统有限公司、北京世纪东方通讯设备有限公司、厦门九牧卫浴有限公司、十堰东风汽车集团有限公司、广州海格通信集团股份有限公司、德尔福派克电气系统有限公司、惠州雷士光电科技有限公司、中山美的环境电器制造有限公司、广东伊之密精密机械股份有限公司、东普雷(襄阳)汽车部件有限公司、深圳达能益力泉饮品有限公司。

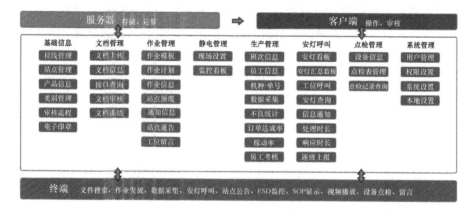

图 B-37　SOP + 系统

B.21　金思维 MES 解决方案介绍

1. 江苏金思维软件有限公司介绍

江苏金思维软件有限公司（以下简称金思维）是一家专业从事制造业智能管控系统产品的研发、设计和应用服务的企业，面向全国为用户提供先进的管控信息化产品及咨询服务。目前拥有智能制造执行系统（JSMES）、金思维企业门户（JSEIP）、金思维商业智能分析（JSBDP）、金思维移动应用（JSAPP）、金思维企业建模（JSBPM）、金思维企业云服务（JSCLOUD）等一批自主知识产权的软件产品，满足不同规模、不同生产模式、不同层次制造企业的应用需求。

2. 金思维 MES 产品介绍

金思维 MES 综合运用智能终端、物联网、大数据、二维码、移动计算等新一代信息技术，对制造企业生产要素进行全面管控，提升企业生产制造能力，实现降本增效。系统主要特点有：

1）构建全覆盖的智能制造平台。生产现场布置智能终端，支持生产过程全覆盖管理，从刷卡上机、在线查看工艺文件、发起领料申请、报检、在制品流转、作业实时反馈到检验数据自动采集等。

2）与业务过程深度融合，实现精益生产与 MES 应用完美结合。可为精益生产推行提供从业务规则、流程、标准、数据到应用技术的平台化支撑，助力企业将精益生产提升到数字化阶段。

3）以物联网为纽带，虚实融合实时监控生产状况。实时采集生产设备运行状态、工艺参数、作业任务、人员安排、物料消耗、生产进度及质量状况，支持对关键参数实时预警及消息提醒。

4）精细化车间核算，实时绩效激发员工动力。通过实时采集机台的产量、进度、材料消耗、生产质量等现场作业数据，系统可自动实时核算各班次工人生产绩效，上墙公告，实时激励。

5）基于跨平台移动技术，全面支持智能移动应用（APP）。广泛支持 PDA、Android/iOS 智能手机、智能平板等移动设备，支持视频、拍照、语音、文件等多种记录方式，支持二维码识别。

6）功能自由裁剪，充分满足企业个性化需求。系统采取"平台+组件化"结构，所有功能可根据需要进行自由组合，既可全面部署，也支持局部应用。

7）智能工作流，让信息一览无余。通过短信、日志、图形、声音等形式，自动提醒待处理人员。

8）与金思维 ERP 深度融合，完美解决 ERP 与 MES 对接问题。两者基础数据可共用，业务数据可共享。一体化深入融合，可以低成本、高效率地解决 ERP 系统与 MES 集成对接问题。

3. 金思维 MES 典型客户

无锡新宏泰电器、南通市通润汽车零部件、上上电缆、亨通电力电缆、亨通高压电缆、亨通精工金属材料、亨通线缆科技、亨通海洋光网系统、藤仓亨通光电、无锡江南电缆、上海起帆电缆、中超电缆、宁波东方电缆、重庆渝丰电线电缆等。

B.22 佰思杰 MES 解决方案介绍

1. 武汉佰思杰科技有限公司介绍

武汉佰思杰科技有限公司（以下简称佰思杰）专注为中国制造 500 强企业（集团）提供智能制造核心解决方案、产品和服务，是中国领先的智能制造整体解决方案提供商。佰思杰依托自主研发的基于国际标准的 BSG Nebula 智能制造平台，为制造业企业提供完整的制造运行管理整体解决方案，帮助企业实现跨地域、跨专业、跨业务的软硬一体化智能协同制造。

2. 佰思杰制造运行管理系统介绍

制造运行管理系统主要定位于大型离散制造企业，帮助客户实现从生产计划到产品交付全业务流程的信息化管理，实现敏捷制造、透明制造、溯源制造、协同制造。主要功能如下：

（1）生产执行管理 用于对产品生产过程中的资源和活动进行协调、指导和管理，为用户完整地实现制造过程信息化，全面提升生产效率。

（2）物流执行管理 用于对物料库存及配送相关的资源和活动进行协调、指导和管理，快速构建准确车间物流，提高生产物流效率，实现精益生产。

（3）供应协同管理　功能涵盖供应商管理、采购寻源管理、采购执行管理等过程，帮助降低采购成本，缩短采购提前期，提高采购质量，并实现采购过程与仓储物流、质量检验、生产过程协同。

（4）设备管理　用于对设备维护维修，不仅实现对生产设备、物流装备、工具及刀夹量辅具等的维修维护保养及流程管理，更涵盖了生产维护、改善维护、预防维护的全员 TPM 管理体系。

（5）仓储管理　用于支撑制造企业供应链运营，对原料、制品和成品进行入出库及在库管理，提供与仓储、物流自动化设备的控制系统集成中间件，实现厂内仓配一体化物流方案。

（6）质量管理　为客户提供专业的数字化质量管控，通过制造现场的大量数据采集和流程处理，实现形成质量闭环和质量持续改进。

（7）能源管理系统　用于对制造企业生产中所使用的电、热、气、水等能源/资源的监控、分析与优化，通过对生产计划与执行、设备保障与运行、能源计划与监控共同构建绿色生产系统，真正实现智能制造。

3. 佰思杰的典型客户

东方电气、中车集团、西电集团、兵器集团、兵装集团、中国电科（CETC）、铁建重工、中国电建、中船重工、航天科工、中航工业、中国航发、陕鼓集团、烽火通信、华工科技、中信重工、南瑞集团、正泰电气、东安动力、国轩高科、金麒麟、宁波杉杉、中储粮、道道全、武汉地铁。

参 考 文 献

[1] 黄游槟. 面向 c-MES 的资源重构与作业调度优化技术研究 [D]. 南京：南京航空航天大学，2006.

[2] MESA. MESA Model [Z/OL]. http：//www. mesa. org/en/modelstrategicinitiatives/MESA-Model. asp.

[3] 李文辉. 制造执行系统（MES）的应用与发展 [J]. 兰州理工大学学报，2006（2）：50－54.

[4] 周瑞君，王毓顺，冯平. 制造执行系统 MES 的应用与发展趋势 [J]. 工业控制计算机，2015，28（11）：153－156.

[5] 苗润泽. 离散制造业生产车间 MES 系统的研究与应用 [D]. 芜湖：安徽工程大学，2018.

[6] 杜龙吉. SAP 与 MES 的系统集成研究与应用 [D]. 广州：华南理工大学，2014.

[7] 荆师佳. 能源企业 ERP 与 MES 集成应用 [J]. 电子技术与软件工程，2019（24）：150－151.

[8] 瞿梦菊. 半导体封装行业制造执行系统的研究与应用 [D]. 南京：东南大学，2015.

[9] 顾翊. 汽车制造业 MES 系统的设计与实现 [D]. 成都：电子科技大学，2014.

[10] 王小维. 汽车工厂 MES 系统设计和实现 [D]. 上海：华东理工大学，2016.

[11] 周民法. 面向工程机械零部件制造的车间调度研究及 MES 开发 [D]. 济南：山东大学，2019.

[12] 李伟. 数字化车间基于 MES 的刀具管理模式研究与系统开发 [D]. 重庆：重庆大学，2016.

[13] 沈清泓. 企业制造执行系统和关键性能指标评估技术研究 [D]. 杭州：浙江大学，2013.

[14] 黄培. 中国 MES 市场呼唤健康的生态系统 [Z/OL]. http：//blog. e-works. net. cn/6399/articles/1349322. html.

[15] 华镕. MES 在各行业中的需求与解决方案（六） [J]. 自动化博览，2015（6）：64－65.

[16] 孙雪娇，李平，李兆宇. 基于信息融合平台的智慧工厂 MES 建设 [J]. 冶金自动化，2017，41（3）：49－52.

[17] 张少锋. 钢铁企业 MES 实施成功影响因素研究 [D]. 天津：河北工业大学，2014.

[18] 周苑，周岩，程自力. 钢铁企业 APS 系统与 ERP/MES 系统的集成设计研究 [J]. 制造业自动化，2015，37（4）：53－56，63.

[19] 索寒生，吴蔚，段然，等. 石化行业 MES 发展及展望 [J]. 计算机与应用化学，2018，35（6）：515－520.

[20] 何善懋，王伟. MES 在卷烟工业精益生产中的研究与应用 [J]. 自动化应用，2016（4）：16－17，33.

[21] 吴雪梅. MES 系统在烟草制造行业的应用分析 [J]. 科学技术创新，2018（25）：

186-187.

[22] 刘彬辛. 烟草企业 MES 信息化管理应用思考 [J]. 信息与电脑（理论版），2017 (11)：113-114.

[23] 莫闯. MES 系统在食品安全电子追溯中的应用分析 [J]. 科技经济导刊，2016 (11)：38.

[24] 王彦桂，陈宇. 基于 GMP 的制药企业 MES 系统设计及研究 [J]. 机电工程技术，2010，39 (8)：23-25，91，199.

[25] 杨裕相，谢康. 制造执行系统（MES）在制药行业中的实施应用 [J]，机电信息，2018 (32)：27-35.

[26] 葛文燕. MES 系统在服装企业中的应用研究 [D]. 苏州：苏州大学，2016.

[27] 甘霖. 对小型服装生产企业实施 MES 系统的应用研究 [J]. 中国战略新兴产业，2017 (16)：72-74.